대통령의 설득법

대통령의 설득법

어떤 이의 마음도 단박에 얻어내는
20인의 킹스 스피치

이성민 지음

21세기북스

설득說得, 상대방이 나를 따르도록 여러 가지로 깨우쳐 말하는 것

함께 더불어 살아간다는 것은 어쩌면 끝없는 설득의 연속이 아닐까

당장 눈앞의 한 사람을 내 편으로 만든다는 것은 쉬운 일이 아니다

수천만 명이 넘는 대중의 마음을 사로잡은 대통령의 말에는 어떤 비밀이 있을까

| 차례 |

말 잘하는 오바마는
왜 입을 다물었을까

오바마 재선 성공의 비밀

버락 오바마Barack Obama 미국 대통령의 압도적인 재선 성공은 대단히 흥미로운 일이다. 재임 기간 내내 실업률을 8% 이하로 낮추지 못해 현직 미국 대통령 재임 당선의 전제 조건을 충족시키지 못했고, 1차 텔레비전 토론에서도 전세를 돌이킬 수 없을 정도로 크게 패배했으며, 심지어 유세 기간 내내 상대 후보인 공화당의 미트 롬니 후보를 압도하지 못했는데도 제45대 미국 대통령에 당선되었기 때문이다. 2차 텔레비전 토론 직전까지 계속된 여론조사에서 오바마는 완패 혹은 현격한 열세라는 평가를 받기 일쑤였던 것에 반해, 롬니는 압도 혹은 여유 있는 우세라는 분석을 받으며 백악관에 한 걸음 바짝 다가선 것처럼 느껴졌다. 하지만 두 차례의 텔레비전 유세가 끝난 뒤, 승리의 여신은 오바마의 손을 들어

주었다.

오바마는 제45대 대통령 선거에 나서기 전까지 4년간 제44대 미국대통령으로 재직했다. 공화당 대통령 후보로 나선 롬니와 달리 오바마의 선거 유세는 사실 2009년 1월 20일부터 시작되었다고 말할 수 있다. 오바마의 입장에서 보면 그것은 '집권 프리미엄을 톡톡히 본다'는 점에서 기회로 작용했음과 동시에, 한편으로는 위기일 수도 있었다. 국민들은 그동안 오바마가 보여 준 리더십을 바탕으로 재선될 경우 향후 미국의 4년이 어떠할지를 예단할 수 있기 때문이다.

안타깝게도 오바마의 지난 임기 4년은 그다지 좋은 평가를 받기 어려웠다. 그는 집권 중반기까지 공약 사항이었던 건강보험문제를 처리하는 데 골몰했고, 정작 재선을 염두에 둬야 할 집권 후반기부터는 경제문제에 발목을 잡혔기 때문이다. 게다가 9.11 테러의 주범이었던 오사마 빈 라덴을 처단하기는 했지만, 미국의 동맹국인 이스라엘을 한 번도 방문하지 않았다는 비판 속에 '오바마는 무슬림일 것'이라는 음모론까지 솔솔 피어나는 상황이었다.

그래서 재선을 위한 선거 캠프가 꾸려질 때부터 재선 승리가 확정될 때까지, 오바마는 미국 역사상 흔치 않은 단임 대통령이 될 것이라는 예측도 조심스럽게 흘러나왔다. 1980년대 이후 미국 대통령 가운데 재선에 성공하지 못한 사람은 1989년에 취임한 조지 부시George Bush 대통령밖에 없었다. 1981년의 로널드 레이건Ronald Reagan, 1993년의 빌 클린턴Bill Clinton, 2001년의 조지 W. 부시George W. Bush 등은 모두 재선에 성공한 대통령들이었다. '강력한 미국'을 주창한 로널드 레이건 이후, 소련과 동구권의 몰락으로 세계 주도국의 위치를 확보한 미국 국민들은 특별한 실정失政이 없는 한 초선 대통령에게 다시 한 번 미국을 맡기는 것이 일반적이었다.

오바마는 재임 기간 중에 엄청난 실정을 저지른 것은 아니었지만, 그렇다고 대단한 치적을 이룬 것도 아니었다. 목숨을 걸다시피 해서 쟁취한 건강보험개혁안은 상원에 이어 하원까지 통과했지만, 그것의 실효성과 자금 투입에 대한 찬반양론은 제45대 대통령 선거가 시작될 때까지도 계속되었다. 또한 선거 유세 기간에 터진 리비아 주재 미국 대사의 사망 사건으로, 오바마가 추구해 왔던 중동 평화 방식에 대한 의문도 갑자기 생겨났다. 더불어 최근 다시 위세를 강화한 러시아의 블라디미르 푸틴Vladimir Putin 대통령과의 불화설과 북한 핵 문제 등은 '과연 오바마에게 다시 한 번 미국의 운명을 맡겨도 좋은가' 하는 불안감을 야기하고 있었다.

선거 시작 직전까지 여론조사 전문가들이나 정치 평론가들이 내놓은 예상 결과는 반반이었다. 굳이 따지자면 오바마의 재선 성공을 예상하는 이들은 그렇지 않을 것이라고 예상한 사람들보다 간신히 많은 정도였다. 때문에 미국 국민들은 물론 미국의 대통령 선거에 주목하는 외국 언론들까지, '오바마의 당선 가능성에 무게를 두는 사람들은 현직 대통령에 대한 프리미엄만을 의식하는 이들'이라며 외려 전문가나 평론가들을 분석하기도 했다.

그런 상황이었으니 오바마의 승리 소식은 선뜻 믿어질 리가 없었다. 오죽했으면 자신의 당선을 철썩 같이 믿었던 롬니가 '오바마의 당선을 인정해야 한다'라는 참모진의 보고를 받고서도 패배 사실을 인정하지 않았을까. 어쨌거나 오바마의 재선은 믿어야 할 어쩔 수 없는 현실이었고 미국 국민들도 이내 환호하며 축하 박수를 보냈지만, 오바마의 승리 요인이 무엇인지 아리송한 상황임은 분명했다.

상황은 날카롭게 분석하고 상대는 냉정히 평가하라

"도대체 오바마 대통령은 어떻게 선거에 승리했을까?"

미국 언론들은 선거가 끝난 뒤 이러저러한 분석 자료를 내놓으며, '오바마는 승리가 예정되어 있던 선거에서 당연히 이긴 것뿐'이라는 뉘앙스를 풍기며 보도하고 있다. 불과 선거 한 달 전까지만 해도 오바마의 패배와 비운을 예상했던 언론들이 언제 그런 보도를 내보냈느냐는 듯 후안무치한 태도를 보이는 것을 보면, 언론은 결국 현실을 예시하는 사회적 척도에 불과하다는 생각이 들 뿐이다. 한 달 전의 오바마는 미국 언론들이 보도했던 것처럼 불운이 예상되는 민주당 후보였지만 현재의 그는 재선에 성공한, 늠름한 현역 미국 대통령인 것이다.

토론의 위력을 언급할 때 가장 많이 활용되는 선례가 제35대 미국 대통령을 선출하기 위해 1960년 9월부터 10월 사이에 진행된 네 차례의 텔레비전 토론이다. 물론 이 예를 설명하는 이유는 이제는 이러한 구시대적 텔레비전 토론 방식의 전형을 퇴진시켜야 할 때가 되었기 때문임을 미리 밝혀둔다. 어쨌거나 이 토론에서 훈훈한 외모를 가진 데다 말까지 잘하는 케네디는 후줄근한 인상에 지쳐 보이는 목소리의 닉슨을 압도하며 대통령이 되었다. 이후 미국 대선 후보라면 텔레비전 토론에서의 케네디 같은 모습을 보여야 한다는 것이 정설이 되었다.

텔레비전 토론에서 상대를 이기는 것 못지않게 중요한 것은 시청자들의 호감을 얻어내는 일이다. 논리 면에서는 상대를 제압할 수 있어도 표현방식을 통해 시청자들의 불쾌감을 자아내는 후보는 그 토론에서 진 것이나 다름없다. 반대로 부드러운 태도와 온화한 말솜씨로 시청자들의 호감을 얻는 후보는 토론의 결과와 관계없이 선거에서 이길 수 있다. 시청자들은 각 후보들의 논리적 우월함과 더불어 상대를 대하는 태도에도 관심을 두기 때문이다.

가끔 선거 및 사회 문제와 관련된 텔레비전 토론에서 도를 넘어선 발언을 함으로써 눈살을 찌푸리게 하는 출연자를 보곤 한다. 이런 이들은 설사 토론에서 이긴다 해도 시청자의 혐오감을 살 수 있다는 사실을 기억해야 한다. 그런데 이런 원칙이 이번 제45대 미국 대통령 선거에서도 그대로 적용되었을까?

적 안의 내 편을 찾아내는 기술

오바마의 설득법이 가진 매력을 알기 위해서는 2004년 7월에 있었던 미국 민주당 전당대회에서의 연설에서부터, 2008년에 치러진 제44대 미국 대통령 선거 및 2012년의 제45대 미국 대통령 선거에서의 텔레비전 토론을 살펴봐야 한다. 그중 앞의 두 가지에 대해서는 이 책의 18장에서 자세히 이야기하고 있으므로, 여기에서는 가장 최근에 있었던 제45대 미국 대통령 선거에서의 텔레비전 토론을 중점적으로 다루고자 한다.

제45대 대통령 선거에서 집권 여당의 후보는 오바마 현 미국 대통령이었고, 경쟁자는 야당인 공화당의 미트 롬니였다. 롬니는 리처드 닉슨 행정부의 연방장관을 지낸 조지 W. 롬니의 아들로, 대기업 최고경영자를 역임한 매사추세츠 주 주지사 출신 정치인이었다. 그는 2008년 대통령 선거에서도 공화당의 대선 후보 경선에 출마했다가 존 매케인에게 패해 물러난 바 있는 대선 재수생이다.

하버드 대학교에서 경영학 석사와 법학 박사과정을 마친 롬니는 2002년 솔트레이크 동계올림픽 조직위원장이라는 특별한 경험을 가지고 있었다. 그의 치적은 대회 개최 직전에 발생한 테러 사건으로 인해 보안 비용이 급격하게 늘었음에도 올림픽을 흑자로 치러 낸 것이었다. 올림픽이 끝난 뒤 급상승한 지지도를 바탕으로 매사추세츠 주 주지사로 선출된 롬니는 낙태 반대 및 적극적 감세 정책으로 미국 보수층의 지지를 받기 시작했다. 몰몬교도라는 약점이 있음에도 공화당 내에서 2012년 대선 출마 후보로 선출될 수 있었던 것은 그가 오바마가 집권 기간 동안 해결하지 못한 경제 문제를 처리할 수 있으리라는 기대감 때문이었다.

보스턴컨설팅그룹과 베인앤드컴퍼니에서 일하다가 베인캐피털을 공동창업하며 엄청난 재산을 모은 롬니는 매사추세츠 주 주지사로 재임하는 동안 닥쳤던 몇 차례의 위기를 잘 극복해냈다. 미국 명문대학들이 밀집한 매사추세츠 주는 진보적이며 개방적인 지역 풍토를 가지고 있었는데, 기업을 경영하고 관리했던 경험을 바탕으로 재정 문제와 건강보험 개혁 방안을 유연하게 처리했다.

텔레비전 토론이 펼쳐지기 전, 롬니는 오바마가 감소시키지 못했던 실업률을 낮추고, 오바마가 무리하게 밀어붙였던 건강보험을 폐지하겠다는 의지를 보이며 대통령 후보 출정식을 가졌다. 상황은 롬니에게 일방적으로 유리했다. 대통령 선거를 앞두고 8% 이상의 실업률을 기록한 현직 대통령이 재선에서 성공한 사례는 거의 없었기 때문이다. 게다가 오바마가 억지로 밀어붙인 건강보험에 대해서도 언론들은 연일 '무리한 정책 때문에 미국 경제는 파탄 위기에 처했다'며 우려의 목소리를 높였다. 덕분에 롬니는 여론조사 출발 시점에 오바마의 지명도에 밀려 다소 고전했지만 제1차 텔레비전 토론이 끝난 뒤에는 51%의 지지율을 보이며 45%를 기록한 오바마를 압도했다. 제1차 텔레비전 토론 결과가 지속된다면 롬니가 제45대 미국 대통령으로 당선될 상황이었다.

하지만 예상과는 달리 놀라운 일이 일어났다. 롬니가 우세했던 분위기는 2차, 3차 텔레비전 토론을 거치면서 희석되기 시작한 것이다. 롬니가 판세를 그르칠 만한 실수를 저지른 것도 아니었다. 그런데 놀랍게도 대선을 보름 앞두고 치러진 10월 23일의 제3차 텔레비전 토론이 끝날 즈음, 오바마가 다소 우세하다는 쪽으로 여론조사 결과가 나왔다. 두 차례의 텔레비전 토론에서 롬니를 확실히 제압하지도 못했고, 수세에 몰렸던 분위기를 반전시킬 만한 전기를 마련한 것도 아니었음에도 오바마의 지지도가 서서히 올라가기 시작한 것이다. 그리고 마침내 대통령 선거에서 오바마는 332명의 선거인단을 차지하며 대통령에 당선됐고, 롬니는 206명의 선거인단을 확보하는 데 그치고 말았다.

이런 결과를 초래한 것은 놀랍게도 제1차 텔레비전 토론이었다. 이 토론은 과거 케네디와 닉슨이 벌였던 텔레비전 토론과는 반대로, 토론에서 승리하는 것이 바로 대통령 선거의 승리로 이어지는 것은 아님을 보여 주는 사례라 할 수 있다. 제1차 텔레비전 토론을 마친 이후, 논리 정연하고 유능한 인상의 롬니에게서는 케네디 같은 분위기가 느껴졌고, 롬니와 제대로 시선도 못 마주치고 공격은커녕 방어에 급급하며 간신히 토론을 마친 오바마는 닉슨과도 같은 모습이었다. 케네디와 닉슨의 텔레비전 토론의 결과에 비추어 볼 때, 당연히 승자는 롬니가 되어야 했다.

그렇지만 앞서 언급한 것처럼 제1차 텔레비전 토론이 끝난 뒤 한 가지 놀라운 변화가 생겨났다. 제45대 미국 대통령 선거가 오바마와 롬니의 대결이 아닌, 오바마와 공화당의 대결처럼 사람들에게 느껴지기 시작한 것이다. 자신이 속한 공화당을 앞세우며 기세등등한 롬니는, 아무 힘도 없는 오바마를 공격하는 것 같은 분위기를 풍겼다. 이런 분위기는 오바마가 속한 민주당과 롬니의 소속 정당 공화당 내부에 전혀 다른 결과를 불러왔다.

텔레비전 토론에서 롬니가 한 말에는 하나도 틀린 것이 없었다. 오바마는 임기 4년 동안 미국 경제를 회복시키지 못했고, 일자리도 창출하지 못했으며, 무리하게 건강보험을 추진하다 외려 미국 경제가 추락할지 모르는 위기를 만들었다. 롬니의 지적에 민주당 지지자들의 마음에는 오바마가 대통령 선거에서 패할지 모른다는 두려움이 싹텄다. 그래서 그들은 내부 결속을 강화하며 연대감을 다졌고, 이탈표를 최대한 막아야 한다는 생각을 갖기 시작했다. 롬니의 발언은 민주당을 하나로 뭉치게 만든 것이다.

반면 공화당의 내부 결속력은 오바마의 위기로 분열의 조짐이 생겨났다. 공화당원이라고 해서 모두 백인이고 모두가 롬니의 지지자이며,

경제적으로 안정되어 건강보험 혜택이 필요 없는 것은 아니었다. 공화당 내부에도 흑인이나 히스패닉, 아시아인 등의 유색인종이 있었고, 몰몬교도인 롬니의 집권에 우려하는 반대파도 있었으며, 재벌인 롬니에 대한 적대감을 가진 사람들도 존재했다. 그리고 공화당 지지자 중에도 오바마가 제안한 건강보험의 혜택을 입는 유권자도 있었다. 롬니가 당선될 경우, 다른 것은 몰라도 건강보험의 도움을 받지 못하게 될 의료 사각지대의 사람들이 가지는 불안감은 실로 엄청난 것이었다. 결과적으로 공화당은 롬니가 오바마를 밀어붙이면서 잃어버리는 내부 이탈표를 의식하지 못한 것이 문제였다.

여론조사라는 것은 말 그대로 표본조사에 불과해서, 조사 대상을 누구로 했느냐에 따라 그 결과는 판이하게 나타날 수 있다. 나름대로 엄격한 기준에 따라 조사 대상을 선정했을지 몰라도, 미국 언론들 역시 공화당과 같은 실수를 범하고 말았다. 그것은 표본조사 방식에 머무는 여론조사가 짚어낼 수 없는, 공화당 내부의 반발표를 전혀 인식하지 못했다는 것이다. 미국의 언론 기관들은 공화당 내에서 반란표가 될 수 있는 유권자의 수를 주목해야 했다.

지기지피知己知彼가 아니라 지피지기知彼知己이다

손자는 백전불태百戰不殆하는 방법으로 지피지기를 들었다. 남을 알고 나를 아는 것이 패하지 않는 비결이라고 꼽은 것이다. 이 점을 염두에 두고 오바마와 롬니의 텔레비전 토론을 분석해 보자. 과연 롬니의 입장에서 '오바마를 알고 나서 나를 안다'는 것은 어떤 의미로 받아들여야 했을까?

롬니는 제1차 텔레비전 토론에서 오바마를 구석으로 몰아넣을 만큼 유능한 대선 후보였다. 그의 주장은 모두 옳았고, 오바마는 그의 질문에 제대로 답변하지 못했다. 그러한 상황은 제2차, 제3차 텔레비전 토론에서도 마찬가지였다. 비록 이 두 차례의 토론에서 오바마가 이것저것을 들어 롬니를 공격하면서 제1차 토론에 비해 선방한 것처럼 보이긴 하지만, 그의 지지율이 높아진 것은 토론을 잘해서가 아니라, 이대로 내버려두었다가는 오바마가 낙선하겠구나 하는 제1차 토론회의 잔상이 유권자들의 머릿속에 남아 있었기 때문이다. 그래서 오바마에 대한 지지와 동정의 감정이 유권자들 마음속에 생겨났고, 공화당 내부에서 슬슬 이탈표가 나타나기 시작한 것이다.

롬니는 대통령이 되려고 했지만, 오바마는 가난한 국민들을 잘살게 하겠다는 약속을 지키려 했다. 더 쉬운 말로 하면, 2012년 대통령 선거는 공화당 내 롬니 지지자들과 민주당과 공화당 내 오바마 지지자들의 대결이었다. 2012년 대통령 선거에서 오바마를 지지하는 민주당원들의 표는 이탈하지 않았지만, 공화당의 표는 롬니 지지자와 오바마 지지자로 나눠지게 되었다. 롬니는 텔레비전 토론에서 자신이 속한 공화당 내부의 변화를 감지하지 못했다. 롬니가 강해지면 강해질수록 공화당 내의 반反롬니 세력과 반재벌 세력, 반몰몬 세력 및 유색인종들은 롬니에게서 멀어졌다. 엘리트주의가 싫거나, 가진 자의 횡포가 탐탁지 않거나, 기독교 이단 정서가 불안하거나 백인지상주의가 미워진 것이었다.

사실 이러한 분위기를 감지하지 못한 책임은 롬니가 아닌 공화당에 있다. 공화당은 전 국민 건강보험 같은 무리한 이상理想을 가진 대통령 오바마를 짓밟으면 대통령 선거에서 이길 것이라는 전략을 짜 놓았지만, 그것은 미국 국민들이 어떻게 변화하고 있는지를 전혀 감지하지 못한 데서 비롯된 어리석은 판단이었다. 미국 공화당은 정통 기독교 사상에 입각한 중산층 이상 보수 백인 유권자들 외에도, 경제 사정이 좋지 않아 건강보험이 필요한 중산층 이하 진보 유색 유권자들까지도 포함하고 있었다. 기본적으로는 공화당을 지지하지만, 중동 문제에 대한 군사적 대응을 자제하고, 국민 건강보험 정책을 관철하려는 오바마의 정책에 호감을 갖는 공화당원들이 늘어난 상황이었다. 게다가 중하층 공화당 유권자들은 만약 롬니가 집권하면 중동전쟁이 발발할 가능성이 높아지고, 이로 인해 젊은이들의 군입대가 늘어날 수도 있으며, 건강보험의 혜택은 중단될 수도 있다고 생각했다. 중산층 이상의 공화당 유권자들은 몰몬교도 대통령의 출현에 대한 불안감과 강력한 기업구조조정에 대한 우려를 갖기 시작했다.

국제 여론도 롬니의 편이 아니었다. 롬니의 지지도가 높아질수록, 롬니에 대한 불안은 소속 정당 공화당뿐만 아니라, 미국의 전통적 동맹국인 영국과 이스라엘조차 두렵게 만들었다. 롬니는 대통령 선거 유세 기간 동안 영국과 이스라엘을 방문하면서 지지를 호소했지만, 미국 주도의 유엔 평화유지군에 신물이 난 영국과 중동 평화를 고수하려는 이스라엘은 대통령 선거 전날 오바마에 대한 지지의사를 언론사 입장이라는 방식으로 표명할 정도였다. 롬니의 패착은 자신의 적극적 지지자라고 믿었던 공화당원은 물론 영국과 이스라엘 등의 동맹국들이 강한 미국을 표방하면 쉽게 호응할 것이라는 착각에서 시작되었다. 오바마가 이스라엘을 뻔질나게 들락거리지 않은 것은 반 이스라엘 정서를 가진 중동 국가들을 자극하지 않으려던 것이지 이스라엘에 관심이 없어서가 아니었다.

롬니를 포함한 공화당 지도부는 손자가 왜 지피지기를 강조했는지 알았어야 했다. 롬니는 오바마를 두고 '이상만 높은 교과서 같은 깜깜한 유색인'이라고 생각했을 수도 있으나, 그가 미국 국민들에게 실제로 어떤 존재인지는 알지 못했다. 오바마는 미국 공화당 지지자들에게도 건강보험 혜택을 주려는 유색인종 인권운동가였으며, 유색인종은 절대 될 수 없을 것 같았던 미국 대통령이 된 것만으로 흑인, 라티노, 아시안계 국민들에게 자부심을 심어 준 최초의 인물이었다. 다시 말해 오바마의 집권은 미국 유색인들에게 미국 민주주의의 발전을 상징하고 있었고, 건강보험 혜택은 미국 자본주의가 소외받는 미국인들에게 베푸는 국가적 자신감과도 같았다.

말 잘하는 오바마가 굳게 입을 다문 이유

롬니는 집안이나 경력, 정치 역량 면에서 볼 때 시카고에 근거를 둔 흑인 인권변호사 버락 오바마보다 조건이 우수했다. 또한 언어적 요소나 비언어적 요소가 훌륭했고, 오바마를 능가하는 토론의 기술도 있었다. 만약 케네디와 닉슨이 텔레비전 토론을 벌이던 시절이었다면, 미국 최고의 갑부 케네디 역에 어울리는 백인 롬니가 당연히 대통령의 자리에 올랐을 것이다. 그러나 결과는 그와 반대였다. 『허클베리 핀의 모험』에 등장하는 탈출 노예 흑인 짐이나, 흑백 버디 무비 〈48시간〉에서 범죄자 출신의 흑인 보조 주인공이었던 에디 머피만을 기억하는 백인 공화당 지지자들은, 의료보험이 필요한 백인 공화당원, 그리고 겉으로 드러내지는 못해도 속으로 오바마를 지지하는 유색인 공화당원들이 2012년 11월 6일 선거 당일 누구를 찍을지 상상도 못 했을 것이다.

제45대 미국 대통령 선거를 통해서 확인할 수 있는 것은 더 이상 케네디 대 닉슨 식의, 백인을 중심으로 하는 선거 분석은 의미가 없다는 사실이다. 2008년 대통령 선거에서의 오바마는 말을 잘해서 대통령이 되었지만, 2012년 대통령 선거에서 오바마는 오히려 말을 못해서 대통령에 재선되었다. 그럼 외모가 준수하고, 언변이 좋아야 대통령이 된다던 50년 전의 케네디와 닉슨의 텔레비전 토론의 원칙은 어떻게 된 것일까? 오바마는 제1차 텔레비전 토론에서 완패하고, 제2차와 제3차 토론에서 역전을 하지 못했는데도, 어떻게 대통령 재선에 성공할 수 있었던 것일까?

2012년 미국 대통령 선거를 위한 텔레비전 토론은 1960년 케네디와 닉슨이 벌인 텔레비전 토론과 마찬가지로 사람의 마음을 얻는 방법을 살펴보는 좋은 예가 될 수 있다. 잘나고 똑똑하며 가진 것이 많은 사람이 선거에서 승리한다는 통념을 깨고, 못나고 부족하며 가진 것이 없는 사람이 이길 수 있다는 사실을 보여 주기 때문이다. 비록 약점이 많더라도 그것을 극복하기 위해 많은 노력을 기울인 사람이 유권자들에게 어필할 가능성이 높고, 정당을 뛰어넘어 국민으로서 누릴 수 있는 혜택을 많이 제공하는 후보에게 유권자들은 기꺼이 자신이 가진 한 표를 제공할 확률이 높다. 이런 상황이 지속된다면 자신이 소속된 정당과는 다른 정당의 후보일지라도 그를 지지하거나, 지지를 결심한 후보가 있더라도 더 좋은 공약을 내세우는 다른 후보에게 투표하는 상황이 벌어질 수 있다.

어쩌면 이 모든 것은 고도의 전략, 즉 공화당 내의 반란표를 아무도 모르게 자신의 지지표로 가져 오기 위한 오바마의 전략이었는지도 모른다. 과연 오바마가 정말로 아무 생각이 없어서, 1차 토론에서 롬니의 무차별적인 공격에 꼼짝도 못 하고 두 눈만 끔뻑거리고 앉아 있었을까? 롬니가 미국인의 47%를 무시하는 발언을 할 때, 말꼬리를 잡고 반격하거나, 롬니의 여러 약점들을 트집 잡을 수도 있었을 텐데, 왜 오바마는 가만히 있었던 것일까? 이는 처음부터 사람의 마음을 사로잡는 법이 무엇인지 제대로 알고 있는 오바마의 작전에서 비롯된 것일지도 모른다.

오바마가 토론에서 압승할 것이라고 전 세계가 예상하고 있을 때 제1차 텔레비전 토론에서 완패를 하면 어떤 결과가 올 것인지, 당사자 오바마는 잘 알고 있었을 것이다. 그래서 오바마는 이기고 싶어 안달이 난 롬니에게 져준 것이다. 그것도 국민들이 안타까워 발을 동동 구를 정도로 완전한 패배를 선택한 것이다. 왜 그랬을까? 토론의 패배로 오바마는 민주당원들은 뭉치게 만들고, 공화당 내에서는 자신에 대한 연민과 동정, 당선 후 기대 효과를 누리려는 반란표를 얻고 싶었던 것이다.

1차 토론에서 할 말을 제대로 못 한 오바마에게 미국인들이 갖는 첫 번째 의문은 "말 잘하는 대통령에게 도대체 무슨 일이?"였고, 그 다음에 드는 생각은 "만약 롬니가 집권한다면?"이었다. 1차 토론의 완패로 인해, 미국인들은 백악관에 성큼 다가선 롬니의 현실성에 대해서 의문을 갖기 시작했다. 이런 의문은 영국과 이스라엘과 같은 미국의 동맹국들은 물론, 무슬림이 아니냐는 조롱을 받으면서까지 중동 평화 정책을 유지하는 오바마에 대해 호감을 갖는 중동 국가들에게도 동시에 나타났다. 중동 국가들 입장에서도 집권하면 당장이라도 중동 전쟁을 불사할 것 같은 롬니보다는, 비록 오사마 빈 라덴을 처단하기는 했지만, 중동 평화를 유지하기 위해 이스라엘과도 적당한 거리를 유지하면서 중동 국가들에게 우호적인 제스처를 취하는 오바마 쪽이 차라리 낫다는 생각을 하게 되었다. 이 모든 것은 롬니 정도의 경쟁자에게는 손쉽게 승리할 것이라고 믿었던 오바마가 1차 토론에서 완패한 이후에 벌어진 상황이었다.

롬니에 대한 오바마의 공격은 1차 토론에서 완패를 한 뒤, 2차 토론에서부터 본격적으로 시작되었다. 오바마의 작전은 롬니처럼 죽기 살기로 상대를 구석으로 몰고 가는 방식이 아니라, 대통령의 품위를 지키되 적절하게 카운터펀치만을 날리면서 경기를 심판 판정승으로 이끄는 방식이었다. 만약 오바마가 1차 토론에서부터 악다구니를 쓰고 꼴사나운 공격을 해댔다면, 미국인들은 통치는 못하는 대통령이 여진히 말만 잘한다는 비난을 퍼부었을 것이다.

오바마는 아무런 준비 없이 1차 토론에 나간 것이 아니었다. 2009년 1월 20일, 미국 최초의 흑인 대통령에 취임한 오바마는 임기 내내 재선에 대한 생각을 한순간도 놓치지 않았다. 1차 토론의 완패는 오바마가 4년간 준비한 고도의 작전이었다. 1차 텔레비전 토론은 오바마가 연출한 미국 역사상 최고의 대통령 텔레비전 토론 드라마였다.

달에 로켓을 쏘아 올리고, 39km 상공의 성층권에서 맨몸을 던진 사람을 낙하예상지점에 정확하게 안착시키는 기술을 가진 미국의 선거 전문가들이라면, 이 정도의 전략은 어쩌면 상식적인 수준의 것인지도 모른다. 내 편은 꽁꽁 묶어놓고, 적 안의 내 편을 찾아내는 기술을 오바마는 2012년 대통령 선거에서 보여 준 것이다.

　당장 눈앞의 한 사람을 설득한다는 것은 쉬운 일이 아니다. 그러나 지금부터 살펴볼 20인의 인물들은 수천만 명이 넘는 대중의 마음을 사로잡아 자신의 뜻을 펼칠 수 있었다. 사람의 마음을 움직이기 위해 필요한 것은 화려한 언변도, 논리로 무장한 언어도 아니다. 이들은 말솜씨가 서툴더라도 감정에 호소할 수 있는 전달력이 있었고, 모두가 등을 돌린 위기상황에서 말 한마디로 국면을 전환시키기도 했다. 상대방에게 일부러 허점을 내보이기도 하고, 명확한 비전을 제시함으로써 사람들을 이끌기도 했으며, 자신의 진정성과 신념을 보여줌으로써 세상을 설득하기도 했다. 10수, 20수를 내다보고 돌을 놓는다는 프로 바둑기사들의 대국처럼 국면을 전환시키고 상상을 뛰어넘는 설득법을 엿보고 싶지 않은가? 그렇다면 기존에 가지고 있던 설득에 대한 상식을 깨는 데에서부터 시작해야 할 것이다.

PART 1

진실함이 없는 말은
힘이 없다

이 세상에 두려움을 느끼지 않는 사람은 없다. 자신은 무서울 것이 없다고 말하는 사람들도 있지만, 인간인 이상 두려움으로부터 완전히 자유로울 수는 없다. 다만 자기수양이나 끊임없는 노력을 통해 감정 조절을 잘하는 이들이 있을 뿐이다. 아동 전문가들은 자신이 누구인지도 모르는 갓난아이들조차 두려움을 느낀다고 주장한다. 따라서 정서적으로 안정되지 못한 상태에서 느끼는 두려움은 남녀노소를 불문하고 누구나 갖는 공통적인 감정이라고 할 수 있다.

국가 지도자들도 범인들과 똑같은 두려움을 느낀다. 국가 지도자들이 범인과 다른 점은 그들에게 있어 두려움의 극복은 선택 사항이 아니라, 의무 사항이라는 사실이다. 국가 지도자는 국민을 대표해서 내정과 외치의 문제를 최종 결정해야 한다. 국가 부도나 전쟁 직전의 상황에서 국가를 구하는 마지막 선언을 해야 하는 존재가 바로 그들인 것이다. 때문에 국가 지도자는 언제나 대국민 스피치를 통해 국민들이 국가에 대한 신뢰를 가지고 안심할 수 있는 분위기를 만들어내야 한다.

국가 지도자의 두려움을 감지한 국민들이 느끼는 감정은 측은지심이 아니라 국가 붕괴에 대한 공포이다. 그렇기에 국가 지도자는 자신의 불안감이 국민들에게 전달되지 않도록 노력하는 것은 물론, 그들이 느끼는 두려움을 제거하는 데 주력해야 한다. 그럼에도 때때로 지도자의 불안한 심리가 국민들에게 고스란히 전달될 때가 있다. 그것은 국민 모두가 느끼는 두려움이 전 국가를 덮고 있어 더 이상 숨길 수 없는 상황이 야기된 경우이다.

지금 당신도 무엇인가에 대해서 두려움을 느끼는가? 아니면 두려움에 떠는 누군가에게 위로를 주어야 할 상황인가? 그렇다면 국가를 구한 지도자들의 말에 주목해 보라. 그 속에 바로 당신이 찾는 답이 있다.

01

신뢰가 백 마디 말보다 낫다

조지 부시 미국 대통령

조지 부시(George Bush)는 제41대 미국 대통령 선거에서 승리하기 어려운 것처럼 보였다.
경제 실정으로 인해 집권 여당 공화당에 대한 미국 국민들의 반감은
말로 표현할 수 없는 상황이었기 때문이다.
대통령 선거가 전개되기 시작했을 때 예상대로 그는 고전을 면치 못했다. 그렇지만
그는 구석으로 밀려가면서도 흔들리거나 두려움에 떠는 약한 모습을 보이지 않았다.

"우리가 성공하지 못하면
실패할 위기에 직면하게 됩니다."

"우리의 심장과 역사의 마지막 장소를 쟁취한 사람으로 저는 여기 이 자리에 서 있습니다. 우리나라의 영원한 동지, 레이건 대통령. 저는 당신이 미국을 위해 해 오신 경이로운 일들에 대해 감사드립니다. 저는 200년 전 조지 워싱턴이 그랬듯이 성경 위에 손을 얹고, 그가 했던 선서의 한 마디 한 마디를 이제 막 따라 했습니다. 오늘 이 자리에서 우리는 워싱턴의 기억과 함께하는 것이 옳습니다. 그가 200년 전에 취임한 대통령이기 때문만이 아니라, 지금까지도 우리나라의 국부國父로 남아

있기 때문입니다. 오늘은 이러한 놀라운 사실이 구체적으로 표현되는 날이며, 저는 미국 정부가 출범한 이후 지난 200년간 지속되어 왔다는 것에 매우 기쁩니다."

1989년 1월 20일, 제41대 미국 대통령으로 취임한 조지 부시는 20분간 취임 연설을 했다. 전임자였던 로널드 레이건 대통령의 연설보다 2분 더 긴 취임사였다. 레이건 대통령의 전임자였던 지미 카터 대통령의 취임사가 17분이었던 것을 감안하면, 부시의 취임사는 상당히 긴 편이었다. 105분에 걸쳐 미국 역사상 가장 긴 대통령 취임사를 했던 윌리엄 헨리 해리슨의 기록에는 비교할 바 아니었지만, 전임자들에 비해 상대적으로 긴 취임사였던 것만은 분명했다.

부시의 취임사가 길었던 것은 자신의 대통령 취임이 감격스러웠기 때문이었다. 물론 세계의 대통령이라 불리는 미국 대통령에 취임할 수 있는 영광은 아무에게나 주어지는 것이 아니다. 따라서 부시뿐만 아니라 미국의 모든 대통령들은 자신의 취임에 감격스러워하고, 대통령 취임식을 자신의 인생의 절정이라고 표현하기도 한다.

그런데 부시가 유난스럽게 자신의 대통령 취임에 감격했던 이유는 이길 수 없는 선거에서 이겼기 때문이었다. 좀 더 쉽게 말하자면 대통령 선거 한 달 전까지만 하더라도 그가 대선에서 낙선할 것이라는 여론이 팽배했다. 여론뿐만이 아니었다. 부시 스스로도 자신은 결코 미국 대통령이 될 수 없을 것이라 예상했다.

그랬던 자신이 한 달 만에 여론의 평가를 뒤집어엎고 미국 대통령 선거에서 당선됐으니 크게 감격한 것은 당연한 일이었다. 도저히 오를 수 없을 것이라 여겼던 정상에 오른 어느 산악인이 "산이 내게 정상을 허락해서 두 발을 살짝 올려놓은 것뿐이다"라고 이야기하는 것처럼, 그는 벽찬 감동을 안고 대통령 취임사를 했다. 20분간 지속된 부시의 취임사는 미국 대통령 사명과 임무에 대한 결연한 의지 표명으로 마무리되었다.

"그리고 할 일이 많습니다. 내일 그 임무가 시작됩니다. 저는 미래를 불신하지 않습니다. 우리 앞에 놓인 미래도 두려워하지 않습니다. 우리의 문제가 크지만, 그것보다는 우리의 심장이 더 크기 때문입니다. 우리의 도전이 강하지만, 그것보다는 우리의 의지가 더 강하기 때문입니다. 그리고 만약 우리의 돌진이 끝없이 지속된다면, 하나님의 사랑은 진심으로 광대무변하기 때문입니다.

어떤 이들은 리더십을 트럼펫 연주가 들리는 신나는 드라마로 여기기도 합니다. 때로로 그렇겠지요. 그러나 저는 역사의 많은 페이지를 보며, 우리가 희망과 의미 있는 행동으로 그것을 채워야 한다고 생각합니다. 그리고 오늘은 그 가운데 우리가 함께 나누고 함께 쓰는 통합과 다양성, 관대함을 담은, 작지만 위풍당당한 이야기의 한 챕터를 시작합니다. 감사합니다. 하나님께서 여러분과 우리 미국을 축복하십니다."

부시의 취임사는 중후하게 끝났다. 역대 어떤 미국 대통령의 연설 못지않은 훌륭한 내용이었다. 그는 국민이 새로운 대통령에게 갖는 기대가 무엇인지 잘 알고 있었다. 미국 국민들은 레이건 정부 시절에 급격히 늘어난 국가 부채로 인해 극도의 불안감을 가지고 있었다. 당시 미국의 부채는 역대 최고였고, 국가적 부도 가능성에 대한 과도한 두려움이 미국 국민들 내면에 가득 차 있었다.

부시는 취임사 내내 국민들에게 감사를 연발하며 국민적 기대감에 보답하겠다고 말했고, 적극적인 지원을 부탁했다. 카터나 레이건보다 몇 분 더 긴 시간 동안 그가 전달하고자 했던 말을 솔직하고 간단히 요약하자면, "미국 국민 여러분, 정말로 감사합니다. 분골쇄신해서 우국충정하겠습니다"였다. 대통령 당선 사실에 너무도 감사했던 부시는 무슨 수를 써서라도 미국이 맞이한 경제 위기를 돌파하겠다면서 불안에 떨고 있는 국민들을 안심시켰다.

화려한 레이건 VS 평범한 부시

레이건 밑에서 8년간 부통령을 지낸 부시는 '평범한' 인물이었다. 물론 전쟁 영웅일 뿐 아니라 예일 대학교를 졸업하고 미국 CIA 국장까지 지냈으며, 자신뿐 아니라 큰아들인 조지 W. 부시도 대통령이 되었으니 그를 평범한 인물이라고 말하면 어폐가 있긴 하다. 그렇지만 그는 항상 화려한 인물들의 개성에 가려 상대적으로 평범한 인물이라 치부되었다.

영화배우 출신이었던 레이건 대통령의 재임 중 활동은 흡사 미국 애국주의를 주제로 한 한 편의 할리우드 장편영화와도 같았다. 1980년부터 1988년까지 재임하는 동안 그는 세계의 이목을 주목시키며 '강하고 풍족한 미국'이라는 슬로건 아래 보수적이고 강경한 국내외정책을 전개했다. 레이건은 50여 편의 영화에 출연하고도 빛을 못 본 영화 인생의 한풀이를 정치에서 하듯 때로는 지성미 강한 액션스타로, 때로는 노련한 협상력을 과시하는 감각파 배우로 좌충우돌 세계를 누볐다.

공화당의 부시는 그런 레이건을 보좌하는 부통령으로 8년간 재임하며 가장 강력한 차기 대통령 후보로 부각되었다. 그렇지만 레이건의 이미지가 워낙 강했던 탓에 그의 뒤에 가려 있던 부시에게서는 상대적으로 평범하다는 인상과 더불어 레이건의 뒤치다꺼리나 하는 수많은 행정 관료 중의 한 명에 불과하다는 느낌까지 느껴졌다.

게다가 레이건의 임기 동안 미국 경제는 '강하고 풍족한 미국'이라는 슬로건과는 달리 매우 좋지 않은 상황에 돌입해 있었다. 조세감면과 사회복지지출을 억제하는 정책을 편 소위 '레이거노믹스'가 재정과 무역 적자를 초래했던 까닭이다. 전쟁이 일어났던 것도 아닌데 그의 취임 직전인 1980년에 9090억 달러였던 미국의 재정 적자는 퇴임 직후인 1990년에 무려 3조 2000억 달러까지 세 배 이상 급증했다. 밑도 끝도 없이 많은 자금이 투입되는 스타워즈 계획부터 레바논 파병, 리비아 폭격, 그라나다 침공, 니카라과 반군 지원 등으로 미국은 레이건 재임 8년 간 전쟁 지향 국가가 되었다.

그런 레이건 밑에서 부통령직을 수행한 부시는 미국 공화당의 제41대 대통령 후보로 선출되었지만, 대통령 당선은 요원한 꿈처럼 느껴질 수밖에 없었다. 국가 부채를 잔뜩 늘려 놓고서는 국민의 세금으로 그것을 해결해 보려는 속셈이 빤히 보이는 공화당의 경제운용 방식에 신물이 난 국민들은 레이건 식의 쇼맨십마저도 없는 평범한 부시에게 매력을 느끼지 못했다. 때문에 대통령 선거운동이 공식적으로 시작되었을 때, 부시가 상대 후보인 마이클 듀카키스에게 지지율에서 17%나 뒤져 있었던 것은 당연했다.

사실 부시처럼 영원한 2인자 같은 인상의 사람들이 겪는 가슴앓이는 생각보다 클 가능성이 있다. 레이건처럼 사람들의 주목을 받고 싶어 안

달 난 사람 밑에서 묵묵히 자신의 임무를 수행하다 보면 인생에 대한 자괴감이나 회의 같은 것이 생길 수 있기 때문이다. 부통령이라는 자리가 원래 대통령 뒤에 있어야 하는 것이긴 하지만, 레이건은 특히나 언론 플레이에 능한 연예인 출신 대통령이었기에 부시는 날이면 날마다 뉴스거리를 제공하는 그에 대해 상대적 박탈감 같은 것을 느꼈을지도 모른다.

일례로 1981년 3월 30일, 정신병자 존 힝클리의 저격을 받은 뒤에 레이건이 보였던 반응을 들 수 있다. 힝클리는 자신이 대통령을 쏴서 유명해지면 영화배우 조디 포스터를 만날 수 있다는 터무니없는 소망을 가지고 있었다. 세계를 떠들썩하게 한 미국 대통령 저격 사건이었지만, 다행히 레이건은 큰 부상을 입지 않았을 뿐 아니라 오히려 유머로 주변 사람들을 안도시켰다.

수술받기 직전 그는 오랜 친구인 폴 랙설트 상원의원에게 "내 걱정은 하지 말게. 살아날 거네"라고 농담을 건넸고, 부인 낸시 여사에게는 "몸을 살짝 돌려 피했으면 됐을 것을 깜빡 잊었단 말이야"라는 유머로 위로를 대신했다. 그뿐이 아니었다. 수술대에 올라 마취 주사를 맞기 직전에는 집도를 맡은 의사들에게 "당신들 모두가 공화당원들이었으면 좋겠다."라고 우스갯소리를 하기도 했다. 언론 보도에는 그 의사들 가운데 한 명이 "오늘은 모두가 공화당원입니다"라고 응답했다는 소식까지 전해져서, 말 그대로 레이건은 미국이 꿈꾸는 영웅적인 대통령으로 부각되고 있었다.

그런 상황이었으니, 개성 없고 평범한 성격의 부시는 속으로 답답하고 짜증이 났을 법도 했다. 레이건의 대중적 이미지가 긍정적으로 강화되면 강화될수록 자신과의 거리감 또한 늘어나는 것이었으니 이는 당연했다. 부시는 잘난 형 덕택에 제 구실 못하는 동생처럼 사람들의 눈에 비쳐졌을 것이다. 그러나 이런 상황 속에서도 동생은 언제나 배우는 것이 있다.

산 넘어 산, 물 건너 물

집안의 큰형에게 시달린 동생은 밖에 나가서도 꼭 형 같은 경쟁자를 만나는 것처럼, 레이건 밑에서 8년간 시달린 부시는 마이클 듀카키스라는 민주당 대통령 후보를 라이벌로 만났다. 영화배우 출신의 레이건을 극복하느라 진땀을 뺐는데, 이제는 아카데미 여우조연상을 받은 여배우 올림피아 듀카키스의 사촌동생인 마이클 듀카키스를 이겨내야 하는 상황이 벌어진 것이다.

그리스 신화의 주인공을 연상시키는 독특한 외모와 화려한 언변 그리고 진보 성향에 입각한 자유민주주의에 대한 탁월한 논리까지, 듀카키스는 갖추지 않은 매력이 없었다. 게다가 그는 이성들로부터 성적 호감을 끌어내는 남성다움까지 가지고 있었다.

55세의 듀카키스보다 아홉 살이나 많은 64세의 부시는 그에 비해 노쇠한 외모였다. 구릿빛 피부를 자랑하는 듀카키스와 달리, 백악관 집무실에 앉아서 부통령 직무를 수행하느라 햇볕도 못 쬐어 본 것 같은 그의 하얀 피부는 나이를 반영이라도 하듯 처져 있었다. 같은 값이면 다홍치마라는 말처럼, 이왕이면 젊은 남자를 찾는 것은 동서고금의 전통이자 습관이었다.

듀카키스와 부시가 양당의 대통령 후보로 선택된 직후인 1988년 5월 28일의 여론조사에서 둘의 지지율 격차는 17%로 나타났다. 이후로도 듀카키스는 부시에게 53대 40, 49대 39, 50대 43 정도로 지속적인 우세를 보였다. 조사기관마다 차이는 있었지만 대부분은 듀카키스가 부시를 앞선다고 주장했고, 국민들은 듀카키스가 정권교체를 이루며 차기 대통령 자리에 오를 것이라고 예상하기 시작했다.

모든 사람들이 전부 듀카키스의 우세를 예측하는 상황에서도 감정 표현을 하지 않고 묵묵히 자신에 대한 신뢰감을 확인하는 사람이 있었다. 바로 레이건이라는 잘난 형을 두고 8년간 '빅 브라더 콤플렉스'에 시달려 온 동생 부시였다. 그는 학력과 경력이 일천한 레이건이 최고 인기 대통령으로 발전해 나가는 과정을 곁에서 지켜 본 사람이었다. 부시는 국민의 마음을 사로잡는 것은 정치인의 외적 조건이나 겉으로 드러난 여론조사 결과가 아니란 것을 잘 알고 있었다. 그는 레이건의 재임 기간 중 악화된 경제상황에 대한 해법을 제시하는 사람이 미국의 대통령이 될 수 있을 것이라고 생각했다.

논리보다 인정이 앞설 때가 있다

사실 레이건 재임 기간 내내 부통령으로서 국정 운영에 참여했던 부시가 듀카키스에 비해 불리한 여건인 것만은 분명했다. 부시에게는 "당신도 로널드 레이건과 한패"라는 비난이 따라붙었고, 아무리 그가 미국 경제를 회복시키는 해법을 가지고 있다 해도 국민들은 공화당의 주장이라면 더 이상 듣고 싶지 않다며 귀를 막는 상황이었다. 바로 그런 가운데 대통령 선거를 위한 텔레비전 토론이 시작되었다.

듀카키스의 절대적 우세 분위기 속에 첫 번째 텔레비전 토론은 1988년 9월 25일에, 두 번째는 1988년 10월 13일에 열렸다. 두 차례의 토론 이후의 여론조사 결과에서도 듀카키스는 계속 부시를 앞섰다.

그리고 1988년 10월 13일, 세 번째 텔레비전 토론이 열렸다. 토론은 두 후보가 두 차례에 걸쳐 진행했던 앞서의 것들과 다를 바 없었다. 듀카키스가 부시를 향해 단호한 공격을 펼쳤던 것에 반해 부시는 토론 자체에서 승리한 분위기를 연출하지 못했기 때문이었다.

그러나 여론조사의 결과는 달랐다. 최소한 6% 이상 앞서 가던 듀카키스의 지지율이 오히려 부시에게 6% 뒤처졌다고 나타난 것이다. 이는 부시가 토론을 잘했기 때문이 아니라, 듀카키스가 잘 나가다가 다 쒀 놓은 죽에 코를 빠뜨린 결과였다.

지지율 하락의 올무가 된 것은 당시 세 번째 토론의 질의자였던 CNN 기자 버나드 쇼가 던진 질문에 대한 듀카키스의 답변이었다. 버나드 쇼는 듀카키스에게 "만일 당신의 아내가 강간당한 뒤 살해됐다면 그 범인이 사형되기를 바라십니까?"라고 물었다. 이 질문에 대해 일반적으로 기대되는 답변은 "그걸 질문이라고 하시오? 내 아내가 강간당한 뒤에 살해당했으면 좋겠소? 당장 내 아내에게 사과하시오. 대통령이 되겠다는 사람에게 그런 비인간적인 질문을 해서 나를 시험하시오?"와 같은 것이었다.

그런데 듀카키스는 전혀 당혹해 하거나 불쾌해 하지도 않고 마치 기다리고 있었던 것처럼 곧바로 "당신도 알다시피 나는 사형 폐지론자입니다. 설사 내 아내라 해도 내 소신을 바꿀 수는 없습니다"라고 대답했다. "이렇게 감정도 없는 사람이 대통령이 되겠다고 나섰다"라며 부시가 한마디 했지만, 토론 현장에서는 그만큼 사형 폐지에 대해 듀카키스가 단호한 의지를 피력한 것으로 받아들여졌다.

그러나 선거는 유권자들이 하는 것이다. 그간 지속되었던 듀카키스의 우세 분위기는 그날 이후 역전되었다. 부시에 대한 호감이 아니라 듀카키스에 대한 의문 때문이었다. 유권자들은 '아내가 죽었는데도 살인범을 옹호하겠다는 사람이 정말 인간적이냐'는 의구심을 갖기 시작했다. 사형 폐지는 인간을 존중하는 인본주의적 발상에서 시작된 것인데, 사형 폐지를 강력하게 주장하는 듀카키스가 유권자들에게는 오히려 비인간적으로 보인 것이다. 듀카키스의 역설이었던 셈이다.

지도자의 가장 중요한 덕목, 참을성과 성실성

지지율이 떨어지면서부터 듀카키스의 선거방식에 대한 비난 여론도 솟구치기 시작했다. 부시에 대한 호감도는 상대적으로 높아졌고, 당시 공화당 정부의 국정 만족도 역시 73%로 상승하기 시작했다. 텔레비전 토론 직후, 시사주간지 《타임》은 48%대 41%로 부시의 지지율이 듀카키스를 역전했다는 여론조사 결과를 처음으로 소개했다. 그리고 유권자들로부터는 듀카키스가 세상 물정에도 밝고 믿을 만하지만, 대통령직을 수행하는 데는 오히려 부시가 적격이라는 반응이 쏟아졌다.

냉정히 말해서 질문자로 나선 CNN의 버나드 쇼가 아니었다면 부시는 끝끝내 듀카키스를 역전할 수 없었을 것이다. 좋게 말하면 부시의 행운이고, 나쁘게 말하면 듀카키스의 불행이었다. 그렇다고 듀카키스에게 질문을 던진 버나드 쇼가 열렬한 공화당 지지자였다거나 부시의 사주를 받고 나선 사람이라는 개연성도 없다. 만일 그가 부시의 지지자였다면 부시로 하여금 그런 질문을 던지게 했을 터였기 때문이다. 버나드 쇼는 그저 단순한 저널리스트로서, 사형 폐지에 대한 듀카키스의 입장을 질의한 것에 불과했다.

사실 부시에 대해서는 강력한 이미지의 전임자 레이건이 내세운 레이거노믹스의 계승자라는 정도만이 알려져 있을 뿐이었고, 그의 정치철학이나 경제이념 등이 구체적으로 드러난 적은 없었다. 대통령이 된이후에도 그는 걸프전을 주도했고, 베를린 장벽 붕괴와 구소련의 해체가 이루어질 때 미국을 지킨 대통령으로 한때 90%가 넘는 지지를 얻기도 했지만 뚜렷한 국가 재건 프로그램을 제공하지는 못했다.

그러나 그는 레이건이라는 강력한 대통령 밑에서 무리 없이 부통령직을 수행하면서 참을성을 배웠다. 세계의 대통령이라고 불리는 미국대통령에게 가장 필요한 덕목은 바로 참을성이었다. 세 차례의 텔레비전 토론에서도 부시는 상대를 압도하지 못했다. 그러나 유권자들은 그의 한결같이 성실한 자세를 주목했다. 미국 대통령에게 두 번째로 필요한 덕목은 성실성이었다. 미국 국민들은 비록 경제상황이 좋지 않지만참을성과 성실성을 가지고 두려움에 흔들리지 않는 부시라면 충분히 위기 상황을 극복할 수 있을 것이라는 신뢰감을 갖기 시작했다.

듀카키스가 조금만 덜 단호하고 조금만 더 유연했더라면 미국 대통령이 되었을 수도 있었겠지만, 아쉽게도 그에게는 자신이 갈고 닦은 참을성과 성실성을 유권자들에게 보일 기회가 없었다. 대통령이 되는 기회와 운은 그런 요소를 갖추고 때를 기다리는 사람에게만 오는 것이다. 국민들은 후보들의 구구절절한 정책을 이해하고 지지하는 것이 아니라, 토론에서 드러나는 후보의 자세를 지켜보며 호감을 갖기 시작한다. 부시는 자신을 둘러싼 환경과 강력한 이미지의 상대 후보에게 두려움을 갖지 않는 단호한 자세로 국민들을 안심시켰다.

부시는 이길 수 없었던 선거에서 이기기 힘든 상대를 이겨냈다. 그는 마음을 비운 편안한 자세로 선거에 임한 것이 아니었다. 참고 견디면 기회가 온다는 막연한 낙관론을 가지고 버틴 것도 아니었다. 대신 그에게는 지도자는 두려운 상황에서도 흔들리지 않고 든든히 버틸 수 있는 용기가 있어야 한다는 마음가짐이 있었다. 그가 국민의 마음을 사로잡을 수 있었던 것은 뛰어난 언변 때문이 아니라 어떤 상황이 닥치더라도 항상 당당할 것이라는 신뢰감을 국민에게 심어 주었기 때문이다.

02

설득은 신념을 지켜가는 것

노무현 대통령

노무현은 평생 두려움이라는 것은 모르는 사람처럼 말하고 행동했다.
그러나 그는 목표를 향한 강한 의지로 두려움을 이겨냈다. 놀라운 것은 이러한 목표와
자세를 정치생활 내내 유지했다는 사실이다. 목표에 대한 집중력과 자세의 견고성은
정치인 노무현을 대통령 노무현으로 만든 원동력이었다.

"많은 사람들이 제가 상대방이 강자라면
무조건 반대한다고 생각하고 있지만,
이는 사실이 아닙니다."

"존경하는 의원 여러분. 그리고 국무의원 여러분. 부산 동구에서 처음
으로 국회의원이 된 노무현입니다.

국무위원 여러분. 저는 별로 성실한 답변을 요구 안 합니다. 성실한
답변을 요구해도, 청년 학생들이 죽어 가는 것을 감옥에 가서 참회해야
될 사람들이 권력을 잡고 온갖 도둑질을 다 해먹으면서, 바른 말 하는
사람 데려다가 고문하고 죽이는 바람에 생긴 일이니까. 제가 생각하는
이상적인 사회는 더불어 사는 세상, 모두가 먹는 것 입는 것 걱정 좀 안

하고, 더럽고 아니꼬운 꼬라지 좀 안 보고, 그래서 하루하루가 좀 신명 나게 이어지는 그런 세상입니다.

만일 이런 세상이 좀 지나친 욕심이라면, 적어도 살기가 힘이 들어서 아니면 분하고 서러워서 스스로 목숨을 끊는 그런 일은 좀 없는 세상, 이런 것이라고 생각합니다. 노동자와 농민이 다 함께 잘살게 되고, 임금 격차가 줄어서, 굳이 일류 대학을 나오지 않는다 할지라도, 그리고 높은 자리에 안 올라가도 사람대접 받을 수 있는 그런 세상이 되면……."

1988년 7월 8일, 국회 본회의장에서 통일민주당 소속 의원 노무현은 말문을 열었다. 국회의원의 품격에 어울리지 않는 거친 표현과 노골적 비판이 담긴 대정부 질문이었다. 부산 동구 초선 의원이었던 그는 국회의원은 물론 정부 각료 전체를 앞혀 놓고 대정부 선전포고를 개시하며 국회 입성을 알렸다. 그러자 전국은 순식간에 세상 물정을 전혀 모르는 것인지, 아니면 알면서 정말로 한판 붙자고 나선 것인지 알 수 없는 노무현이라는 정치 신인의 출현에 주목했다.

"저는 오늘 여러분을 선동하거나 아양을 떨려고 온 것이 아닙니다. 울산에 제가 가끔 얼굴을 내미니까 울산 동구에 무슨 흑심이 있지 않나 하는 사람이 있는데, 그렇지 않습니다. 저는 노동자는 아니지만, 노동자를 위해 무엇인가 해보려고 하면 여기저기서 로비가 들어오고 무조건 반대를 하고 해서 노동법 개정 문제만 하더라도 굉장한 난관에 부닥쳐 있습니다. 노동자 대표를 한 20명만 국회에 보내 주면 정말 화끈하게 해보겠는데, 바로 여기 울산 동구에서 노동자 대표를 한 분 뽑아 주시고, 저는 딴 데 어디로 가면 또 안 되겠습니까?"

1988년 12월 27일, 찬바람이 씽씽 부는 울산의 현대중공업 노사분규 현장에 42세의 민주당 소속 국회의원 노무현이 찾아왔다. 근로자 4000여 명이 참석한 자리에서 근로조건 쟁취를 위해 모두 단결해 싸워야 한다는 연설을 하기로 하고 찾아온 자리였다. 14일째 분규가 이어지면서 사측의 방해가 심해지자, 노측의 불안감도 커져 갔다.

"노동 3권, 노동 3권 하면서도, 여러분에게 '방위산업체니까 이런 파업은 불법이다'라고 하는 경향이 있습니다. 노동 3권이 우리 헌법에 보장되어 있는 이상, 여러분의 파업은 일어나야 합니다. 헌법에만 명시해 놓고 하지 못하게 하는 법은 있으나 마나입니다. 방위산업체의 사업주가 폐업을 해도 잡아넣어야지 왜 그런 것은 놔둡니까? 법은 정당할 땐 지키고, 정당하지 않을 때에는 지키지 않아야 합니다. 악업은 국민 스스로의 손으로 철폐시켜야 합니다."

현대중공업 노사분규 현장에 찾아온 노무현은 의외의 인물이었다. 1988년 4월 26일 제13대 국회의원으로 당선된 지 겨우 8개월밖에 되지 않는 초선 의원임에도 불구하고 자신감이 넘쳐흘렀다. 고등학교밖에 졸업하지 않은 판사 출신 변호사라는데, 가진 자들에 대해서는 오히려 근로자들보다 더욱 화가 난 표정이었다.

"제가 여기 와서 얘기하는 것도 불안합니다. 노동법에는 제3자 개입금지라 해서 노동자가 아닌 자가 와서 노동자에게 얘기하고 상담만 해줘도 잡아넣는데, 사용자는 대학교수, 경제연구소 사람들을 불러서 토론도 하고 상담도 받습니다."

말이 씨가 된 것인지 아니면 변호사 출신이라 정확하게 예측했던 것인지, 노무현의 염려는 현실로 나타났다. 8개월이 지난 1989년 8월 20일, 그는 현대중공업 노동자들에게 노동쟁의를 조장하는 연설을 한 혐의로 입건되었다. 연일 이어지는 초선의원 노무현의 언론매체 노출 빈도는 당내 중진급 수준이었다.

정치의 본질은 둘 중 하나이다
짓밟거나, 짓밟히거나

1988년 4월 26일에 치러질 제13대 국회의원 선거를 앞두고, 재야의 노무현은 출마 권유를 받았다. 1981년 10월 대학생 독서서클 사건이었던 부림사건의 변호를 맡은 이후 인권변호사가 된 그는 1987년 9월 대우조선 파업과 관련해서 3자 개입 혐의로 변호사 업무 정지 상태였다. 그러나 이미 부산과 경남 지역에서 인권변호사로 이름이 알려진 노무현은 정치인으로 나서기에 충분한 자질을 갖추고 있었다.

당시 김대중과 결별하고 부산 경남을 중심으로 권토중래를 도모하던 김영삼은 김광일 변호사를 통해 노무현에게 부산 남구에서 출마할 것을 제안하며 섭외에 나섰다. 그러나 그는 "이왕이면 허삼수와 붙겠습니다"라며 부산 동구에서의 출마를 역으로 제안했다.

허삼수는 예비역 육군 준장 출신의 엘리트 군인이었다. 12.12 군사쿠데타가 일어난 이후 군에서 예편해서 청와대 사정수석 비서관, 미국 스탠퍼드 대학교 후버 연구소 연구원, 민정당 국책 평가위원을 거치면서 차세대 지도자로 주목받는 인물이었다. 김영삼은 노무현이 걸물이 아니면 바보라고 생각했다.

쫓아가서 벼락을 맞겠다는 그의 바람대로, 김영삼은 노무현에게 부산 동구 출마를 허락했다. 허삼수와의 대결로 노무현은 순식간에 주목받는 격전지의 출마자가 되었고, 결국 여권의 강력한 기대주였던 그를 물리치고 초선 국회의원이 되었다. 제13대 국회의원 선거의 파란이었다. 정국의 시선이 부산 동구의 노무현에게 집중되었다.

그러나 그것은 대한민국 정계를 뒤흔들 변혁의 서곡에 불과했다. 그는 순식간에 전 국민이 주목하는 태풍의 눈으로 떠올랐다. 국회의원이 된 이후 노무현은 대통령, 국무총리, 국무위원, 동료 국회의원, 대기업, 언론, 검찰 등 대한민국의 거의 모든 기득권 세력에게 "이의 있습니다"를 외쳤다. 심지어 그는 자신의 정치적 아버지라고 할 수 있는 김영삼 당시 통일민주당 당수에 대해서도 그랬을 만큼 직설적이었고 도전적이었다.

그는 1990년 1월 12일 이루어진 3당 합당을 정면으로 반박했다. 구국의 차원에서 통일민주당을 해체하고 민주정의당 및 신민주공화당과 3당 통합을 하겠다는 김영삼에게 대놓고 반기를 든 것이다. 대통령이 되기 위해 합당을 결정한 김영삼이 정치 신출내기의 말에 귀를 기울일 리 없었다. 3당 합당을 결행한 김영삼은 노무현을 뒤로한 채 떠나 버렸고, 그는 말 그대로 부산 동구의 낙동강 오리알이 되고 말았다.

김영삼과 결별한 이후 노무현은 낙선 인생을 걷기 시작했다. 낙선에 낙선, 연이은 낙선으로 그의 아호雅號는 '낙선'이 되었다. 게다가 김영삼과의 결별과 동시에 당시 대통령이자 3당 합당의 주체였던 노태우와도 적이 되어 버렸다. 노무현의 적이 아닌 사람들은 분규현장의 노동자와 가족밖에 없었다.

그러나 어쩔 수 없었다. 그것은 노무현이 스스로 선택한 길이었고,

결과적으로 그 길에는 나름대로 의미가 있었기 때문이다. 그는 대한민국의 모든 기득권 세력과 대결하는 강적으로 성장하고 있었다. 노무현의 인생을 요약할 수 있는 발언은 이때부터 시작되었다.

"이의 있습니다."

상식 파괴로 새로운 정치교범이 되다

처음부터 노무현은 국회의원이나 도지사, 서울시장 같은 지위가 아니라 대한민국에 하나밖에 없는 대통령 자리에 오를 생각이었다. 그런 생각은 노무현이었기에 할 수 있고, 또 노무현이었기에 실현할 수 있었던 것이었다.

노무현은 상식적이지 않은 정치 인생을 길었지만, 결과적으로 보면 그것은 상식을 뛰어넘는 초상식적 여정이었다. 또한 남들이 눈에는 바보처럼 보일 수 있는 길이었지만, 정답을 알고 있는 사람에게는 당연한 방식이었다.

그는 대중의 주목을 받는 방법, 대중의 마음을 움직이는 방법을 터득하고 있었다. 경상도 사람임에도 전라도 출신 김대중 총재를 따라다니며 야당 정치인으로 행동한 것이나, 필패가 예상되는 한나라당 텃밭 부산에서 민주당 팻말을 들고 출마한 것 등은 노무현 같은 타고난 정치인이 아니면 상상도 못 할 일이었다. 그는 파격적이지 않으면 눈에 띨 수 없고, 상식을 넘어서지 않으면 주목받지 못한다는 사실을 알고 있었다. 현대 정치인의 속성은 연예인의 그것과 다름없다는 것을 간파한 그는 그런 의미에서 대한민국 정치사의 새로운 교범敎範으로 손색없는 인물이라 할 수 있다.

1988년 5공 청문회장에서 전두환 전 대통령에게 명패를 집어 던지면서부터 노무현의 운명은 세상의 것이 되었다. 청문회장에서 국민들이 보고 싶어 하는 것은 여전히 위세등등한 전두환 대통령의 변명이 아니라, 독재권력에 항거하는 국민적 저항임을 그는 알고 있었다. 그가 전두환 전 대통령에게 던진 명패는 절대권력을 일시에 무너뜨린 것 같은 카타르시스를 불러일으켰다.

전두환 전 대통령이 창당한 민정당의 노태우 대통령이 집권하던 시절, 여전히 거리에서는 군사정권에 항거하는 시위가 지속되고 있었다. 당시 변호사였던 노무현은 명패를 집어 던져 폭행으로 이어졌을 때 벌어질 수 있는 법적 문제점을 잘 알고 있었다. 때문에 그의 의도는 전 대통령에게 부상을 입히려던 것이 아니라, 국민이 그를 향해 명패를 던지는 것임을 부각시키는 것이었다. 그렇게 명패를 던지고 부각된 것은 명패를 던진 노무현이라는 사람의 이름 석 자였다.

패러다임을 바꾸는 선거 전략

이스라엘의 두 번째 왕 다윗은 예루살렘의 목동이었다. 한낱 목동이었던 다윗에게 이스라엘 백성들의 이목이 집중된 이유는 그가 이스라엘을 침범한 블레셋의 거인 장수 골리앗과의 대결에서 승리했기 때문이었다. 블레셋 군대와의 전쟁을 위해 징집된 형들을 면회하러 간 다윗은 이스라엘의 신 하나님을 모욕하는 골리앗을 목도했다. 하지만 골리앗의 엄청난 위용에 이스라엘 군대는 감히 대적할 엄두를 내지 못하고 있었다.

이때 난데없이 다윗이 하나님을 모독하는 골리앗의 무례함을 참을 수 없다며 그를 처단하겠다고 나섰다. 그리고 목동들이 사용하는 돌멩이를 가지고 나가 골리앗을 단 한 방의 투석으로 거꾸러뜨렸다. 그날 이후 다윗은 큰 자를 쓰러뜨리는 작은 자의 상징이 되었고, 20년 뒤에 이스라엘의 2대 왕으로 등극했다.

물론 다윗이 골리앗을 쓰러뜨리고 왕위에 등극할 때까지 치른 고난은 말로 형용할 수 없을 정도이다. 다윗은 그의 인기를 시기한 이스라엘 초대 왕 사울의 미움을 받아 여러 차례 죽을 고비를 넘겼고, 그러한 와중에 주변 사람들로부터 무수하게 무시당하며 삶의 비애를 느꼈으며, 자신에 대한 신뢰감마저 상실할 정도의 처참한 자기 파괴도 경험해야 했다.

노무현의 일생은 블레셋 장군 골리앗을 넘어뜨린 다윗과 닮은 구석이 많다. 전두환 전 대통령을 향한 명패 투척으로 그는 대한민국 국민들에게 투사의 이미지를 각인시키기 시작했지만, 바로 그러한 저돌성으로 인해 김영삼의 3당 합당에 동참하지 못하는 결과를 초래했다. 노태우 대통령의 민자당 쪽에서도 노무현을 받아들일 의사가 없었던 탓에, 결국 그는 호남에 기반을 둔 민주당에 당적을 두고 자신의 지역구인 부산 지역을 중심으로 선거에 나섰다.

그렇지만 부산에서 민주당 당적으로 국회의원 선거와 지방 선거에 나선다는 것은 마치 지역감정이라는 거대한 골리앗 앞에 조그마한 돌멩이 하나를 던지는 것처럼 무모한 일이었다. 노무현은 1992년 제14대 국회의원 선거에서의 낙선을 필두로 1995년 부산광역시장 선거, 2000년 16대 총선까지 연이은 낙선행진을 했다. 국회의원 선거와 지방 선거에서는 지역감정이라는 골리앗을 쓰러뜨리지 못한 것이다.

그러나 2002년 제16대 대통령 선거를 앞두고 자신이 대통령이 될 타이밍이라는 것을 알아챈 55세의 노무현은 무너뜨릴 수 없는 상대를 향해 돌을 던지는 투석가의 이미지로 자신을 재정비했다. 백전노장 골리앗을 상대하는 다윗에게는 시냇물에 다듬어진 돌멩이 몇 개가 가진 무기의 전부였다. 노무현은 자신을 용기밖에 없는 투석가 다윗처럼 상징화하며 선거의 패러다임을 바꾸는 작업을 시작했다.

김대중 대통령 집권 당시 그는 여당의 국회의원으로 해양수산부 장관을 지냈지만, 제16대 대통령 선거를 위한 당내 후보 경선 과정에서는 경쟁자 이인제에 대비對比시켜 자신을 약자의 위치로 설정했다. 김대중은 자신이 제15대 대통령 선거에서 승리한 것에 대한 심정적 보은의식을 이인제에게 가지고 있었기에 그를 지원하는 상황이었다. 노무현은 그러한 김대중의 지원을 음모론으로 정리하고, 자신에 대한 지지율이 5%에 불과했음에도 30%가 넘는 지지율의 이인제에게 도전하여 역전 우승을 거뒀다. 제16대 대통령 선거를 앞둔 노무현의 첫 번째 다윗 전쟁이었다.

그러나 노무현이 넘어야 할 골리앗은 또 있었다. 바로 2002년 한일월드컵 개최의 주역이었던 대한축구협회 회장 정몽준 의원이었다. 그러나 국민여론조사를 통해 노무현은 그보다 지지율에서 앞서 있던 정몽준과의 후보 단일화를 이뤄내며 두 번째 다윗 전쟁에서 승리했다.

세 번째 다윗 전쟁에서의 골리앗은 한나라당의 이회창이었다. 여권 후보 단일화를 통해 마침내 제16대 대통령 선거를 위한 집권 여당의 후보로 선출된 노무현이었지만, 지지율이 30%대였기 때문에 40%대를 보이는 이회창을 이기기는 어려운 상황이었다. 그러나 노무현은 절묘한 방식으로 이회창을 압박했다. 아들의 병역 문제를 제기하며 그를 구석으로 몰다가 행정수도 이전이라는 카드로 제압해 버린 것이다. 행정수도 이전을 반대했던 이회창은 야권 후보였음에도, 노무현은 그를 사회 변화를 원치 않는 기득권 세력으로 전환시켰다. 지지율에서도 앞서고 기득권 세력이며 수도 이전에도 반대하는 이회창은 대중에게 골리앗처럼 느껴지게 하고, 국가 균형 발전이라는 명분을 내세우는 자신은 다윗처럼 외로운 투사로 인식되게 만든 것이다.

제16대 대통령 선거의 마지막 고비는 단일화에 합의했던 정몽준의 합의 파기였다. 노무현은 선거 전날, 굳게 닫힌 정몽준의 자택 대문 앞에 외롭게 서 있는 모습을 연출하며 골리앗 성벽을 향해 무언의 투척을 하는 투사 같은 인상으로 국민들을 자극했다. 비록 대문은 끝내 열리지 않았지만, 노무현에 대한 국민들의 동정 여론은 열리기 시작했다. 전국 투표율 70.8%의 제16대 대통령 선거에서 48.9%의 지지를 얻은 노무현은 46.6%의 지지를 획득한 이회창을 2.3% 차이로 물리쳤다. 제16대 대통령 선거를 위한 노무현의 네 번째 다윗 전쟁이었다.

상대방 앞에 자신의 두려움을 내던져라

노무현은 2003년 2월 25일 대통령 취임사의 마지막 부분에 자신의 인생을 투영한 절묘한 담화를 포함시켰다. '우리'라고 표현한 부분을 '나'로 대체하면 바로 노무현 대통령이 살아온 인생을 단순하게 요약하는 말로 바뀔 수 있는 내용이었다. 이 대목을 그렇게 바꾸어 읽어 보면, 대통령으로 취임한 그가 무엇을 꿈꾸었는지 쉽게 짐작할 수 있다.

"우리에게는 수많은 도전을 극복한 저력이 있습니다. 위기마저도 기회로 만드는 지혜가 있습니다. 그런 지혜와 저력으로 오늘 우리에게 닥친 도전을 극복합시다. 오늘 우리가 선조들을 기리는 것처럼, 먼 훗날 후손들이 오늘의 우리를 자랑스러운 조상으로 기억하게 합시다."

그가 취임과 동시에 전쟁을 선포한 대상은 대한민국 사회에 편만^{遍滿}한 수구세력들의 기득권이었다. 후손들에게 자랑스러운 조상이 되기 위해 자신에게 닥친 도전을 극복하겠다는, 자기 스스로에 대한 당부를 대통령 취임사에 포함시킨 것이다. 자신을 세상의 거대한 골리앗들과 싸우는 유약한 다윗으로 연출했던 노무현의 독특한 전략은 국민들에게 선거를 바라보는 패러다임을 전환시켜 동정심과 일체감을 불러일으켰다.

"맞습니다. 맞고요"라는 말 뒤에 절대 긍정하지 못하는 이유들을 달고 설명하던 노무현은 다윗과 같은 행복한 결말을 맞이하지는 못했다. 그것은 선거를 치를 때 가졌던 골리앗에 대한 다윗식의 저항성을 버리지 못했기 때문이었다. 이미 노무현 스스로 골리앗이 되어 버렸음에도 그는 계속 항거하기 어려운 큰 거인에 대항하는 다윗으로 자신의 위치를 상정하는 패러다임을 끝내 벗어나지 못했다.

하지만 대통령 취임 전까지 그가 보여 준 경쟁자와의 차별적 대결방식은 선거에 나선 후보가 어떤 방식으로 상대와 맞서야 하는지를 명료하게 알려 주는 사례였다고 할 수 있다. 노무현은 거인 골리앗과 맞서 싸운 다윗이 결코 두려워하지 않았던 점을 상기시키며, 상대에 대한 두려움을 가지면 절대로 상대를 제압할 수 없다는 사실을 교훈으로 남겼다. 지도자가 두려움을 느끼지 않을 때, 그의 지지자 및 국민들도 두려움에서 벗어날 수 있는 것은 당연하다. 노무현은 대한민국 대통령 선거 역사상 전례를 찾을 수 없이 경쟁자와의 차별성을 뚜렷이 나타낸 후보였음에 틀림없다.

노무현은 자신의 가장 큰 경쟁자가 두려움이고, 그것을 극복하지 못하면 어떤 상대도 극복할 수 없다고 생각했다. 그는 두려움과 대결한다거나, 그것을 이길 수 있다고 여기지 않았다. 대신 막연한 두려움을 눈에 보이는 구체적인 실체로 드러냈고, 겉으로 드러난 상대 앞에 자신의 두려움을 내던졌다. 그의 말은 눈에 보이는 상대에게 던지는 그러한 출사표와도 같았다.

03
부드러움이 날카로움을 이기는 이유
프랑수아 올랑드 프랑스 대통령

프랑수아 올랑드(Francois Hollande)는 차분하고, 조용한 정치인이다.
그래서 국민 대부분은 그가 화려한 언변의 니콜라 사르코지를 이길 수 없을 것이라고 여겼다.
그렇지만 2012년 5월 15일, 제24대 프랑스 대통령으로 취임한 사람은 올랑드였다.
상대에 두려움을 갖지 않는 훈련을 쌓은 올랑드는 '칼은 사용할 때만 꺼내면
된다'는 원칙을 준수했다.

> "나는 내가 대통령이 될 만한 사람의 머리를
> 가지고 있지 않다는 점을 알고 있습니다. 하지만
> 이런 머리를 가지고, 절대로 되어서는 안 될 사람이
> 대통령이 된 사례들도 많은 것이 사실 아닙니까?"

"대통령으로 집무를 시작하는 날, 저는 프랑스 국민에게 신뢰의 메시지를 보냅니다. 우리는 시련을 용기로 맞서 도전으로 격퇴한 역사를 가진 위대한 민족입니다. 매 순간 우리의 역사는 우리로 하여금 고결한 정신과 관용을 갖고, 자기비하와 자아도취를 하지 않게 만들어 왔습니다."

2012년 5월 15일, 프랑수아 올랑드는 프랑스 대통령 집무실이 있는 엘리제 궁에서 대통령에 취임했다. 외국 사절은 물론 국내 주요 인사들도 배제하고, 대통령 업무와 관련된 40여 명만을 초청한 단출한 취임

식이었다. 전임자 사르코지의 호화스러운 취임식과 비교하면 초라하기 그지없기까지 했다.

"저는 우리가 거대한 부채와 미미한 성장, 높은 실업률, 손상된 경쟁력, 유럽의 재정 위기 상태에 있음을 인정합니다. 그러나 분명히 여기서 말하겠습니다. 이것은 피할 수 없는 일입니다. 만약 공동의 의욕이 우리를 움직인다면 방향은 명확히 정해져 있고, 우리는 용기와 자산을 기꺼이 움직일 것입니다."

나폴레옹 시대의 영광이나 프랑스 초대 대통령 샤를르 드골 시대의 위세를 생각하면 그와 같이 간소한 취임식은 상상도 할 수 없는 것이었다. 그렇지만 프랑스 행정부의 말단 부서의 아침 조회처럼 40여 명만이 모인 자리에서, 올랑드는 취임사를 읽어 나갔다.

올랑드는 프랑스의 경제 위기를 국민들에게 호소하고 싶었다. 프랑스가 지금 얼마나 절박한 상황인지를 공개적으로 알릴 심산이었다. 때문에 그는 언론을 통해 공개될 취임사에서도 장밋빛 미래의 청사진 같은 것은 제시하지 않았다. 그 대신 한 번 넘어지면 완전히 쓰러질 것이라는 프랑스의 경제현실만을 적시하고, 대통령으로서 국민들에 대해 가지는 믿음을 여러 차례 강조했다.

대통령 선거를 위한 토론에서 보여 주었듯, 올랑드는 연설에서 화려하고 과장된 수사를 사용하지 않았다. 그리스처럼 국가적 부도 위기에 빠져 버리는 것이 아닌지 염려하는 국민들에게 그는 '이제 당신들이 일어서야 할 때'라고 차분하게 이야기했다. 언론에서 지적한 것처럼 '국가 재건이라는 끝없는 부담감만 짊어진 영광 없는 승리'라는 표현이 딱 맞는 상황이었다.

52

"프랑스 대통령으로서, 저는 대통령 직무의 예외적인 책임을 어깨에 짊어지겠습니다. 저는 우선순위를 정하겠습니다. 그러나 모든 것을 다 결정하지는 않을 것입니다. 인원도 절반으로 줄일 것입니다. 정부는 헌법에 따라 국가정책을 결정할 것입니다. 의회의 권리는 존중되고, 법원과 검찰은 독립을 보장받을 것입니다. 주 정부의 권한은 위엄을 가지고 수행되겠지만, 보다 단순해질 것입니다."

사회주의자인 올랑드는 작은 정부를 지향하며 국가의 역할을 줄이겠다는 의지를 분명히 피력했다. 지나친 사회복지정책과 노동자 우대정책으로 인해 국가 경쟁력이 떨어진 프랑스를 일으켜 세우는 길은 노동자들을 일하게 하는 것뿐이라는 사실을 그는 잘 알고 있었다. 부드러운 말로 나지막이 하는 이야기였지만, 올랑드의 취임사에는 부도 위기에서 벗어나야 한다는 강한 의지가 담겨 있었다.

취임식이 끝난 직후 올랑드는 독일행 비행기에 몸을 실었다. 앙겔라 메르켈 독일 총리를 만나 독불 경제협력관계를 모색하기 위함이었다. 취임식을 마치자마자 독일로 날아간 것은 말로만 그치지 않고 직접 행동으로 옮기는 대통령이라는 이미지를 국민들에게 각인시키기 위해서 올랑드가 취한 정치적 제스처였다고 할 수 있다. 유럽 경제위기 속에 불안해 하는 프랑스 국민들에게 '대통령이 움직이니 국민들은 걱정하지 말라'는 의미가 담긴 취임 선물인 셈이었다.

부드러운 취임사를 발표한 올랑드였지만 그는 행동력에서 강하기 이를 데 없는 면모를 보이며 프랑스의 경제위기 극복을 시도하고 있다. 그는 프랑스의 국가 위기를 주목하기보다는 해결 방안에 더 많은 관심을 두며 '해결 방안이 있는 한 위기는 결코 두려워할 문제가 아님'을 강조한다. 프랑스 국민들은 부드러운 올랑드에게서 날카로운 사르코지보다 더 매서운 실천력을 발견할 수 있었다.

그러한 국민들의 기대에 부응하며, 올랑드는 최근 감당하기 힘든 유지비가 들어가는 아프가니스탄 평화유지군 철군 계획을 발표했다. 그러나 동맹국 독일과 프랑스, G8과 나토NATO를 혼란스럽게 만드는 형태의 것이 아닌, 경제위기로 구석에 몰린 프랑스의 현실을 설명하며 동맹국들의 동조를 얻어내는 방식의 것이었다. 프랑스 국민들은 더 이상 화려한 수사로 과장된 오지 않은 미래 대신, 부드럽되 냉정한 판단으로 현실을 설명하는 올랑드가 프랑스 재건을 주도할 수 있으리라고 믿는다. 그는 프랑스 국민들에게서 두려움을 제거하는 일에 진력하고 있다.

선거는 항상 상대적이다

유럽 경제위기 속에 치러진 2012년 프랑스 대통령 선거의 승자는 사회당 후보 올랑드였다. 약 51%의 지지를 얻은 올랑드는 집권 여당인 대중운동연합의 후보 사르코지 대통령을 1.6% 차이로 물리치고 제24대 프랑스 대통령이 되었다. 사회당 소속인 올랑드의 대통령 당선으로 프랑스에는 제21대 프랑수아 미테랑 대통령 이후 17년 만에 좌파 정권이 들어서게 되었다.

올랑드의 당선은 처음에는 예상하지 못한 일이었다. 연예인 못지않은 인기를 얻고 있는 사르코지 대통령의 아성을 쉽게 깨뜨릴 수 없을 것 같았기 때문이었다. 게다가 2012년 초반 대통령 선거가 공고되었을 때 대선 출마를 희망하는 군소 정당의 후보는 무려 20명이 넘었다. 야권 후보가 많다는 것은 정권교체의 의지가 그만큼 강하다는 뜻일 수 있지만, 다른 한편으로는 정권교체를 위한 다양한 목소리를 소화해낼 수 있는 단일 후보가 출현하기 쉽지 않다는 의미도 가진다.

그렇지만 과열양상으로 치달은 대통령 선거가 결선 투표로까지 이어지는 동안, 올랑드의 당선 가능성은 점점 높아지기 시작했다. 1차 선거 결과에서 올랑드는 1000만 표 이상을 득표하며 28.6%로 1위를 차지한 반면, 27.1%의 지지율에 그치며 1000만 표 획득에 실패한 사르코지는 2위로 물러나 있었다. 비록 과반을 차지하지는 못했지만 올랑드는 사르코지보다 유리한 조건에서 두 사람만의 결선 투표에 나서게 되었다.

대중적인 이미지가 강한 사르코지는 대통령으로 재임하는 동안 저성장과 실업 문제에 허덕이는 프랑스 경제를 구출하지 못했다. 그러나 올랑드에 대한 프랑스 국민들의 기대감 역시 높은 것도 아니었다. 그는 그저 근소한 차이로 사르코지에 앞서 있을 뿐이었다.

올랑드와 사르코지 그 어느 쪽도 지지하지 않았던 야권 성향의 표가 거의 정확하게 반분된 것은 올랑드에 대한 기대감이 높지 않았다는 사실을 증명하는 증거이다. 1차 투표에서 보인 1.5%의 격차가 2차 투표에서 1.6%로 거의 변동 없이 나타난 것은 재임 기간 동안 경제문제를 해결하지 못한 사르코지에 대한 실망감을 나타낸 것일 뿐, 올랑드에 대한 프랑스 국민들의 전폭적인 지지를 나타낸 것은 아니었다.

그렇지만 상황이야 어찌 되었건, 올랑드는 2012년 5월 6일 치러진 제24대 프랑스 대통령 선거에서 승리했다. 그러나 그는 사르코지를 가까스로 이긴 것이지, 압도한 것은 아니었다. 이 말은 사르코지가 자신이 승리할 수도 있었던 선거에서 올랑드를 이겨내지 못했다는 말로 바꿀 수도 있다. 대선에서 낙선함으로써 사르코지는 프랑수아 미테랑, 자크 시라크 이후 처음으로 연임에 실패한 대통령이 되었다.

이길 수 있는 선거에서 이기지 못한 사르코지와 질 수 있는 선거에서 이긴 올랑드 사이에 특별한 차이가 있는 것은 아니었다. 굳이 이유를 찾자면, 희망을 찾고 싶은 프랑스인들이 마지못해 선택한 결론이 올랑드였을 뿐이다. 다시 말해 올랑드가 선거를 잘 치른 것이 아니라, 5년에 걸친 사르코지의 국정 운영이 국민이 기대했던 것 이하였다는 뜻이다.

기대에 부응하지 못한 자와 큰 기대가 없는 자

2007년 사르코지가 당선되었을 때만 히더리도 프랑스 국민들은 경제가 나아질 것이라는 기대감이 있었다. 그가 프랑스의 영광을 재현할 것 같은 역량을 지니고 있는 것처럼 보였기 때문이었다. 연예인과 다름없는 화려한 언행으로 언론의 주목을 받는 사르코지는 경제위기에 봉착한 유럽 국가들 가운데 가장 먼저 경제회복을 실현하는 지도자가 될 것이라는 기대를 모았다.

그렇지만 헝가리 출신으로 프랑스 역사상 최초의 이민 2세 대통령이 된 그는 프랑스 국민들의 자존심을 세우는 데 성공하지 못했다. 그가 노이 쉬르 센 시장으로 재직할 때 보였던 용기와 내무장관 시절 보였던 결단력 등을 대통령이 된 이후에도 보여 줄 것이라 기대했던 프랑스 국민들에게 그는 이렇다 할 정책적 결과물들을 제공하지 못했던 것이다. 오히려 사르코지는 여러 가지 문제로 구설수에 오르며 프랑스 대통령의 품격만 떨어뜨리고 말았다.

그렇다고 대통령 연임이 불가능할 정도로 인기가 추락한 것은 아니었다. 사르코지는 나름대로 프랑스 역사상 인기 있는 대통령으로 자신만의 아성을 쌓고 있었다. 게다가 앙겔라 메르켈 독일 총리를 비롯한 유럽의 우파 지도자들은 우파 국제 공조로 그의 연임을 측면 지원하고 있던 터였다.

반면 사르코지의 상대였던 올랑드에 대한 프랑스 국민들의 기대는 특별히 없었다. 프랑스 북부 루앙 출신의 올랑드는 '보통 남자', '이웃집 아저씨'라는 별명에서 알 수 있듯, 역대 프랑스 대통령에 비해 거의 개성이 느껴지지 않는 성격이었다. 의사의 아들로 태어났고 국립행정학교와 파리 정치대학을 졸업한 뒤 판사와 변호사, 대학교수를 지낸 엘리트답지 않게 언론의 중심에 등장하지 않는 평범한 정치활동을 해 왔기 때문이다.

대통령 선거 기간 동안 그가 내세운 공약과 정책들도 지극히 상식적인 내용의 것이었을 뿐, 딱히 두드러진 것은 없었다. 세계적으로 문제가 된 부자증세의 분위기에 따라 고소득자와 대기업, 금융권에 대한 증세를 강조했고, 인구감소와 내부갈등으로 인해 발생한 이민자 정책 문제에 대해 우호적인 자세를 취한 것이 전부였다. 경제위기에 빠진 유럽연합 중심국가의 대통령 후보로는 어울리지 않는 모습이었다. 독일과 함께 유럽연합을 지탱하는 프랑스 대통령이라면 경제 면에서 세계와 유럽 전체를 아우르는 정책적 비전을 제시할 수 있어야 했다.

그러나 2001년부터 7년간 튈 시장으로 행정경험을 쌓으면서 잡음을 일으키지 않았던 것처럼, 그는 정책적 차별성보다는 균형 잡힌 행정력만을 암시하고 있었다. 아마도 그것은 프랑수아 미테랑 대통령 퇴진 이후 침체기에 빠져 있던 사회당의 대표를 지난 15년간 맡아 오면서, 좌파의 한계를 지적하는 여론을 지나치게 의식해 온 습관 때문이 아닌가 싶다.

위기 속에서도 리더십을 발휘할 수 있었던 이유

1969년 창당한 프랑스 사회당은 올랑드의 당선으로 제2의 전성기를 맞이했다. 1985년부터 1991년까지 집권했던 미테랑 대통령 이후 17년 만의 사회당 재집권이었다. 타협의 귀재였던 노련한 정치가 미테랑은 1986년 총선에서 사회당이 패배했음에도 불구하고 1988년 좌파 세력 결집을 통해 재집권에 성공했다. 그러나 1990년대 이후 사회당은 점차 인기를 잃었고, 우파연합의 압도적 우세를 지켜보며 쇠퇴의 길을 걷기 시작했다. 동구권 몰락으로 사회주의가 퇴조한 영향이 컸다.

이러한 프랑스 사회주의의 위기 속에서 사회당을 이끈 지도자가 바로 올랑드였다. 그는 1997년부터 2008년까지 약 11년간 사회당 대표를 지냈다. 1997년은 그보다 2년 전인 1995년 대통령 선거에서 우파연합의 자크 시라크 대통령에게 정권을 내준 사회당이 공산당, 녹색당 등과 좌파연합을 구성해서 승리한 해이다. 총선 승리로 사회당은 리오넬 조스팽을 수반으로 하는 좌파내각을 구성했다. 2년 전까지 사회당의 미테랑 대통령과 공화국 연합의 시라크 총리가 좌우동거체제를 운영했던 것처럼, 정권을 장악한 공화국 연합의 시라크 대통령과 국회를 장악한 조스팽 총리의 우좌동거체제가 구성된 것이다. 총리였던 조스팽이 경제 호황과 저실업을 이끄는 내각 운영을 했던 1997년, 올랑드는 사회당 대표가 되어 좌파연합을 조율했다.

그가 이러한 리더십을 발휘할 수 있었던 것은 사회 전반에 대한 포괄적인 지식을 갖춘 내유외강적인 성격 때문이다. 34세였던 1988년부터 모교 파리정치대학의 경제학 교수로 임용되어 4년간 강의했던 그는 세계 경제의 변화와 프랑스의 위기에 대해 연구했다. 그가 피에르 모스코비치와 1991년 함께 펴낸 저서 『정치 경제를 위한 선택의 시간L'Heure des choix. Pour une économie politique』은 프랑스의 현실 정치와 경제적 위기에 대해 나름의 대안을 찾으려는 작업의 산물이었다. 출간 후 11년이 지나 대통령이 된 올랑드는 이 책의 공저자 모스코비치를 재무장관으로 임명했다.

일찍부터 사회주의 성향을 갖고 성장했지만 프랑스 민족주의를 근간으로 하고 있다는 점에서 그는 우파적 성향 역시 갖고 있다고 볼 수 있다. 친미적 성향과 반이슬람주의, 과감한 경제개혁으로 그는 사회주의보다 자본주의적 성향이 강하다고 평가받을 뿐 아니라, 반중국적 정서와 중국 제품에 대한 제재 강화 발언 등으로 중국과의 갈등을 야기할 우려도 있다. 따라서 올랑드는 사회주의나 공산주의 국가들에 대한 호감 또는 연대감보다는 프랑스의 국익에 따라 정책을 결정하는, 사회주의자로는 흔치 않는 국가주의적 성향을 지닌 대통령이 될 가능성이 높다.

미래를 위한 선택의 시간

유럽 경제위기 속에서 치러진 2012년 프랑스 대선은 국민들에게 있어 자국의 미래를 선택하는 시간이었다. 독특한 언행과 눈에 띄는 사생활로 재임 중에도 계속 국민들을 자극했던 사르코지와 신중하고 차분한 올랑드의 대결이었다. 언론은 사르코지의 근소한 우세를 예측했다.

그러한 예측은 당연한 것이었다. 사르코지는 현직 대통령의 프리미엄을 바탕으로 프랑스 경제위기를 극복할 수 있는 지도자로 인식되었다. 또한 이슬람 과격파의 극렬한 반정부 시위를 정리할 수 있는 해결사의 이미지도 강했다. 그는 프랑스의 경제문제에 대해서는 유럽 경제위기를 핑계로 삼을 수 있었고, 2004년에 집필한『공화국, 종교 그리고 희망La République, les religions, l'espérance』이라는 저서에서 친이슬람 입장을 강변했던 평소의 소신도 무슬림 세력들에게 안정감을 줄 것이라고 생각했다.

그러나 2012년 4월 22일, 대통령 선거를 위한 텔레비전 토론이 시작되자마자 상황은 변모했다. 달변가 사르코지는 여러 가지 문제를 두고 올랑드에게 먼저 공세적 입장을 취했지만, 결과적으로 보면 그 효과를 얻지 못했다. 사르코지의 공격에 대해 올랑드가 유연한 태도로 대응하며 반격에 나섰기 때문이다. 그는 사르코지가 "당신은 토론 초반에는 공손하지만, 후반에는 제멋대로이다"라고 먼저 비난하면, "당신은 토론 초반에도 제멋대로이고, 토론 후반에도 제멋대로이다"라며 받아넘기는 식의 유연함을 보였다.

올랑드는 사르코지의 공세와 관계없이 프랑스 경제위기 문제만을 집중적으로 따지고 들었다. 선거운동 기간 중 부자증세와 반금융인 정서를 드러낸 올랑드는 앙겔라 메르켈 독일 총리가 주도한 신재정협약에 사르코지가 아무 생각 없이 동의하고 있다고 지적했다. 신재정협약의 내용을 한마디로 요약하면 "빚을 갚기 전에는 돈 빌릴 생각도 말라"였다.

사르코지는 자신의 재임 기간 중에 아무런 문제가 없었다는 사실로 신재정협약 관련 내용까지 에둘러 넘어가려 했다. 그러자 올랑드는 "당신 잘못은 없다"라며 사르코지에게 탈출구를 열어 준 대신, 부자 중심으로 운영되는 금융 시스템을 문제 삼았다. 그의 답변에 사르코지는 만족스러운 표정을 지었다. 감히 적수가 되지 않는 자신에게 올랑드가 정면 공격을 하지 못하는 것이라 생각했던 것이다. 그러나 그것은 그의 착각이었다. 프랑스의 금융 시스템을 방치한 것은 결국 대통령 사르코지였다는 인식이 국민들에게 심어졌기 때문이었다.

올랑드의 토론 전술은 상당히 수준이 높았다. 그는 프랑스 경제문제는 대기업과 부자들에게 우호적인 프랑스 금융 시스템이 원인이라는 식으로 우회 공격을 펼쳤고, 사르코지는 부드럽게 자신에 대한 공격을 퍼붓는 올랑드를 내버려 두었다. 입에 거품을 물고 욕을 해야만 공격이 아니라는 사실을 사르코지는 텔레비전 토론이 끝난 뒤에야 알아챘다. 토론 직후 실시된 여론조사에서 올랑드는 28.63%의 지지를 얻은 반면, 선거기간 동안 줄곧 1위였던 사르코지는 27.18%를 얻으며 2위로 밀려난 것이다.

슈퍼대통령을 이긴 보통의 대통령

올랑드는 정치의 본질, 즉 선거에 이기더라도 적을 만들지 않아야 하고, 선거에 지더라도 동지를 얻어야 한다는 사실을 알고 있었다. 그것은 그가 평범함을 추구하는 상식적인 사람이었기에 가능한 것이었다. 선거란 결국 사람들 사이에서 일어나는 일이고, 선거의 결과에 상관없이 출마자는 다시 사람들 속으로 돌아가야 하기 때문이다.

그는 천성적으로 부드러운 사람이었다. 1983년 남부 코레즈에서 하원의원에 출마했던 그는 시라크에게 패한 적이 있었다. 낙선으로 정치 인생을 시작한 올랑드는 화도 많이 났겠지만, 오히려 정치인으로 배운 점이 많았다며 시라크를 축하했다. 이러한 호의를 시라크는 잊지 않았다. 때문에 시라크는 2012년 대통령 선거에서 같은 여당 후보인 사르코지를 지지하지 않고, 야당인 사회당 후보 올랑드를 지지한다고 공개적으로 발언했다.

올랑드는 텔레비전 토론에서 이겼던 사르코지 또한 자신의 적으로 만들지 않았다. 그는 사르코지에게 도발하지 않고, 언제나 그의 공격에 맞춰 방어하는 입장을 취했다. 이러한 태도는 유권자들인 방송을 보는 시청자들에게도 올랑드는 말싸움에 이기기 위해 상대를 난처하게 만드는 사람이 아니라는 평가를 갖게 했다.

선거가 끝난 뒤 프랑스 언론은 올랑드가 압도적인 우세로 사르코지를 누르고 당선한 것처럼 보도했지만 실제 표차는 1.6%였다. 재미있는 사실은 올랑드가 텔레비전 토론 전까지는 사르코지에게 1.6% 뒤져 있었다는 것이다. 결국 확고한 고정표에는 변함이 없었고, 텔레비전 토론을 시청한 부동표浮動票의 향배가 선거에 결정적인 영향을 미친 것이다.

올랑드는 선거는 상대적인 것이라는 사실을 다시 한 번 일깨웠다. 사르코지가 '블링 블링 슈퍼 대통령'으로 심벌마크를 내세웠을 때 올랑드는 '보통의 대통령'으로 자신의 이미지를 정리했고, 사르코지가 선거운동과 텔레비전 토론에서 강하게 나오자 유연하고, 부드럽게 대처했다. 평범한 사람 올랑드는 상식적인 태도로 선거에 임했지만, 사르코지라는 특별한 사람의 초상식적인 선거운동을 이겨냈다. 조금씩 손해보고, 양보하는 쪽이 결국 승리한다는 것은 일상적인 인간관계뿐만 아니라 선거에서도 마찬가지이다.

올랑드는 국가적 위기에 두려움을 느끼는 국민들에게 사르코지보다 조금 덜 흔들리는 모습을 보여 주며 프랑스 대통령에 취임했다. 국민들이 국가 지도자에게 원하는 것은 발생할 수 있는 국가의 모든 위기에 대한 해법이 아니라, 발생한 위기에 두려워하지 않고 해법을 찾아낼 수 있는 능력이다. 그런 면에서 올랑드는 사르코지보다 조금 더 안정적인 모습을 취함으로써 상대적으로 믿음을 이끌어냈다.

차분한 성격의 올랑드는 말을 할 때에도 상대방을 거칠게 몰아붙이거나 깎아내리는 내용을 담지 않는다. 대신 상대의 장점을 인정함과 동시에 그가 국민의 더 큰 기대를 충족시키지 못했다는 안타까움을 배미침으로써, 상대로 하여금 자신의 실수를 인정할 수밖에 없는 상황을 만든다.

험한 말을 해야만 상대방을 이기는 것이 아니다. 상대의 강함을 꺾을 수 있는 것은 부드러움이다. 그리고 그렇게 승리를 거둔 부드러운 말은 그 무엇보다 우아해 보인다.

04

이유가 분명해야 마음이 움직인다

마오쩌둥 중화인민공화국 주석

중국 공산주의 혁명에 투신한 마오쩌둥(毛澤東)은 언제나 죽음에 대한 공포에 시달렸다.
공화주의자였던 장제스의 국민당군과 투쟁하는 국공내전(國共內戰) 기간 내내
그는 전력 면에서 열세였고, 그를 위한 외국의 지원 또한 없었기 때문이다.
마오쩌둥은 '두려움에 갇히는 즉시 죽음에 이를 것'이라고 공산당 홍군에게 설파했다.
마오쩌둥은 무지한 인민들을 위해 그림을 그려 가며 설명했고, 그것을 채찍으로 삼아
공산주의 혁명을 완수했다.

"결심을 했으면 희생을 두려워 마라."

"중화인민공화국은 성립되었다. 중국 인민은 떨쳐 일어났다."

1949년 10월 1일, 마오쩌둥은 중화인민공화국 성립대회에서 중국 공산주의를 선언했다. 톈안먼 광장에 모인 수백만 인민들은 전 세계가 놀랄 정도의 큰 박수를 치며 환호했다. 마오쩌둥의 한마디로 중국 인민 전체는 순식간에 공산주의자가 되었다. 중국 인민들은 마르크스 레닌의 과학적 사회주의가 무엇인지도 몰랐지만, 공산주의자인 마오쩌둥을 택한 것으로 다 함께 공산주의자가 되어 버린 것이다. 세계 인구의 5분

의 1이 공산주의자가 되는 순간이었다.

지도자의 말 한마디는 국가의 운명을 좌우한다. 마오쩌둥이 중국 인민들을 설득할 수 있었던 것은 그가 공산주의를 주장했기 때문이 아니었다. 무려 30여 년의 국공내전 기간 동안 그는 인민을 중심으로 하는 한결같은 지도력을 보여 줌으로써 중국인들을 감동시켰다. 즉, 중국 인민들이 매료된 것은 마르크스 레닌의 과학적 사회주의가 아니라 그것을 신봉하는 공산주의자 마오쩌둥의 지도력이었던 것이다.

"중화인민공화국을 선포한다. 인민공화국은 우선 소련 및 신민주주의 제국과 단결하지 않으면 안 된다. 신중화공화국은 강력한 육군, 해군, 공군을 보유할 것이다. 고故 쑨원孫文의 혁명은 위대한 인민혁명의 선구이다. 공산군은 미국제국주의에 인도되고 있는 국민당 반동정부를 패퇴시켰다. 중국의 국방군은 강화될 것이다. 그리고 그 어느 누구의 우리 영토 침입도 허용하지 않을 것이다. 우리는 강력한 육군과 해군, 공군을 보유하게 될 뿐만 아니라, 국내외의 반동분자들로 하여금 두려워 떨게 할 것이다."

중국을 강한 국가로 만들겠다는 그의 선언은 19세기 중반부터 20세기 중반까지의 100년간 서구 열강에 유린당한 중국 인민들의 자존심을 높이기에 충분했다. 다가올 미래가 어떤 것일지 상상조차 하지 못했던 중국 인민들은 마오쩌둥 개인에 대한 신뢰감만으로 그가 이끄는 공산주의라는 방향에 동의했다. 6.25 한국전쟁 참전, 대약진 운동, 문화혁명 등으로 중국 인구 가운데 1억 명에게 심각한 변화가 생길 것이라고는 전혀 예상할 수 없는 상황이었다.

어떤 명분을 내세울 것인가

"물을 떠난 물고기는 살아남을 수 없다."

중국 공산화에 성공한 국가주석 및 혁명군사위원회 주석 마오쩌둥은 공산주의 혁명을 이렇게 정리했다. 물은 중국 민중의 절대다수를 차지했던 빈농층을, 물고기는 공산혁명을 추진하는 공산주의자들을 의미했다. 마오쩌둥이 한 말을 보다 현실적인 표현으로 정리하면 '중국 민중을 떠난 중국 공산당은 살아남을 수 없다'는 것이었다.

중국에서 시민혁명이 일어날 수 없었던 이유는 산업혁명이 도래하기 전이었고, 따라서 자본을 가진 상업 세력도 형성되지 않았기 때문이다. 소련과 마찬가지로 중국 역시 농민을 중심으로 하는, 낙후된 전제왕조 국가였기에 중국 사회에서는 시민혁명 발발에 필요한 경제적, 정신적 자립이 이루어지지 않았다. 때문에 민주주의를 지향하는 장제스의 공화정이 왕조 체제의 인습을 버리지 못한 중국 인민들에게 공허하게 여겨졌던 것에 반해, 오히려 역성혁명을 추구하듯 은밀하게 접근하는 공산주의는 강한 설득력을 가졌다.

세계적으로 한계를 드러낸 공산혁명이지만, 국민당군과 내전을 벌이던 당시의 중국 공산당은 확실히 전략적으로 우월했다. 장제스의 국민당군과 전투를 펼치는 중에도 중국 공산당이 이끄는 홍군紅軍은 농민들을 설득하는 전략을 병행했다. '공산당 홍군은 농민과 함께하기 위해 국민당군과 전투를 벌인다'는 인상을 심는 것에 주력한 것이다. 기반이 약하고 조직 또한 체계적으로 갖추지 못했던 공산당 홍군이 중국을 공산화시킬 수 있었던 것은 농민을 중심으로 하겠다는 전략을 엄격하게 고수했기 때문이다. 마오쩌둥은 '물과 물고기는 하나'라는 전략을 혁명이 완수될 때까지 관철했다.

반면 농민들보다 상대적으로 우월하다는 생각을 가지고 있었던 장제스의 국민당군은 그들을 지배하려 했고, 공산당 홍군과 전쟁을 하는 동안 농민들에게 권위적으로 행동하려 했다. 그들에게는 이미 선민의식이 내포되어 있었고, 이것은 절대주의 체제 청조의 구습을 제거하지 못한 것에서 기인했다. 당연히 농민들과 국민당군 사이에는 물과 기름처럼 합치될 수 없는 간극이 있었다. 국민당군의 이런 행동양식은 절대왕조 체제에 시민혁명으로 대항해서 민주주의를 실현해낸 서구 사회와 비교할 때 시대에 뒤지는 것이었다.

1949년, 장제스의 국민당군은 타이완으로 피신해서 자유민주주의 국가로 발전했고, 공산혁명에 성공한 마오쩌둥은 공산주의 국가를 건설했다. 60여 년이 지난 현재 중국 인민과 타이완 국민은 인권과 복지 면에서 천양지차의 결과를 낳았지만, 중국 공산혁명 당시의 공산당 홍군은 국민당군보다 전략적으로 앞섰다. '그릇 하나를 빌리더라도 반드시 돌려주라'는 마오쩌둥의 군령을 어긴 공산당 홍군은 한 명도 없었다.

사랑의 말 한마디는 이념보다 강하다

"나의 병력이 열 명이고 적의 병력이 백 명이면, 나는 10대 1로 100번을 싸워 적을 이길 것이다."

마오쩌둥의 공산당 홍군은 수적으로 장제스의 국민당군에 열세였다. 국공합작이 깨진 1930년 12월, 장제스는 제1차 폭도진압작전을 펼쳤다. 국민당군 10만 명과 공산당 홍군 4만 명의 대결이었지만 결과는 국민당군의 패배였다. 농민들을 설득하지 못한 국민당군과, 농민들과 하나라는 공산당 홍군의 차이가 낳은 결과였다. 게릴라전을 펼친 마오쩌둥은 농민들에게 '공산당 홍군은 우리와 한편'이라는 생각을 강하게 심어 줌과 동시에 '공산당 홍군은 농민을 보호하기 위해 국민당군과 싸운다'는 착각을 하게 만들었다.

반면 국민당군은 자신들이 국민당을 위해 선발되었고 국민당을 위해 싸우는 정예부대라고 여겼다. 관군적 성격이 강했던 것이다. 국민당군은 공산주의 혁명으로부터 농민을 보호하고 있으니, 농민들이 자신들에게 감사한 마음을 가져야 한다고 생각했다. 이러한 고압적인 태도는 자연히 농민들의 마음을 그들로부터 멀어지게 만들었다. 농민들은 국민당군이 자신들을 위해 싸운다고 생각하지 않았다. 20여 년에 걸친 제2, 3, 4차 폭도진압작전에서도 국민당군은 공산당 홍군을 이기지 못했다. 결국 국민당군은 본토를 공산당 홍군에게 내주고 타이완으로 피난을 떠났다.

농민이 대부분인 인민들을 설득한 마오쩌둥은 국민당군을 상대로 게릴라전을 펼쳤다. 수적으로 적은 상태에서 최상의 공격은 그것밖에 없었다. 국민당군에게 몰려 도망을 다니던 마오쩌둥이 깨달은 게릴라전의 기본 원칙은 간단했다. '적이 진군하면 물러나고, 적이 머물면 교란하고, 적이 피곤하면 공격하고, 적이 달아나면 쫓고, 적에게 이로운 것으로 적을 유혹하고, 유혹을 통해 적을 깊이 유인한다'는 것이 그것이었다. 이 원칙 덕분에 공산당 홍군은 국민당군에게 승리를 거둘 수 있었다.

공산주의와 관련된 모든 내용은 반인권적, 반인륜적이기 때문에 생각하고 싶지도 않다고 도외시하려는 이도 있겠으나, 마오쩌둥의 공산화 혁명은 민주주의의 선거행위와 통치 방식에도 많은 교훈을 준다. 그중 무엇보다 중요한 것은 '지도자는 국민에게 군림해서는 안 되며, 어떻게든 경쟁자와의 경쟁에서 이겨야 하고, 국민들이 만족할 만한 결과를 제시해야 한다'는 것이다. 현대 민주주의 정치의 텔레비전 토론이든 1930년대의 국공내전이든, 유권자가 후보들의 태도와 자세를 보고 그중에서 지도자를 선택하는 것은 매한가지이기 때문이다.

결국 설득의 힘이 국가와 사회를 움직인다

결과적으로 볼 때 장제스와 마오쩌둥은 외형적으로는 국공내전을 펼쳤지만, 내용적으로는 투쟁적 유혈 선거를 치른 것과도 같았다. 장제스가 이끄는 국민당군과 마오쩌둥이 이끄는 공산당 홍군은 중국 인민들 사이에서 전투를 펼치며 각자가 추구하는 공화주의와 공산주의를 선전한 셈이었다. 서구식 민주주의 선거제도가 도입되지 않았던 1930년대 중반부터 국공내전이 종료된 1949년까지, 장제스와 마오쩌둥은 중국 인민들을 향해 자신들이 추구하는 이념을 소개했다.

중국을 비롯한 아시아 국가들이 민주주의의 우월성을 체감하기 시작한 것은 제2차 세계대전이 끝난 1945년 8월 15일 직후가 아니라, 그로부터 10년 이상의 시간이 경과한 1950년대 중반부터였다. 그 사이에는 자본주의에 바탕을 둔 민주주의와 공산주의에 바탕을 둔 사회주의가 구체적으로 대별되지 않았다. 전쟁으로 폐허가 된 상황에서, 각각의 이념은 지도자가 인민에게 보이는 태도로 상징되었다.

"백성을 떠나서 살 수 없다. 백성이 믿지 않으면 나아가지 마라."

"배우고 또 배워 앞으로 나아가라. 아무리 큰 우물이라도 하늘보다는 작다. 한 번 더 생각하라. 고민하고 예측할수록 지혜가 나온다. 전체 상황을 이해하지 못하면 그 일은 절대 성공할 수 없다."

국공내전 내내 마오쩌둥은 인민을 중심으로 하고 위한다는 대전제만을 추구하며 겸손하고 신중한 태도를 취했다. 중국 내에서는 공산주의가 열세인 상황이 그를 겸손하고 신중하게 만든 것이었다. 인민만이라도 같은 편으로 만들지 못한다면 그의 중국 공산당은 중국 하늘 아래에 머리 둘 곳이 없었다. 병력이나 재원, 우방의 지원이 충분한 중국 국민당군과 달리, 마오쩌둥의 공산당 홍군은 굶어 죽고 얼어 죽기 직전이었다. 그럼에도 마오쩌둥은 인민에게 피해를 주지 않으려고 노력했고, 인민을 공산당 홍군 편으로 끌어들였다.

"다리가 없고 배가 없으면 강을 건널 수 없다. 세상에서 가장 두려워해야 할 것은 진지함이다. 정녕 할 수 없는 일은 억지로 하려고 들지 마라. 실수와 좌절을 겪어야 지혜를 얻는다."

옳은 말만 하는 마오쩌둥은 중국 인민들을 사로잡았다. 반면 자만에 빠진 장제스는 마오쩌둥과 공산당 홍군을 쉽게 토벌할 수 있을 것이라 믿었다. 1949년에 끝난 국공내전은 엄밀한 의미에서 보면 인민을 상대로 한 직접투표였다. 이 투표에서 장제스에게 패배를 안겨 준 것은 공산당 홍군을 이끄는 마오쩌둥이 아닌, 마오쩌둥에게 마음을 빼앗긴 중국 인민이었다.

때로는 말이 채찍이 될 수도 있다

"결심을 했으면 희생을 두려워하지 마라. 힘든 일은 눈 앞에 놓인 무거운 짐을 지고 걷는 것과 같다. 무슨 일이든 움켜쥐고 내 것으로 만들어라. 행운에 기대고, 남의 도움으로 이기려는 마음을 버려라."

마오쩌둥은 이와 같은 단호한 명령들을 통해서, 공산주의 혁명을 실현해 나갔다. 국공내전이 진행되는 동안 농민들에게 더할 나위 없이 자애로운 모습으로 보인 마오쩌둥이었지만, 자신을 따르는 공산당 홍군에게는 냉정한 혁명가의 발언을 거침없이 쏟아냈다. 마오쩌둥은 학생을 가르치는 선생처럼 공산당 홍군을 일사천리로 이끌었다.

"권력은 총구에서 나온다."

마오쩌둥은 공산주의 혁명이라는 대의를 이루기 위해서는 사람의 목숨을 희생하는 것은 당연하다고 생각했다. 물론 이러한 마오쩌둥의 생각은 공산주의 혁명을 이루기 위해서 일시적으로 받아들여야 하는 선택인 것처럼 보였다. 마오쩌둥은 공산주의 혁명이라는 아름다운 이상을 실현하기 위해서 반대 세력을 희생시키는 것은 어쩔 수 없는 것처럼 설명했다.

그러나 "권력은 총구에서 나온다"는 말은 마오쩌둥이 본질적으로 가지고 있는 생각이었다. 이러한 마오쩌둥의 인간에 대한 생각은 공산주의 혁명 이후 문화혁명 기간에도 계속 이어졌다. 마오쩌둥은 "곳곳에 숨어 있는 적을 찾아 처단하라"라는 직접적인 명령으로 홍위병을 선동했고, 권력을 유지하기 위해 혈안이 되었으며, 무수한 인명을 살상하는 데 주저하지 않았다. 중국 공산화 이후 마오쩌둥이 보여 준 권력지향적인 반인륜 행위들은 '역시 공산주의'라는 비난을 샀다.

그렇지만 국공내전에서 마오쩌둥이 보여 준 공산화 전략이 공화국군을 이끌던 장제스를 압도한 것만은 분명했다. 선거가 결국 유권자의 감춰진 표심을 비공개적으로 드러내는 형식이라면, 국공내전에서 나타난 인민들의 반응은 표심보다 더 솔직한 이념 선택이었다. 그 결과가 중국의 공산화이고 그것을 선택함으로써 얼마나 많은 희생을 치를지 몰라서였겠지만, 어쨌든 당시 그들은 장제스를 선택하지 않았다. 민심은 천심이고, 천심은 천지를 개벽시켰다.

"모르는 것을 아는 척해서도 안 되고, 아랫사람에게 배우는 것을 부끄러워해서도 안 되며 최하급 간부들의 의견도 경청해야 한다. 선생이 되기 전에 학생이 되어야 한다."

국공내전을 통해 공산혁명을 실현해 나가는 과정에서, 마오쩌둥은 사상가에서 군인으로 변모해 갔다. 단호한 마오쩌둥의 한마디는 단순한 말이 아니라 명령이었다. "총 앞에서 권력이 나온다", "결심을 했으면 두려워하지 말라"와 같은 말로 공산당 홍군을 겁주었던 마오쩌둥은 불치하문不恥下問의 격언을 떠올리며, 공산혁명을 위해서는 위아래가 없다는 말로 어르기도 했다. 모르는 것이 있으면 자신도 배울 수 있다는 태도를 보이는 마오쩌둥의 말은 공산당 홍군에게 있어 채찍과 당근이었다.

무력도 재력도 없었던 마오쩌둥이 장제스를 충분히 이길 수 있었던 이유는 바로 뛰어난 설득력 때문이었다. 마오쩌둥은 장제스보다 더 강렬하게 중국 인민들을 설득했고, 그들을 포섭했다. 아무리 사상이 바르고 이념이 옳아도 인민을 설득하지 못한다면 이길 수 없다. 그것은 선거에서든, 전쟁에서든 모두 마찬가지이다. 장제스는 옳고, 바르며, 탁월했지만, 마오쩌둥보다 인민을 설득하는 힘이 약했다.

결국 마오쩌둥의 중국 공산화는 성공했고, 중국은 공산주의 국가가되었다. 물론 2012년 현재 중국 공산당의 공산주의는 변화하고 있고, 앞으로 어떤 변화를 거칠지 아무도 모른다. 마오쩌둥이 1932년 장시성루이진에서 산시성 북부까지 공산화를 위해 1만 2000km를 행군했던 '대장정'과 마찬가지로, 중국 공산당은 중국을 세계 최강국으로 이끌어가기 위해 기존의 공산주의를 벗어난 또 다른 대장정을 펼칠 수도 있다. 미래가 어찌 되든, 한 가지 분명한 사실은 중국 현대사와 관련된 모든일은 마오쩌둥이 중국 인민을 설득해서 장제스를 물리친 것에서 비롯되었다는 것이다.

말에는 색이 있다
선명하게 청사진을 그려라

"한 줄기 불꽃이 온 들판을 뒤덮는다."

국공 내전이 한창이던 1930년 1월 5일, 마오쩌둥이 린뱌오에게 편지를 보냈을 때 적은 글이다. 마오쩌둥을 따라 게릴라전을 펼치던 린뱌오는 공산혁명에 대한 두려움을 가지고 있었다. 공산당 홍군의 위세로는 도저히 장제스의 국민당군을 이겨내기 어렵다는 판단에 린뱌오뿐이 아닌 지도부의 대부분은 혁명에 대해 회의적이고 비관적으로 바뀌고 있었다.

바로 그때 마오쩌둥은 혁명은 어느 순간 빠르게 한 줄기 불꽃처럼 온 들판을 뒤덮을 것이라며 독려했다. 중국 고전에 있던 것이긴 했지만 그의 이 말은 게릴라전을 펼치는 공산당 홍군들에게 입에서 입으로 전달되었다. 마오쩌둥이 말로 그린 그림은 전경이 눈에 보일 듯이 자극적이었다. 한 줄기 불꽃이 붉게 타 들어가 대륙 전체를 훨훨 타오르게 하는 모습을 확실히 각인시킨 것이다.

"혁명은 만찬도, 수필도, 그림도, 한 폭의 자수도 아니다. 그것은 조용히, 서서히, 조심스럽게 앞뒤를 가리며 점잖게 순순히 성취될 수 있는 것이다."

마오쩌둥은 위와 같은 말로 공산혁명이 빨리 끝날 투쟁이 아님을 설파했다. 배부르게 먹는 만찬이나 아름다운 내용을 담은 수필, 정지된 동작의 그림이나 음양이 분명한 자수 또한 아닌 공산혁명은 배고프고 더럽고 피비린내 나는 투쟁이며, 선악을 알 수 없는 모호한 과정임과 동시에 오랜 시간이 걸려야 성취할 수 있는 것이라는 뜻이었다.

마오쩌둥의 말은 옳았다. 실제로 국공내전을 거쳐 중국이 공산화되기까지는 거의 30년이 걸렸기 때문이다. 그러나 훗날 중국은 공산주의 혁명에서 벗어나기 위해 실용주의 혁명으로 전환하면서 마오쩌둥의 방향이 틀렸음을 간접적으로 증명했다. 그러나 그럼에도 마오쩌둥은 장제스를 물리치고 10억 인구의 중국 대륙에서 공산주의 혁명을 성공시켰다. 세계 인구의 5분의 1이 마오쩌둥 한 사람의 말에 따라 공산주의자가 된 것이다.

목숨을 건 30년 전쟁에서 마오쩌둥도 두려움을 느낀 것은 당연했다. 그렇지만 그는 자신을 선생이라고 생각했다. 비록 두려움이 느껴지더라도, 선생이 해야 할 일은 학생을 가르치는 일이라고 여긴 것이다. 마오쩌둥은 선생과 같은 자세로 사람들을 설득하고 자기 편으로 만들었다. 모르는 것은 가르쳐 주고, 두려워하면 용기를 주고, 게으름을 피우면 야단을 쳤다. 그러면서도 때로는 지도자인 자신도 모르는 것은 물을 수 있고, 아랫사람에게라도 배울 수 있다고 이야기했다.

마오쩌둥의 설득법은 단순한 의미 전달이 아니었다. 죽을 때까지 잊지 못할 운명을 뇌리에 각인시키는 것이었다.

PART 2

한계를 인정하는 순간, 길이 보인다

대부분의 사람에게는 스스로의 힘으로 극복할 수 없는 자신의 한계가 있기 마련이다. 한계를 극복한 국가 지도자들의 설득법을 보면 흥미로운 부분들이 있다. 위인이라 알고 있던 그들도 우리들과 마찬가지로 평범한 인간이었음을 드러내는 증거가 담겨 있기 때문이다. 국가 지도자들이라 해서 모든 면에서 완벽하고, 온전할 것이라고 생각하면 오산이다. 그들도 일반인과 마찬가지로 자신만의 한계를 지닌 사람들이다. 다만 그들이 범인과 다른 점은 그러한 한계상황을 극복하는 과정을 통해 남들이 감히 상상하기 어려운 능력을 가지게 되었다는 것이다.

인간에게 있어 개인적 한계는 극복해야 할 대상이기도 하지만, 때로는 일생 동안 동행해야 할 개성이기도 하다. 당사자는 도저히 받아들이고 싶지 않은 것이 바로 그 한계이겠으나, 그러한 한계를 제외하고 나면 그 개인의 특질이 사라져 버리는 것이 사실이기 때문이다. 그렇기에 한계는 완벽하게 극복할 수 있는 대상이 될 수 없는, 개인의 고유한 특질인 셈이다.

국가 지도자들의 설득법에는 자신의 한계를 극복하는 위대한 선택과 과감한 용기가 담겨 있다. 그들은 도저히 인정하고 싶지 않고, 밝히고 싶지 않은 자신의 한계를 국민 앞에서 고백하면서 그것을 극복하는 모습을 보여 준다. 그 이유는 단 한 가지, 자신의 그러한 모습을 보임으로써 국민에게도 그들이 가진 한계를 극복하는 대안을 제시하기 위해서이다. 당신도 당신의 한계를 극복하고, 많은 사람들에게 희망이 되고 싶지 않은가?

05

약점 앞에 홀로 떳떳이 서라

다나카 가쿠에이 일본 총리

다나카 가쿠에이(田中角榮)는 일본 현대 정치사에서 유례를 찾을 수 없는,
초등학교 교육과정만을 마친 유일한 총리이다.
그것만으로도 다나카에 대한 일본 내부의 조롱과 비판이 어느 정도였을지는
듣지 않아도 짐작이 가능하다.
그러나 일본 국민들은 일본의 역대 총리는 물론 지난 1000년간의 역사 속 지도자 중
가장 위대한 인물로 다나카를 꼽는다.
그는 약점을 드러냄으로써 자신의 한계를 극복했기 때문이다.

"내 학력은 초등학교 졸업이 전부다"

1962년 7월 18일, 44세의 자민당 정무조사회장이었던 다나카 가쿠에
이는 제2차 이케다 하야토 총리 내각에서 대장성 장관으로 취임했다.
정무조사회장은 총무회장, 간사장과 함께 당 3역으로 불리는 자민당 실
세였다. 1946년에 28세의 나이로 제22회 중의원 선거에서 당선되며 정
계에 진출한 정치인 다나카의 16년 정치경력을 고려하면 지극히 당연
한 인사라고 말할 수 있었다.

그런데 문제는 대장성 장관으로 나서기에는 그의 학력이 낮다는 것

이었다. 1933년 3월, 고향인 니가타 현 가리와 군의 후타다 고등소학교를 15세에 졸업한 것이 다나카가 가진 학력의 전부였다. 아무리 정치인이라고 하지만 학력 콤플렉스를 느끼지 않았을 리 없었던 그는 자신이 추오공학교를 졸업했다고 둘러대곤 했지만, 이미 웬만한 사람들은 그의 학력이 초등학교 졸업에 불과하다는 사실을 잘 알고 있었다.

다나카의 입장에서는 위기일 수 있었다. 과거 대한민국의 재무부에 해당하는 대장성은 도쿄 대학교 법과대학과 상과대학을 졸업한 일본 최고 수재들의 근무처였고, 역대 장관들 역시 그에 못지않은 학력과 실력을 갖춘 사람들이었다. 1945년 이후 대장성 장관으로 재직했다가 일본 총리가 된 이들만 해도 가타야마 데츠, 요시다 시게루, 이케다 하야토, 사토 에이사쿠까지 네 명에 달했으므로, 일본 대장성 장관이 되는 것은 총리 자리에 이르는 첩경으로 여겨졌다.

초등학교만 겨우 졸업한 학력으로 대장성 장관이 된다는 것은 다나카 자신에게도 마음이 편치 않는 일이었지만, 그의 밑에서 일해야 할 엘리트 대장성 직원들도 쉽게 받아들이지 못할 사안이었다. 때문에 대장성 내부는 물론 일본 언론들도 바짝 긴장한 채 그의 취임식을 주목했다.

다나카는 그에 앞선 1957년, 39세의 나이에 우정성 장관을 1년 정도 지낸 적이 있었다. 하지만 우정성은 직원들의 수준 면에서 대장성의 비교 대상이 되지 못했다. 때문에 대장성 직원들 중에는 '우정성 장관을 했다고 감히 대장성까지 넘본다'는 식으로 다나카를 평가절하하는 이들이 많았다. 삼삼오오 모여서 초등학교만 겨우 졸업한 정치꾼이라고 우습게 여기는가 하면, 사칙연산이나 겨우 배웠을 텐데 재무에 대해서 뭘 알겠냐고 비웃기도 했다. 어떻게든 상대방보다 우월하다는 것을 인정받고 싶어 하는 엘리트들의 저급한 속성이었다.

그러나 다나카는 취임식에서 대장성 장관다운 위력을 발휘했다. 그의 인사말에 취임식장의 직원들은 입이 벌어질 정도로 충격을 받았다. 대장성 장관은 아무나 될 수 있는 것이 아니라는 사실을 그가 보여 줬기 때문이었다.

"내 학력은 초등학교 졸업이 전부다. 그러나 나는 일에 대해서는 약간의 요령을 알고 있다. 내게 부탁이 있는 사람은 주저 말고 장관실로 와라. 상사의 허가는 필요 없다. 뭐든지 말해라. 할 수 있는 것은 해라. 할 수 없는 것은 하지 마라. 모든 책임은 이 다나카가 진다."

다나카는 일본 최고의 수재들이 모인 대장성에서 대담하게도 반말로 '여러분은 일을 하라. 나는 책임을 지겠다'는 반격 못 할 강한 펀치를 날리며 취임식 시작 1분 만에 모든 대장성 직원들을 KO시켜 버렸다. 어떤 대장성 장관이 그처럼 대담하게 말할 수 있겠는가? 직원들은 찍소리도 못하고 그의 취임을 축하하는 박수를 칠 수밖에 없었다. 그렇게 대장성 장관이 된 다나카는 1965년 6월 3일까지 약 3년간 재임했고, 1945년 이후 대장성 장관을 거쳐 일본 총리에 오른 다섯 번째 인물이 되었다.

진심이 담긴 행동은 적도 내 편으로 만든다

취임식을 통해 대장성 직원들에게 장관의 위력을 보여 준 다나카는 직원 한 명 한 명을 압도하기 시작했다. 장관실로 찾아온 직원들의 성과 이름을 온전하게 부른 것이다. 취임 전에야 초등학교 졸업 장관이니 어쩌니 하며 비웃던 직원들이었지만, 취임식에서 압도당한 뒤로는 그를 장관으로 인정하지 않을 수 없었다.

직원들에 대한 다나카의 기선 제압은 계속 이어졌다. 한 번 기선이 잡혔더라도 틈이 보이면 상대에게 기어오르는 것이 인간의 습성임을 잘 알고 있었기 때문이다. 그는 대장성 전 직원의 얼굴과 성姓, 이름을 외웠고 경력은 물론 그가 맡고 있는 업무까지도 완전히 파악했다.

어느 부처를 막론하고 장관들은 퇴임 전까지 기껏해야 차관이나 국장, 능력이 있는 과장 정도의 이름까지만 파악하고 있는 경우가 많았다. 장관의 결재를 받으러 오는 사람이 주로 그들이기 때문이었다. 실무를 담당하는 일선 부서의 과장이나 주무 직원들은 전체 조례에서나 겨우 장관의 얼굴을 볼 수 있었다.

그러나 전 직원의 신상명세를 파악한 다나카는 어쩌다 장관실에 들어오는 평직원들의 이름을 부르며 친근하게 인사를 받았고, 현재 맡고 있는 업무에서 불편한 점은 없는지 등을 묻곤 했다. 또한 복도에서 평직원과 마주쳤을 때에도 그의 성과 이름을 정확히 부르고 어깨를 두드리며 격려하곤 했다. 어떤 전임 장관도 기억하지 못하는 평직원이 자신의 이름을 불러 준 다나카에게 강한 충성심을 갖는 것은 당연한 결과였다. 다나카는 많이 배우지 않았지만 자기만의 방식으로 적들의 마음을 이끌어낼 수 있었다.

사람의 마음을 사로잡으려면 신뢰부터 쌓아라

전성기 시절, 500여 명의 중의원 가운데 140여 명의 자파 의원들을 휘하에 거느렸던 다나카는 언제나 상대가 생각하는 것보다 한 단계 높은 선물과 축의금을 제공해서 상대를 감동시켰다. 금권정치라는 비난을 받긴 했지만 다나카는 돈을 이용해서 의원 숫자를 늘리는 것이 곧 힘을 키우는 것이고, 그렇게 키운 힘으로 국가를 부강하게 만드는 것이 정치인의 사명이라고 생각했다.

더불어 그는 하루 업무를 시작하기 전에 반드시 집 근처 사무실에 나가 자신을 찾아오는 사람들과 일일이 대면했다. 민원인을 만나 그들의 문제를 해결해 주는 것이 가장 중요한 정치 활동이라고 생각했기 때문이다. 그는 정치에 대해 '국민 전체를 상대하는 것이기도 하지만 근본적으로는 국민 개개인과 대면하면서 신뢰를 쌓는 일'이라 여겼고, 큰 성벽도 단단한 벽돌 한 개 두 개가 쌓여서 만들어진다는 믿음을 가지고 있었다. 사람들은 다나카의 사무실을 '종합병원'이라고 불렀는데, 다나카도 그 별명을 좋아했다.

사람 만나는 것을 즐기고, 사람을 돕는 일에 재미를 느끼는 다나카가 금권정치를 할 수밖에 없는 것은 당연했다. 그는 사람들이 부탁해 오는 일을 절대로 거절하지 않았다. 자신이 할 수 있는 일이라면 어떻게든 도와주었고, 할 수 없는 일은 되게 만들었다. 그는 돈이 사람의 마음을 움직이는 가장 중요한 도구라 생각했고, 자신의 마음을 상대방에게 직접 전하는 데도 돈보다 더 좋은 것은 없다고 생각했다.

다나카로부터 한 번이라도 도움을 받은 사람이라면 절대로 그를 배신할 수 없었다. 자신의 부탁을 들어준 것에 대한 고마움도 고마움이었지만, 이후에도 다시 부탁을 하려면 그가 계속 건재해야 했기 때문이었다. 때문에 다나카에게는 신뢰할 수 있는 이들이 무수히 많았다.

법이 문제라면 당장 법을 바꾸면 된다

다나카는 스스로 "평생 다른 사람을 원망해 본 적이 없다"라고 말했을 정도로 모든 일의 책임을 자신에게 돌림으로써 무수한 정적들을 동지로 만들며 정치력을 확장해 나갔다. 또한 그는 일본인 특유의 돌려 말하는 어투보다는 사실을 직접 전하는 직설적 어투를 사용했고, 어떤 문제의 실현 가능 여부를 그 자리에서 분명하게 밝힘으로써 상대방의 신뢰감을 이끌어냈다.

비록 총리 재직 기간은 2년 5개월에 불과했지만 다나카는 의원과 장관으로 일본 대장성, 운수성, 건설성 등 주요 부서의 행정에 필요한 입안은 물론 행정 체계 확립에도 크게 기여했다. 제2차 세계대전 이후 일본 경제는 다나카가 추구한 방향으로 발전되어 왔다. 초등학교 졸업이 학력의 전부이고 제2차 세계대전과도 전혀 관련 없는 전후戰後 정치인이었던 그가 일본 경제 체계를 구축했다는 것은 놀라운 일이다.

다나카는 일본이 민주주의 국가이고, 민주주의 국가의 주인은 국민이라는 점을 항상 마음에 간직하고 있었다. 또한 국민들이 스스로를 불행하다고 느끼게 만드는 정치인은 정치인이 아니라고 생각했다. 다나카는 정치활동 시기에 토건과 운수회사를 경영하면서 그것을 정치자금과 정치선전의 도구로 활용했지만, 한편으로는 그 덕분에 일본 국민들의 경제 현실도 파악할 수 있었다. 그가 최초로 입안한 건축사법, 주택금융공고법, 공영주택법 등은 일본 국민들에게 현실적인 혜택이 돌아가는 법안들이었다.

그렇다고 다나카가 언제나 국민들 편이었던 것만은 아니다. 때때로 그는 국민들을 위해 국가의 편에 섰다. 관료들은 법률을 규제의 도구만으로 여겼지만, 그는 국가가 필요로 한다면 법률을 개정하기도 했다. 도로 확장의 재원을 마련하기 위해 휘발유에 세금을 부과하는 '도로정비비 재원 등에 관한 임시 조치법' 마련 등이 대표적인 사례다. 자가용을 사용하는 국민이라면 자신이 이용하는 도로의 건설비 마련에 동참해야 한다는 목적으로 제안한 이 법안 덕분에 일본은 산골짜기까지 도로가 놓였다.

앞서 언급했듯 다나카는 대장성 장관이 되기 전인 1957년, 그의 나이 39세 때 우정성 장관으로 잠시 재직했다. 그는 이 시기에 민영방송 허가와 관련하여 엄청난 횡포를 부린 적이 있었다. 공영방송인 NHK와 민영방송의 병행 발전을 주도하면서 자기 마음대로 신문사에 텔레비전 방송과 라디오 방송을 허락한 것이다. 다나카 덕분에 방송 송출권을 확보한 주요 언론은 그에게 호의적일 수밖에 없었고, 이는 다나카가 향후 30년 일본 언론을 장악하는 계기가 되었다. 그는 국민을 위해 일하는 자신의 편에 방송이 함께 서는 것이 당연하다고 여겼다.

다나카의 최대 업적인 중일 수교 역시 그의 뛰어난 결단력이 있었기에 가능한 것이었다. 미국 대통령 리처드 닉슨의 핑퐁 외교로 미일 수교를 직감한 다나카는 중일 수교를 먼저 이끌어냈다. 제2차 세계대전 이

전에는 청일 전쟁과 중일 전쟁, 만주 사변, 난징 대학살, 식민지배 등으로 중국의 자존심을 짓밟고, 전쟁이 끝난 뒤에는 미국과만 단독 수교를 체결한 일본에 대해 중국이 좋은 감정을 가질 수는 없었다. 그렇지만 다나카는 중국 총리 저우언라이를 만나 중일 수교의 필요성을 역설하고 양국의 관계를 회복시켰다.

결단하면 바로 실행하는 다나카는 소련의 레오니트 브레즈네프 서기장과 북방영토 반환교섭까지 펼치기도 했다. 다나카는 설사 그것이 실패로 돌아가서 역풍이 되어 선거에 지더라도, 북방영토 반환교섭은 자신의 재임 중에 해내야 할 절체절명의 숙원이라고 생각했다. 정권 붕괴 위기에 몰린 상황에서 펼친 소련과의 북방영토 반환교섭은 뒤에서 이야기할 일본열도개조론과 마찬가지로 결실을 보지 못했다. 그렇지만 다나카는 국민이 원하면 해야 하고, 그것이 정치 지도자가 지켜야 할 가장 큰 덕목이라고 생각하고 있었다.

이러한 면면들 덕분에 1947년 정계에 진출해서 1990년 완전히 은퇴를 선언할 때까지, 다나카는 일본에서 가장 강력한 정치 실세가 될 수 있었다. 그가 그토록 강한 힘을 가질 수 있었던 것은 어떤 일을 하겠다고 마음먹으면 곧바로 그것을 실천하는 불굴의 의지 때문이었다. 법이 문제라면 법을 바꾸고, 돈이 필요하면 돈을 구하고, 사람이 부족하면 사람을 모으면 된다는 논리는 얼핏 단순해 보일 수 있다. 하지만 다나카는 그 단순한 논리를 바탕으로 자신의 의지를 실현하기 위해 어떠한 일본 정치인도 못 했던 치밀한 조사와 분석, 연구를 거듭했다. 비록 그의 학력은 초등학교 졸업이었지만, 정치력은 가히 입신의 경지였다.

70%라는 경이로운 지지율

기업에 대한 다나카의 경제관은 단 하나, 일자리 창출이었다. 그는 국가와 기업이 국민들을 위해서 할 수 있는 최선의 것은 국민들을 위한 일자리를 만드는 것이라고 생각했다. 다나카는 기업들에게 '많은 일자리를 만들어서 많은 사람들이 일할 수 있게 해 달라'고만 부탁했다. 대신 그것에 필요한 것은 무엇이든 정치가인 자신이 해결하겠다는 입장이었다. 그러므로 다나카의 정치관도 단 한 가지, 기업이 일자리를 창출할 수 있도록 돕는 것이었다. 훗날 다나카의 최대 과오였다고 지적되는 '일본열도개조론'은 역설적이게도 그의 이러한 생각에서 나온 것이었다.

1972년 6월, 자민당 총재 경선에 나선 다나카는 도로와 신칸센, 공항 등을 통한 전 국토의 균형적 발전과 국민소득 증대를 목표로, 경제인들이 더 많은 돈을 벌어 더 많은 사람들의 일자리를 창출할 수 있도록 정치인들이 돕겠다는 내용의 일본열도개조론을 들고 나왔다. 그에 대한 국민들의 호응은 뜨거웠고, 지지율이 70%까지 뛰어오른 다나카는 마침내 경쟁자 후쿠다 다케오를 물리치고 같은 해 7월 7일 제64대 일본 총리로 등극했다.

그러나 1973년 10월에 터진 오일 쇼크를 비롯하여 자민당과 건설성, 토건 재벌들 사이의 극심한 정경유착 등으로 인해 일본열도개조론은 안타깝게도 다나카의 의도와는 정반대로 엄청난 인플레이션을 몰고 오며 일본 경제를 후퇴시키는 결과를 낳고 말았다.

그럼에도 다나카에 대한 일본인들의 평가는 대체로 긍정적이다. 2010년, 《아사히신문》은 '가장 좋아하는 과거 1000년 동안의 정치 리더는?'이라는 질문을 일본인들에게 던진 적이 있었는데, 그 결과 1위는 메이지 유신의 영웅 사카모토 료마, 2위는 도쿠가와 막부를 개창한 도쿠가와 이에야스, 3위는 일본 전국 통일의 기초를 마련한 오다 노부나가, 4위는 다나카 가쿠에이였다. 현존하는 정치인 중 일본 국민으로부터 최고의 평가를 받는 이가 다나카였던 것이다.

1995년, 일본 전후 50년을 기념하여 '일본 전후 발전에 제일 공이 큰 사람이 누구인가?'라는 주제로 《요미우리신문》이 펼친 여론조사 결과에서도 다나카는 개인 1위를 차지했다. 샌프란시스코 조약을 체결한 요시다 시게루나 미국으로부터 오키나와를 되돌려받은 사토 에이사쿠보다 그가 높은 평가를 받은 것은 신기한 일이다. 일본열도개조론을 펼쳤다가 일본 경제를 후퇴시켰고, 금권정치로 일본 정치를 더럽혔다는 평가를 받았던 그가 일본 최고의 정치 지도자로 국민들의 마음에 남아 있는 이유로는 여러 가지가 있겠지만, 그중 하나는 정치의 본질이란 결국 국민들을 배불리고, 국민들의 자신감을 불러일으키는 것이기 때문이다.

다나카는 아무리 이념적으로 옳고 언행이 곧아도 국민들을 배곯게 만드는 정치인보다는, 자신처럼 손에서 생선 비린내가 나더라도 국민들의 식탁에 생선을 올려놓을 수 있는 정치인이 낫다고 믿었다. 비록 생선을 만진 손에서는 비린내가 날지라도, 그것 때문에 국민들이 생선을 먹을 수 있는 것이니 그 손을 욕해서는 안 된다는 것이 그의 생각이었다.

적을 이기는 방법은 복수가 아니다
내 편으로 만드는 것이다

다나카의 또 다른 위대한 점은 복수하지 않았다는 점이다. 그는 복수를 할 바에야 차라리 돈으로 적을 살 수 있으면 그렇게라도 해서 자기편으로 만들어야 한다고 생각했다. 다나카는 정치자금 문제로 위기에 몰린 사토 에이사쿠를 구해 주었음은 물론 오히라 마사요시, 스즈키 젠코, 나카소네 야스히로가 총리로 취임할 수 있도록 지원했다. 그는 정치를 '필요한 사람과 필요한 사람이 만나는 거래'와도 같다고 생각했기에 자신의 도움이 필요해서 찾아오는 사람을 거절하지 않았고, 도움이 필요 없어 떠나는 사람을 애써 붙들지도 않았다. 무수한 정적들에게 공격을 받으면서도 그가 국민들에게 일본 최고의 지도자로 남아 있는 이유는 정적들에 대한 복수를 하지 않고 외려 그들을 보호했기 때문이었다. 다나카는 적에 대한 최고의 예절은 상대가 자신을 기억할 수 있도록 보호해 주는 것이라고 생각하며, 자신에 대한 평가는 국민이 하는 것이라고 믿고 있었다.

"어떤 경우에도 행복하다고 생각하며, 하늘도 사람도 원망하지 않는다."

평소에 입버릇처럼 내뱉었던 말대로, 다나카는 록히드 사건으로 인해 정계에서 강제로 퇴장당할 때에도 아무도 원망하지 않았다. 그리고 그 이후에도 꿋꿋하게 버텨내면서, 일본 정치의 배후에서 조정자의 역할을 감당했다. 다나카의 무수한 공과功課 중에서 최고의 것으로 중일수교를 떠올리는 일본 국민들에게는 틀림없이 이유가 있다. 일본열도개조론이 실패했건 말았건, 금권정치로 일본 정계를 냄새 나는 곳으로 만들었건 말았건, 다나카가 국민을 위해 일했던 국가 지도자라는 사실을 기억하는 것이다. 그는 일본 현대 정치사에서 일본 국민들이 생각하는 가장 강력한 국가 지도자였다.

다나카의 말에는 한계를 한계로 여기지 않는 비범함이 담겨 있다. 남들이 주목하는 약점을 약점으로 여기지 않고 자신의 일부로 받아들이는 태도가 다나카의 강점이었다. 그는 문제를 숨기거나 덮으려고 하지 않고, 언제나 꺼내 놓고 돋보이게 만들었다. 다나카는 지도자는 한계가 없는 사람이 아니라, 한계를 극복하는 사람이라는 사실을 보여 줌으로써 일본 국민들의 마음을 한번에 얻었다. 약점이 많은 사람일수록 사람들을 감동이 있는 설득을 할 가능성이 높다. 자신의 약점을 당당히 드러내는 것 자체가 이미 자신의 한계를 극복해낸 것을 의미하기 때문이다.

06

이미지가 곧 메시지다

김영삼 대통령

김영삼에게는 극복하기 힘든 두 가지 한계가 있었다. 하나는 국정 운영 능력이
없는 정치 투사라는 것. 다른 하나는 라이벌 김대중에 비해 눌변이라는 것이었다.
그는 이러한 두 한계를 극복하기 위해 한 가지 놀라운 사건을 일으켰다.
1990년 1월 22일에 일어난 3당 합당이 바로 그것이었다. 평생 야당 정치인이었던
김영삼은 이로써 하루아침에 대권에 한 발짝 다가선 여당 정치인으로 변신했다.

"정치는 타이밍입니다.
정치는 용기와 결단입니다."

———

"친애하는 7000만 국내외 동포 여러분! 노태우 대통령을 비롯한 전직
대통령, 그리고 이 자리에 참석하신 내외 귀빈 여러분! 오늘 우리는 그
렇게도 애타게 바라던 문민 민주주의의 시대를 열기 위하여 이 자리에
모였습니다. 오늘을 맞이하기 위해 30년의 세월을 기다려야 했습니다.
그리고 마침내 국민에 의한, 국민의 정부를 이 땅에 세웠습니다."

1993년 2월 25일, 찬바람이 부는 여의도 국회의사당 앞마당에서 김
영삼은 제14대 대통령 취임 연설을 했다. 그는 당당한 목소리로 우렁차

게 연설문을 읽어 나갔지만, 중간 중간 복받치는 감정을 숨기지는 못했다. 말로 표현하지는 않았어도 40여 년의 정치 풍상이 한꺼번에 솟구쳐 오르는 모습이 역력했다. 그는 감정을 억누르며 대한민국의 현실에 대해서 설명했다.

"우리는 신한국을 향해 달릴 수 있는 체력을 가다듬어야 합니다. 그런데 지금 우리는 병을 앓고 있습니다. 한국병을 앓고 있습니다. 한때 세계인의 부러움을 샀던 우리의 근면성과 창의성은 사라지고 있습니다. 전도된 가치관으로 우리 사회는 흔들리고 있습니다. 언제부터인가 우리 국민은 자신감을 잃고 있습니다. 바로 이것이 문제입니다."

그는 대한민국이 맞은 위기에 대해서 말하며, 그것은 우리 사회의 외부가 아닌 내부의 문제에서 기인한 것이라고 지적했다. 김영삼은 우리 사회의 문제를 한국병이라고 정의하고, 한국병을 치유하기 위해 해야 할 세 가지를 이야기했다.

"친애하는 국민 여러분! 개혁은 먼저 세 가지 당면 과제의 실천에서부터 시작해야 합니다. 첫째는 부정부패 척결입니다. 둘째는 경제를 살리는 일입니다. 셋째는 국가의 기강을 바로잡는 일입니다."

대한민국 국민이라면 누구나 예상할 수 있는, 김영삼다운 발언이었다. 국민들이 원했던 것은 바로 그러한 '김영삼스러움'이었다. 문민 대통령이라는 자부심을 스스로 내비쳤던 것처럼, 국민들도 김영삼에 대해서 누구나 상상할 수 있는 발언을 할 것이라고 기대했다. 그것은 김영삼 자신도 마찬가지였다. 아무리 초법적 통치권한을 가지고 있는 존재가 대통령이라 해도 그의 사고와 통치 방식은 국민들이 이해할 수 있는 상식에 바탕을 두고 있어야 한다는 것이 김영삼의 믿음이었다.

대통령 취임식 이후, 주요 언론들은 신한국 창조를 위한 그의 전략과 방법론이 예상했던 것이라고 평가했다. 부정적 개념이 아닌, 국민들이 안심하고 받아들일 만한 안정적 개념이라는 의미의 평이었다. 대한민국 정치사에서 김영삼은 이미 어떤 통치 행위를 전개할 것인지, 그 이미지가 예측 가능한 국민 상식의 일부가 되어 있었던 것이다.

미래의 대한민국 대통령이라는 선언

김영삼은 경남중학교에 입학했을 때 하숙집 벽에 '미래의 대한민국 대통령'이라는 목표를 써서 붙여 놓았다고 한다. 사실일 가능성이 높다. 그런데 그러한 웅지雄志야 누구나 품을 수 있지만, 문제는 지속성이다. 사실 그런 목표를 성인이 되어서도 계속 가지고 있으면 비현실적 인간이 되기 쉽다. 대부분은 성인이 될 무렵이면 현실이 만만치 않다는 사실을 깨달으며 자연스럽게 그 목표를 접어 버리기 때문이다.

그런데 김영삼에게는 그런 포부를 계속 유지할 수 있는 상황이 이어졌다. 24세였던 1951년에 국무총리 장택상의 비서로 정계에 입문해서, 6.25 한국전쟁이 끝난 1954년 27세의 나이로 민의원으로 의정 활동에 첫발을 내딛었기 때문이다. 33세의 정일권 장군이 육군참모총장이던 시절이었으니, 27세의 청년 국회의원도 놀랄 만한 일은 아니었다. 하지만 24세에 민의원, 3년 후 최연소 국회의원이 된 그는 줄곧 대한민국 정치의 중심에 자리를 잡고 있었기에 그는 지속적으로 '미래의 대한민국 대통령'이라는 목표를 성취 가능한 구체적인 목표로 받아들였을 것이다. 문제는 방법이었다.

정계 입문 이후 그는 전무후무한 기록들을 세워 나갔다. 제5대부터 제13대까지 국회의원으로 의정 활동을 하는 동안 그는 두 차례의 당 대변인, 다섯 차례의 당 원내대표, 세 차례의 당 대표를 역임했다. 또한 대한민국 의정사상 유례없이 동료 국회의원들에 의한 제명의 수모를 경험했는가 하면 신군부에 의해 두 차례의 가택 연금을 당하기도 했다.

정계 입문이 남들보다 빨랐고 거제도라는 확실한 지역구가 있었던 까닭에 그는 국회의원으로 장수할 수 있었다. 그렇지만 대통령이라는 목표는 쉽게 이루어지지 않았다. 정치활동 중에 두 차례의 군사 쿠데타가 진행됐기 때문이다. 김영삼이 야당 중진 혹은 야당 총재로 군사 쿠데타를 경험하는 동안, 군부 세력들은 제거하고 싶은 야당 지도자 중 한 명으로 그를 꼽고 있었다.

반복노출 이론, 에펠탑 효과

프랑스를 대표하는 에펠탑은 건설 초기에 '고풍스러운 파리 분위기에 어울리지 않는 철골 구조물'이라는 이유로 프랑스 국민들의 반발을 샀다. 문화시민을 자처하는 프랑스 국민들은 에펠탑을 제거하자는 여론을 형성하고 반에펠탑 운동을 전개했다.

그러나 에펠탑은 철거되지 않았음은 물론, 오히려 파리를 상징하는 조형물이 잡게 되었다. 반복노출 효과 때문이었다. 파리 한복판에 우뚝 선 에펠탑은 시간이 지날수록 프랑스 국민들은 물론 외국인들에게까지

친숙한 이미지가 되었고, 파리의 대표적 상징물로 자리 잡는 데 오랜 시간이 걸리지 않았다. 이처럼 '계속해서 노출되면 호감과 친근감이 생긴다'는 반복노출 이론은 에펠탑에서부터 비롯되었다.

미래의 대한민국 대통령을 향한 김영삼의 포부도 그와 마찬가지였다. 10대 중반에 품은 꿈을 계속 간직하고 있던 그는 1971년 김대중과 대통령 후보 단일화를 이룰 정도로 정계 중진이 되어 있었다. 김영삼은 점점 대통령이라는 꿈의 중심으로 진입해 나갔고, 상도동계라는 계파까지 거느리는 수준까지 발전했다.

신군부의 쿠데타로 7년여 동안 정치활동 규제를 겪은 이후, 김영삼은 '박해받는 야당 지도자'라는 이미지를 강하게 갖게 되었다. 국민들은 그가 언젠가 대통령이 될 것이라는 막연한 믿음을 가지기 시작했고, 그러한 대국민 이미지를 바탕으로 김영삼은 점점 더 그 목표를 실현하기 위해 노력하기 시작했다. 그의 정치여정은 국민들에게 언젠가는 자신이 대통령이 될 사람이라는 사실을 인식시키는 과정과도 같았다.

가장 큰 목표만 남기고 모든 것을 포기할 수 있는 용기

김영삼이 왜 그토록 대통령직에 집착했는지 그 이유는 불분명하다. 집권 전의 정치활동을 펼치는 동안 그는 자신이 대통령이 되지 않으면 안되는 이유를 확실하게 설명하지 않았고, 문민정부로 명명된 5년간의 재임 기간을 시작할 때까지도 호랑이 굴속에 들어가 호랑이를 잡아 온 보람을 보여 주지 않았다. 때문에 집권 초기, 김영삼은 '대통령이 되기 위해 신군부 세력을 찾아가서 권력을 승계한 것이 아니냐는 의혹을 받기도 했다.

실제로 그는 '머리는 빌려 오면 된다'는 식의 엉뚱한 발언을 통해 주변을 놀라게 하기도 했는데, 머리를 빌려 오면서까지 정권을 획득해야 할 뚜렷한 근거를 대통령에 당선될 때까지 설명하지 못했다. 일단 대통령이 되고 봐야겠다는 의지가 강한 것만큼은 분명한 그였지만 어떤 머리를 빌려 와서 뭘 어떻게 할 것인지, 또 빌려 올 머리는 어떤 근거와 기준으로 선택할 것인지 등과 같은 세세한 기준은 밝히지 않았다. 그래서 국민들은 그가 대통령은 되겠지만, 당선되면 무슨 일을 하는 대통령이 될 것인지를 짐작조차 하지 못했다.

하지만 자신의 목표만큼은 뚜렷이 각인하고 그것을 위해 돌진하는 그였기에 1990년 1월 22일의 3당 합당을 가능케 할 수 있었다. 사실 3당 합당은 뜨거운 감자와도 같았다. 여소야대의 정치 국면 속에서, 야당 통일민주당의 당수 김영삼은 신민주공화당 및 민주정의당과 합당하면 제14대 대통령 선거에 나설 가장 유력한 여권 후보가 될 수 있었다. 그렇지만 정치적 판단력과 균형감을 상실하면 말 그대로 명분도 잃고 실리도 잃는, 정치 인생에 종언을 고할 가능성도 적지 않았다.

그런 상황에서 김영삼은 3당 합당을 결행했다. 국회의원 제명 절차를 통해 자신을 정치적으로 살해했던 유신 세력인 공화당의 김종필, 그리고 정치활동을 규제하며 자신을 다시 한 번 정치적으로 제거하려 했던 민정당의 노태우와 이룩한 3당 합당이었다. 대통령이 되겠다는 목표를 위해서는 그 어떤 것도 포기할 수 있다는 그였기에 내릴 수 있는 과감한 선택이었다.

'호랑이를 잡으러 호랑이 굴로 들어간다'는 표현으로 3당 합당을 합리화한 김영삼이었다. 하지만 그럼에도 불구하고 호랑이를 잡아서 뭘 어떻게 하겠다는 것인지 국민들은 알 수 없었다. 다만 평생의 경쟁자 김대중을 물리치고 대통령이 되겠다는 김영삼의 절박감을 짐작할 수 있을 뿐이었다. 하여튼 14세 때 품었던 미래의 대한민국 대통령이라는 포부를 실현하기 위해 김영삼은 평생 야당의 명분도 버리고, 자신을 압박했던 군부 세력과 연합하는 실리를 선택했다.

호랑이를 잡으려면 호랑이굴로 들어가라

3당 합당의 주역이 된 김영삼은 내부 경쟁자를 물리치고 제14대 대통령 선거를 위한 민자당 후보로 선출되었다. 김영삼이 노태우를 압박해서 경선 방식으로 민자당 대통령 후보가 될 때, 오히려 경쟁자로 나섰던 민정당 출신의 이종찬 후보가 탈당하는 상황이 벌어졌다. 김영삼은 '호랑이를 잡으러 호랑이 굴로 들어간다'는 자신의 공약을 실천했다.

제14대 대통령 선거에서 김영삼의 가장 강력한 경쟁자는 일생의 라이벌 김대중이었다. 민주당 당내 경선에서 이기택 후보를 물리친 김대중은 특유의 달변으로 광장 정치를 선도했지만, 김영삼을 압도할 수는 없었다. 대통령이 되겠다는 열의 하나로 구민정당 출신의 반김영삼 세력이었던 이종찬, 박철언, 김용환 의원 등을 새한국당으로 내몰며 정치적 명분까지 포기한 것은 국민을 향해 그가 던진, '나는 모든 면에서 김대중을 앞서므로, 김대중보다 반드시 먼저 대통령이 되어야 하겠습니다'라는 메시지와도 같았다. 통일국민당을 창당하고 기업인에서 정치인으로 변신한 정주영 후보와 무소속으로 단기 출마한 신정치개혁당의 박찬종 후보도 있었지만, 권력을 향한 김영삼의 강력한 의지를 제압하지는 못했다.

4자 구도에서는 승리할 수 있다는 것이 민주당 김대중의 예상이었지만, 정치는 권력 획득을 위해 무언가를 포기한 사람이 전부를 갖는 제로섬 게임이었다. 김영삼은 정권획득을 위해서는 자신의 정체성까지 포기할 수 있다는 정치적 교훈을 김대중에게 알려 주며 제14대 대통령으로 당선되었다. 그의 교훈은 정계 은퇴를 선언한 김대중에게 차기 대선을 앞둔 시점에서의 정계 복귀와 함께, 자민련과의 김영삼 식 연대, 즉 DJP 공조라는 명분 파괴의 결론을 안겨 주었다.

이미지, 말보다 강한 메시지

김영삼의 돈키호테적 발상과 행동은 정치의 본질, 다시 말해 대중은 본능적으로 행동한다는 사실에 기반을 둔 것이었다. 그는 대통령에 대한 열망이 강한 사람에게 대중의 더 많은 관심과 집중이 생긴다는 것을 3당 합당과 제14대 대통령 선거 과정에서 보여 주었다.

'호랑이를 잡으러 호랑이 굴로 들어간다'는 발언으로 3당 합당을 합리화했던 김영삼은 52년간 품어 온 '미래의 대한민국 대통령'이라는 목표 달성을 통해 불가능한 일 두 가지를 이룩해냈다.

첫째는 군부독재의 청산이다. 3당 합당을 통해 남의 집에 들어간 김영삼은 집주인을 내쫓고 새로운 집주인이 되었다. 3당 합당으로 정치적 정체성 자체를 비난받기도 하지만, 그가 군부독재를 종식시킨 것만은 분명하다.

둘째는 금융실명제의 실시이다. 금융실명제가 시행되면서 대한민국의 지하경제와 부정부패는 원천 차단되고, 경제 정의가 실현되었다. 금융실명제는 경제적인 면에서뿐만 아니라 사회적으로도 혁명적인 엄청난 사건이었다. 이러한 금융실명제는 도무지 알다가도 모를 것 같은 속을 가진 김영삼만이 해낼 수 있는 위업이었다.

궁극적으로 그는 3당 합당으로 군부 세력을 차단하며 대한민국 민주주의 실현에 기여했고, 금융실명제를 통해 시장경제 질서의 확립에 공헌했다. 외환위기에 대한 비난으로 금융실명제의 위업이 가려지긴 했지만, 광복 이후 반세기 동안 지속돼 온 지하경제를 지상으로 끌어낸 금융실명제는 돈키호테적 성격을 가진 김영삼만이 할 수 있는 경제혁명이었다.

물론 이런 큰 업적에 비해 김영삼의 정치적 이론은 허술했다. 하지만 김영삼은 난삽한 정치이론보다 선명한 정치행동의 중요성을 아는 정치인이었다. 정치적 이론이 허술했던 것처럼, 화술 면에서도 김영삼은 여러 가지 언어적 문제점을 드러냈다. '강간도시(관광도시)', '걸식아동(결식아동)'과 같은 발음의 문제에서부터 "세종대왕은 우리나라의 가장 위대한 '대통령(왕)'이었다", "나는 공작정치의 '노예(피해자)'였다"와 같은 잘못된 표현을 사용했는가 하면 대만의 이등휘 총리를 '이붕 총리', 루마니아의 독재자 차우세스크를 '차씨'로 잘못 칭하는 등 지도자로서는 적절하지 않은 면을 보인 것이다.

놀라운 것은 그런 김영삼에 대해 비판적 태도를 갖는 국민들이 많지 않았다는 사실이다. 그리고 그것이 바로 김영삼의 매력이자 정치적 자산이었다. 강압적인 군사정권에 눌려 있던 국민들은 김영삼의 허술한 인간성에 정신적 안정감을 느꼈다. 대통령직을 위해 정치적 소신까지 포기하는 김영삼의 태도가 국민적 분노로 이어지지 않은 것 또한 그가 가진 인간적 약점들 때문이었다. 국민들은 그가 가진 순수한 천성을 이해하고 있었다. 사실이 어떠하든 간에, 국민들에게 있어 김영삼은 '권력 의지가 강하긴 하지만 악의 없는 정치인'이라는 이미지가 강했다.

만일 논리정연한 이론가 김대중이 3당 합당의 주역이 되어 고색창연한 합당의 정당성을 내세웠다면 그는 정치적으로 몰락했을 것이다. 김영삼의 3당 합당이 제14대 대통령 당선으로 끝을 맺을 수 있었던 것은 군사 쿠데타로 정권을 장악한 독재권력에 투항해서 대항하는 김영삼의 만용과 터무니없는 언어적 실수가 오히려 인간적 매력으로 여겨졌기 때문도 없지 않다. 무서운 대통령에서 만만한 대통령으로 넘어가는 시대를 김영삼은 '문민시대'로 표현했는데, 그런 것을 보면 김영삼의 무수한 언어 실수들은 정말로 모르고 저지른 것들이었는지, 제대로 알고 있으면서도 작전상 일부러 저지른 실수들인지 궁금해지기도 한다.

어찌 되었든 군부세력을 차단하고 민주주의를 정착시킨 것이나 금융실명제를 통해 시장경제정책을 확립시킨 것은 대한민국 대통령 어느 누구도 이루지 못한 그만의 통치 소산이다. 그리고 그러한 정책들은 대통령 취임사에서 분명히 밝힌, 한국병 치유를 위한 세 가지 개혁 방식의 실천 방안이었음에 틀림없다.

김영삼의 말에는 모든 것을 다 잘하겠다는 허무맹랑한 약속 대신 '할 수 있는 한두 가지만 잘하겠다'는 결연한 의지만 담겨 있다. 모든 것을 다 잘하지 못하는 지도자가 지도자냐고 반문하는 비판자들에게, 그는 그 시대에 필요한 가장 중요한 당면과제를 해결하는 것이 지도자의 사명이라고 응답한다. 그의 말은 '좋은 지도자'가 아니라 '시대적 상황에 필요한 지도자'를 목표로 한 것이었다.

07

설득에 왕도는 없다

니콜라 사르코지 프랑스 대통령

니콜라 사르코지(Nicolas Sarkozy)는 프랑스 국민들의 요구를 잘 알고 있었다.
그것은 강한 프랑스를 만드는 것이었다.
대통령 선거 기간 동안 사르코지는 국민들 앞에 강한 모습을 보여 주었다.
그 모습만으로도 그는 '강한 국가를 만들겠다'는 약속에 대한
국민들의 신뢰를 충분히 얻을 수 있었다.

> "프랑스는 하나가 될 때에만 강하며,
> 현재 직면해 있는 도전들에 맞서기 위해
> 강해질 필요가 있습니다."

———

"국민을 폭력과 범죄와 함께 기업 해외의 이전으로부터 보호하겠습니다."

2007년 4월 22일, 프랑스 대선 1차 투표에서 1위를 차지한 우파대중운동연합의 니콜라 사르코지는 국민들에게 감사 인사를 했다. 2차 투표를 앞두고 있었지만 그는 자신의 당선 가능성이 충분히 높다고 여겼다. 1차 투표를 통해 확인된 지지도에 감사 인사를 하며, 2차 투표에서도 압도적인 표차로 사회당의 세골렌 루아얄을 이겨내겠다는 생각이었다.

사르코지는 1차 투표에서 31.8%라는 높은 지지율을 얻었다. 2위인 사회당 소속의 루아얄은 25.87%의 득표율을 기록했다. 모든 면에서 완벽한 루아얄이었지만 선거의 제왕 사르코지를 이길 수는 없었다. 1차 투표를 마친 직후 전개된 여론조사에서 사르코지의 지지율은 48%로 나타나며 37%를 얻은 루아얄을 앞서나갔다. 여론조사를 분석한 선거 전문가들은 우파 후보들인 3위 프랑스민주연합의 프랑수아 베이루의 득표율 18.57%, 4위 국민전선의 장-마리 르펜의 득표율 10.44%, 5위 프랑스를 위한 운동의 필립 빌리의 득표율 2.22% 가운데 많은 표가 사르코지 쪽으로 고스란히 옮겨 올 것으로 예측했다.

남은 관건은 2차 투표에 앞서 열릴 텔레비전 토론에서, 평소 직설적이고 공격적이라는 평가를 받는 사르코지가 부드럽고 온화한 분위기의 루아얄에 어떻게 맞설 것이냐 하는 것이었다. 지지율에서 떨어지는 루아얄은 사력을 다해서 덤벼 올 것이 틀림없기 때문이었다. 그래서 사르코지는 2차 투표를 앞두고, 프랑스 내의 이민자들에 대해 우호적인 입장이었던 루아얄을 우회적으로 공격하기 위해 폭력과 범죄 문제를 언급했다.

오랜 선거 경험을 통해서 사르코지는 어떻게 해야 유권자들의 마음을 사로잡는지 알고 있었다. 복잡하게 여러 문제를 들먹이는 것이 아니라 한두 가지 문제를 집중적으로 부각시켜 상대와 연결시키는 것이 최선이었다. 폭력과 범죄에 엄격한 태도를 지닌 자신을 부각하면 루아얄의 입장은 어떻게 될지 빤히 알고 있었다. 대통령이 되어서도 기업의 해외 이전을 강압적으로 막을 수만은 없는 일이지만, 우선은 일자리 확보라는 요구 조건을 충족시키는 대안처럼 보이게 만들 수 있었다.

상대의 헛점만을 공약하기보다 소신을 지켜라

"누가 그녀를 보고 자녀를 넷이나 둔 중년 여성이라고 믿겠는가!"

2007년 대통령 선거 레이스가 본격적으로 시작되기 전인 2006년 11월, 프랑스의 남성잡지 《FHM》은 루아얄이 여론조사에서 급부상하자 이런 글을 통해 그녀를 아름다움을 찬양했다. 실제로 당시 루아얄은 인기 1위의 정치인이었다. 《FHM》은 루아얄의 아름다움이 나오미 캠벨과 페넬로프 크루즈 등을 제쳤다고 보도했고, 그녀를 세계에서 여섯 번째로 섹시한 여성이라고 소개했다.

육군 대령으로 프랑스 식민지를 통치했던 군인 아버지 밑에서 성장한 루아얄의 가장 큰 무기는 화사한 미모였다. 영화배우 뺨치는 외모를 지닌 그녀는 늘 밝게 웃는 온화한 미소를 가졌고, 매사에 진중한 태도를 보였다. 루아얄에게서는 급진적이고 공격적인 프랑스 좌파의 전형을 찾아볼 수 없었다. 또한 어린 시절, 아버지의 근무처였던 아프리카 세네갈의 다카르에서 성장했다는 점도 그녀의 신비감을 높이고 있었다.

그녀를 더욱 돋보이게 만들었던 점은 프랑스 최고의 엘리트라는 사실이었다. 수재들만 들어간다는 국립행정학교를 졸업한 루아얄은 2년간 판사로 재직한 이후, 프랑수아 미테랑의 정책비서였던 자크 아탈리의 추천으로 미테랑 행정부에서 환경부 장관으로 재직했고 1988년 총선에서는 의원으로 당선되었으며, 리오넬 조스팽 총리의 좌우동거 내각에서는 교육부 차관을 역임하며 입법 · 사법 · 행정의 모든 분야에서 화려한 경력을 쌓아 왔다. 2007년 대통령 선거에 출마할 당시, 루아얄은 프랑스 중서부 푸아투샤랑트의 주지사였다.

그린 루아알에게도 급소는 있었다. 그녀를 가장 약하게 만드는 것은 가장 큰 조력자가 되어야 할 남편이 사회당 내의 최대 경쟁자라는 점이었다. 2012년 대통령 선거에서 사르코지를 물리친 프랑수아 올랑드가 바로 그녀의 전남편이었다. 2012년 대통령 선거에서 대통령에 당선된 올랑드도 대통령에 대한 꿈이 분명한 사람이었다. 대통령이 되기 위해 출마할 무렵, 네 자녀를 둔 루아알의 25년에 걸친 결혼생활은 자신 못지않게 강력한 대통령의 꿈을 가진 남편과의 경쟁으로 인해 사실상 깨진 상황이었다.

프랑스 정가에서는 이미 루아얄과 올랑드의 별거 소문이 떠돌고 있었지만, 사르코지는 그것을 선거에 이용할 생각이 없었다. 프랑스에서는 정책 결정과정에 직접적으로 연결되지 않는 이성 문제는 정쟁의 도구로 사용하지 않는다는 불문율이 있기 때문이기도 했지만, 이성 문제라면 사르코지도 쉽게 말 못할 사정이 많았기 때문이었다.

사르코지는 인물 대 인물, 정책 대 정책의 대결로 2007년 대통령 선거를 맞이했다. 그리고 서서히 지지율을 끌어올려서 1차 투표가 시작될 무렵에는 약 5% 정도 앞선 상황으로 만들어 놓았다. 인터넷과 텔레비전을 통한 유세, 유권자들과의 만남 그리고 프랑스 경제를 회복시키기 위한 다양한 정책들을 통해 국민을 설득했던 작업의 성과였다. 남은 일은 이러한 유리한 상황을 잘 지켜내는 것이었다.

열등감이 자신감으로 바뀔 수 있었던 이유

"현재의 내 모습은 어린 시절 겪은 수치심의 총체이다."

대통령이 된 다음 사르코지는 자신의 현재를 만든 것이 열등감이었다고 말한 적이 있다. 사실이다. 그는 열등감을 느낄 만큼 모든 면에서 부족했다. 그러나 그가 대단한 것은 그런 고백을 용기 있게 해서가 아니라, 그런 열등감을 느끼면서도 포기하지 않고 줄기차게 도전해 왔기 때문이다. 보통은 자신이 부족하고 모자라다고 느끼면 눈에 띄지 않게 가만히 있을 텐데 사르코지는 남들과 달랐다. 오히려 나서서 주목받으려 하고 자신을 눈여겨본 사람들로부터 결핍과 부족을 확인받는 등 인정욕구가 유난히 강했던 것이다.

1972년에 통과했어야 할 프랑스의 대학입학자격시험 바칼로레아를 1년 뒤인 1973년에 통과할 때부터, 그는 자신이 공부로 성공하기는 글렀다는 것을 깨달았다. 사르코지는 후에 대학원을 졸업하고 파리정치대학에도 진학했지만 영어시험을 통과하지 못해 학위 취득에는 실패했다. 되지 않을 공부를 붙들고 늘어져 봤자 프랑스에서 밥벌이도 못할 것 같다는 현실을 깨우친 그는 인정욕구가 강한 자신이 살아남을 수 있는 길이 무엇인지 따져 보았다. 답은 정치밖에 없었다.

헝가리 이민 2세대인 그가 재수 끝에 파리 10대학에 입학했을 당시 프랑스의 대학에는 1968년 학생혁명의 분위기가 남아 있었다. 사르코지는 정치에 관심을 둘 것이면 우파가 되고, 아예 학생운동이 아닌 본격적인 현실 정치활동부터 시작하기로 했다. 그래서 자신의 정치적 입장을 우파로 결정하고 공화국민주동맹으로 달려갔다. 대부분의 학생들이 학생운동을 추구하는 환경 속에서, 사르코지는 19세의 나이에 남이 가지 않는 우파 정치인의 길을 선택한 것이다. 영화배우가 되기 위해 영화사에서 청소부터 시작하는 할리우드 키드처럼, 그는 우파 선거 캠프에서 허드렛일을 하면서 정치를 시작했다.

다행스러운 점은 그가 나중에 자크 시라크 정권에서 내무장관으로 임명된 샤를 파스카를 만난 것이다. 파스카는 프랑스 젊은이들이 1968년 학생운동의 영향을 받아 죄다 좌파로 기운 상황에서 우파 정당을 찾아온 사르코지에게서 정치적 본능을 읽었다. 그에게는 분위기에 영향을 받아 대세를 따라가는, 또래 젊은이들이 저지르는 어리석음이 없어 보였다.

정치를 직업으로 삼으려는 사람에게 필요한 것은 이념이 아니라 국민을 사랑하는 마음, 그리고 자신의 소신을 전개할 수 있는 환경을 스스로 개척하는 능력이다. 파스카는 공부로는 성공하기 어려워 보이는 19세 청년 사르코지가 이미 정치적인 인물이라고 생각하고 있었다. 또한 이 키 작은 헝가리 이민 2세 청년이 프랑스를 사랑할 뿐만 아니라, 자신의 소신을 전개해 나갈 힘을 가졌다는 것도 깨달았다. 그리고 무엇보다 사르코지에게는 정치에 대한 절박함이 있었다. 정치를 통해 자신을 바꿔보겠다는 진지한 열망이 꿈틀거리고 있었던 것이다.

걸어온 길이 다르면 생각하고, 행동하고, 말하는 것도 다르다

2007년 프랑스 대통령 선거의 아이러니는 부족과 결핍으로 똘똘 뭉친 빈민 출신 사르코지가 우파 대통령 후보이고, 풍요와 여유 속에서 성장

한 부자 출신 루아얄이 좌파 대통령 후보라는 점이었다. 엘리트 코스와
는 거리가 먼 이혼녀 어머니 슬하에서 성장한 헝가리 이민 2세가 우파
대통령 후보가 되어서 프랑스의 성장과 발전을 역설하고 있었고, 프랑
스 제국주의의 열매를 나눠 먹은 식민지 통치자의 딸이 좌파 대통령 후
보가 되어 분배와 균형을 주장한 것이다. 바뀌어도 뭔가 서로 많이 바뀐
것 같은 상황이었다.

대통령 선거에 다른 모습으로 나타난 두 사람은 정치적 출발부터 상
반적이었다. 루아얄이 미테랑 대통령의 대선 캠프 총책임자였던 아탈
리에게 스카우트되어 정치 메이저리그에 첫발을 내디뎠던 반면, 사르
코지는 1974년 19세의 나이로 시라크의 정치적 동지였던 파스카를 찾
아가서 신고 선수로 마이너리그에 데뷔했다. 좌파 지도자의 낙하산 입
문과 우파 지도자의 밑바닥 출발이었다. 이것 역시 서로가 정확하게 다
른 모습이었다.

출발이 다르므로 성장 과정도 다를 수밖에 없었다. 루아얄이 엘리트
대접을 받으며 정치를 익히는 동안, 프랑스 사회에서 쥐뿔도 없는 사르
코지는 자신보다 두 살 많은 루아얄이 정치에 데뷔하기 8년 전부터 선
거조직의 말단으로 정치 활동을 시작했다. 사르코지는 없는 자들이 세
상에서 무엇인가를 얻기 위해서 가져야 할 것은 성실과 인내라고 생각
했다. 얻고 싶은 것을 혁명으로 쟁취해서 나눠 갖겠다고 생각하지 않
고, 시간이 걸려도 노력해서 얻는 쪽을 선택한 것은 확실히 우파적 정치
본능이었다.

정치의 단맛만 보고 즐겨 온 루아얄과, 정치의 쓴맛부터 보고 정치밖
에 할 것이 없었던 사르코지는 정치를 대하는 자세도 달랐다. 당연히 그

릴 수밖에 없었다. 판사를 거쳐 30대 초반에 여성 장관을 역임한 루아얄은 미테랑 대통령의 지근거리에서 정치를 시작했으니 정치가 즐겁고 재미있는 것이라고만 생각하고 있었다. 실패를 모르며 성장해 온 그녀는 노력하면 응분의 보상이 따른다는 사회적 진리가 정치의 세계에서도 적용될 것이라고 믿고 있었다. 그래서 루아얄은 유권자들을 철저히 신뢰하고 있었고, 가족이나 다름없이 여겼다.

반면 10대 후반에 의원 후보의 포스터 붙이기, 전단지 돌리기, 스피커 들고 후보 지원 유세하기, 연설 중인 후보를 위해 박수 치기로 정치를 시작한 사르코지는 더 이상 떨어질 곳이 없는 정치현장의 밑바닥부터 시작했다는 치열함을 버리지 못했고, 언제나 상황을 최악으로 상정한 채 선거 운동을 펼쳤다. 사르코지는 노력해도 안 되는 것이 정치라는 것을 잘 알고 있었다. 손짓 하나, 표정 하나에도 유권자들의 마음이 움직이는 모습을 무수하게 보아 온 그는 언제나 자기 자신에 대해 만족하지 않았다.

사르코지는 정치란 사람의 마음을 움직이는 일이므로, 정치의 세계에는 확실한 정답이나 기술이 없다고 생각했다. 블레즈 파스칼은 '인간은 생각하는 갈대'라고 했지만, 사르코지가 보기에 유권자는 시류에 따라 움직이는 생각 없는 갈대 같았기에 그는 개표 전까지 유권자들을 신뢰하지 않았다. 유권자들을 못 믿으니 자기 자신을 믿지 못하는 것은 당연한 일이었다. 때문에 사르코지는 당선이 확인될 때까지 항상 의심하고, 의심하고, 또 의심했다.

그것이 완벽주의였든 현실 불안증이었든, 결과적으로 사르코지에게는 긍정적인 쪽으로 작용했다. 그는 항상 자기 자신을 더 물러설 수 없는 절벽 위에 세워 놓았고, 자신이 이룬 성취에 절대 안주하지 않았다. 심지어 대통령이 된 다음에도 그는 매일 아침 거울을 보면서 소리 내어 자기 최면을 걸 정도였다.

"나는 아직 프랑스 대통령이 아니다."

나와 뜻이 다른 사람의 생각을 이해하라

2007년 5월 2일 밤 10시, 대통령 선거 2차 투표를 나흘 앞두고 사르코지와 루아얄은 텔레비전 토론을 벌였다. 당초 예정된 시간은 2시간이었지만, 열띤 토론이 이어져 40분이 연장되었다. 파란 양복에 엷은 파란 셔츠, 파란색이 들어간 스트라이프 넥타이 차림의 사르코지와 깃을 세운 흰색 블라우스에 검정색 정장을 차려 입은 루아얄은 외견상으로 막상막하였다.

"주 35시간 노동제는 프랑스 경제에 있어 재앙과도 같았습니다. 이런 논리가 통하는 나라는 프랑스밖에 없습니다."

사르코지는 사회당 정부가 도입한 주 35시간 노동제의 문제점을 거론하며 루아얄을 몰아붙였다. 리오넬 조스팽 총리 시절 도입한 주 35시간 노동제는 기업 경영자의 80%가 반대할 정도로 기업 경쟁력을 심각하게 하락시켰고, 기업 성장의 족쇄라 불리고 있었다.

"그렇다면 현 정부는 5년간 집권하면서 왜 주 35시간 노동제를 폐지하지 못했습니까?"

루아얄의 반격도 만만치 않았다. 주 35시간 노동제가 그렇게 문제가 되었다면 현 정권에서 2004년부터 내무부와 경제부 장관으로 재임했던 사르코지가 나서서 폐지하면 되지 않았느냐고 따진 것이었다. 이어 루아얄은 기다렸다는 듯이, 오히려 현 정부에서 장관을 두 차례나 역임했던 사르코지가 사회 혼란을 일으키는 원인이 되었다고 비난했다.

"지난 5년간 무엇을 하셨습니까? 신뢰성에 문제가 있습니다."

루아얄은 2007년 프랑스의 가장 큰 문제인 양극화 심화가 사르코지의 무능과 실정 때문이라고 지적했다. 루아얄은 작심한 듯 사르코지의 말을 끊으면서, 범죄와 사회악을 없애려고 추진한 무관용정책이 도리어 사회 갈등을 부추겼다고 주장했다. 1차 투표가 끝난 뒤 국민을 폭력, 범죄와 함께 기업의 해외 이전으로부터 보호하겠다고 했던 사르코지의 연설 내용을 염두에 둔 발언이었다.

루아얄의 공격은 예상했던 것이었다. 지지율에서도 떨어졌고, 우파의 표 가운데 상당수가 사르코지에게 고스란히 전달될 가능성이 높아진 상황이었기 때문이다. 사르코지를 거칠게 몰아붙이는 루아얄의 얼굴에서는 미소가 사라졌다. 활짝 웃는 웃음이 그녀의 트레이드 마크였지만, 웃음이 없는 루아얄은 평범한 여성 정치인일 따름이었다. 루아얄의 얼굴이 경직된 것은 기선제압을 당했기 때문이었다. 선거에서는 기선 제압을 당하는 쪽이 반드시 지게 되어 있다. 지지율이 앞서 가는 쪽이라고 할지라도 어쩔 수 없는 일이었다.

"대통령은 매우 진지한 책임감을 가져야 하는데, 당신은 너무 화를 자주 냅니다."

참고 참던 사르코지가 한마디 던졌다. 원래 화를 자주 내고, 속 안에 있는 말을 못 참고 전부 퍼부어야 직성이 풀리는 쪽은 사르코지였지만,

루아얄이 먼저 감정적으로 나오자 사르코지는 외려 이성적이 될 수밖에 없었다.

"장애 어린이에게도 일반 학교 입학이 보장되어야 합니다."

토론의 하이라이트는 장애 어린이 교육 문제에 관한 논쟁이었다. 이미 두 사람에게 주어진 1시간씩의 발언 시간이 거의 다 소비된 11시 40분쯤의 일이었다. 사르코지는 사회복지 문제 가운데 장애 어린이의 교육 평등권을 주장했다. 그러자 루아얄은 느닷없이 버럭 소리를 지르며 사르코지를 몰아붙였다.

"과거 내가 교육부 장관으로 있을 때 도입한 장애 어린이 편의 조처를 현 정권이 없앤 것은 정치적 비도덕성의 극치입니다."

루아얄의 말은 사실이었다. 그녀는 교육부 장관 시절, 일반 학교들이 장애아동 담당 교사들을 대거 채용하게 했다. 그런데 현 정권에서 재무부 장관으로 재직한 사르코지가 재정을 문제 삼으며, 루아얄이 확립시켰던 장애 어린이 관련 정책을 망쳐 버렸다고 한 것이다.

"진정하세요. 그리고 제게 손가락질하지 마세요. 저도 당신의 진실성을 문제 삼지 않을 테니, 당신도 제 도덕성을 문제 삼지 마세요."

텔레비전 토론은 그렇게 끝이 났다. 사르코지의 주장에는 루아얄의 지적대로 옳지 않은 부분이 꽤나 많이 있었고, 그것은 누구나 인정하는 것이었다. 루아얄의 말처럼 인간적으로는 물론 정치적으로도 결함이 많은 사람이 바로 사르코지였다.

그러나 루아얄은 사르코지가 꼬집은 대로 대통령의 품격을 보여 주지 못했다. 화를 내는 것은 누구나 할 수 있는 일이지만, 한 나라의 대통령은 옳지 않은 일이어도 그것 때문에 화를 내거나 상대를 비난해서는 안 된다. 루아얄은 사르코지에게 동네에서 운전하다 접촉사고를 당한 피해자가 가해자에게 성질을 부리듯 화를 냈다.

19세 청년 시절부터 선거판에서 잔뼈가 굵은 사르코지는 선거 유세에서 필요한 것은 상대 후보의 과오를 까발리고 짓밟는 것이 아님을 잘 알고 있었다. 그것은 링 위에 올라가서 주먹질을 하는 권투선수들도 다 아는 사실이었다. 상대를 죽이러 링 위에 올라가는 권투선수는 없다. 죽기 살기로 주먹을 휘두르지만, 경기가 끝나면 선수들은 부둥켜안고 상대에게 고마워한다. 상대는 무너뜨려야 할 궁극적인 인생의 적이 아니라 경기 중에 자기의 기량이 어느 정도인지를 관중들에게 보여 주는, 살아 있는 척도이기 때문이다. 상대를 보호하지 못하는 선수는 선수도 아니다. 사르코지는 권투선수가 알고 있는 이 당연한 사실을 잘 알고 있었다.

텔레비전 유세에 나선 대통령 후보도 마찬가지이다. 상대에게 무차별적인 공격을 가해서 KO 펀치를 날리는 것이 아니라, 상대를 훌륭한 선수로 부각시키면서도 근소한 차이로 판정승을 거두는 것이 진정으로 자신의 가치를 알리는 방법이다. 훌륭한 정치인은 무능한 경쟁자와 논쟁을 벌이는 모습을 국민들에게 보여 주면서 쾌감을 느끼기보다, 자신보다 탁월한 재능을 가지고 있는 경쟁자를 맞아 한두 방의 주먹으로 급소를 공격하며 승리하는 모습을 보여 주기를 즐긴다.

루아얄보다 모든 면에서 부족하고 화술도 떨어지며 성질도 급한 사르코지였지만 그녀보다 한 가지 나은 점이 있었으니, 바로 자신의 약점만큼은 잘 알고 있었다는 것이다. 그 약점이 사르코지를 대통령 후보로 성장시켜 온 동력이기 때문이었다. 그는 자신을 죽일 듯 달려오는 루아얄을 요령껏 피하고, 적절하게 주먹을 날리면서 자신이 상대보다 노련하다는 사실을 국민들에게 보여 주었다.

사르코지는 19세에 선거판에 뛰어들 때부터 2007년 대통령 선거를 생각하고 있었다. 사르코지보다 두 살 많은 루아얄이 언제부터 대통령이 될 생각을 했는지는 모르겠지만, 한 가지 분명한 점은 사르코지가 그 생각을 더 오래 했을 것이라는 점이다. 오래 생각한 사람이 더 좋은 생각을 할 가능성이 높은 것은 당연하다. 느닷없이 행운을 얻어 대통령 곁에 서고, 타고난 재능과 학식을 마음껏 활용하다 문득 대통령 꿈을 키우기 시작한 사람은 가질 수 없는 생각이었다. 사르코지는 자신이 루아얄보다 오래도록 프랑스 대통령의 꿈을 품어 온 사람이라는 사실을 국민들 앞에 드러내는 데 성공했다.

그는 대통령이 해야 할 업무의 전부는 처음부터 끝까지 이해하고 관용하며, 상황을 설명하고 상대를 설득하는 것이라고 믿었다. 대통령에 당선되어도 찬성표를 던진 국민들 못지않게 반대표를 던진 국민이 많다는 사실을 생각한다면 그것은 당연한 일이었다. 텔레비전 토론은 옳은 것을 밝히는 것이 아니라, 대통령이 될 만한 자질과 역량을 갖추고 있는지를 보여 주는 시간이다. 그리고 그 자질과 역량은 자신과 뜻이 다른 사람들의 생각을 이해하고 포용하며, 자신의 생각을 설명하고 상대를 설득하는 능력이다.

루아얄은 끝내 사르코지에 뒤진 여론조사의 결과를 뛰어넘지 못했다. 투표 결과 사르코지는 루아얄에게 53대 47로 승리를 거뒀다. 사르코지가 안정적으로 정권을 인수할 수 있는 득표율이었다.

국민이 먼저 국가를 위한다면
국가는 국민을 기억하고 보호할 것이다

2007년 5월 16일, 프랑스 대통령 관저 엘리제 궁에서 프랑스 제23대 대통령 사르코지의 취임식이 있었다. 1955년생인 사르코지는 제2차 세계대전 전후에 태어난 첫 대통령이자 프랑스 역사상 최초의 이민 2세 대통령이었다. 또한 비엘리트 코스를 거친 직업 정치인 출신 대통령이었다.

"프랑스인들을 단결시키라는 요구. 왜냐하면 프랑스는 하나가 될 때에만 강하기 때문이며, 프랑스가 현재 직면해 있는 도전들에 맞서기 위해서는 강해질 필요가 있기 때문입니다. 주어진 발언권을 존중하고 약속을 지키라는 요구. 왜냐하면 국민들의 신뢰가 오늘만큼 땅에 떨어지고 약했던 적이 없기 때문입니다. 도덕성에 대한 요구. 왜냐하면 오늘날만큼 가치의 혼돈이 심하고, 기본 가치들을 되찾고자 하는 욕구가 강했던 적이 없기 때문입니다."

사르코지의 취임사는 현대 프랑스의 국부 샤를르 드골을 시작으로, 조르주 장 레몽 퐁피두, 발레리 지스카르 데스탱, 프랑수아 미테랑, 자크 시라크 등 프랑스 역대 대통령들의 업적에 대한 찬사로 시작했다. 그리고 프랑스 국민들이 원하는 시대적 요구를 거론하는 것으로 곧바로 이어졌다. 그것은 프랑스인들을 하나로 묶으려는 작업이었다. 사르코지는 프랑스인들이 하나가 될 때 강해질 뿐만 아니라, 모든 도전을 이겨낼 수 있는 힘을 갖게 된다고 주장했다.

"여러분은 각자 맡은 자리에서 그 일에 동참할 사명이 있습니다. 프랑스를 위해서는 어떤 파벌도 있을 수 없다고 저는 확신합니다. 나라를 사랑하는 사람들의 선의만이, 또 나라 전체를 위해 일하고자 하는 열정에 사로잡힌 사람들의 재능과 아이디어와 확신만이 있을 뿐입니다.

나라를 위해 봉사하고자 하는 모든 이들에게, 그들과 함께 일할 준비가 되어 있음을 말씀드립니다. 저는 그들에게 그들의 신념을 저버리거나 우정을 배반하거나 그들의 역사를 망각하라고 요구하지 않을 것입니다. 자유인으로서의 양심에 따라 어떤 식으로 프랑스를 위해 봉사할지 스스로 결정할 수 있을 것입니다."

사르코지는 프랑스 국민들이 국가를 위해 봉사하면, 국가는 프랑스 국민들을 기억하고 보호할 것을 약속했다. 그것은 프랑스의 지도자로 당연히 해야 할 약속임과 동시에, 프랑스가 영원히 프랑스 국민들에게 제시해야 할 프랑스 정신이었다. 그는 단호한 심정을 담아 취임사를 끝마쳤다.

"계속 생존하기를 바라는 프랑스. 포기하기를 원치 않는 프랑스 국민. 사랑과 존경을 받을 자격이 있는 프랑스와 프랑스 국민에게, 그들을 결코 실망시키지 않겠다는 저의 다짐을 말씀드리고자 합니다. 공화국 만세! 프랑스 만세!"

사르코지의 취임사는 프랑스 만세를 외치는 것으로 끝났다. 그러나 그의 취임사를 들은 프랑스 국민들은 자신들이 언제나 기억해 온 하나의 감동적인 문장을 떠올렸다. 그것은 140년 전 타계한 프랑스 국민작가 알렉상드르 뒤마가 『삼총사』에서 소개했던 프랑스 근위병들의 구호 "모두를 위한 하나, 하나를 위한 모두"였다.

프랑스 제23대 대통령으로 취임한 사르코지는 왕정이 폐지되고 공화정이 시작된 프랑스가 대불제국의 영광을 회복하는 길은 '국가를 위하는 국민, 국민을 위하는 국가'라는 단순한 명제를 지키는 일에서부터 시작한다고 역설했다. 그것은 이미 프랑스 국민들이 너무도 잘 알고 있는 명제다. 프랑스 국민들이 어릴 때부터 줄기차게 들으며 자라 온, 자랑스러운 프랑스인들의 생활 목표였기 때문이었다. 사르코지는 프랑스 국민들이 너무도 잘 알고 있는 그 말 한마디를 하기 위해 30여 년의 정치여정을 걸어왔던 것이다.

08

있는 그대로의 자신을 표현하라

김용 세계은행 총재

김용 총재는 최초의 유색인종 비금융계 인사 출신의 세계은행 총재이다.
그가 세계은행 총재로 발탁된 이유는 개발도상국 젊은이들이 보고 배울 수 있는
훌륭한 성공 모델이기 때문이다.
2012년 9월 4일 첫 해외순방 연설에서, 김용은 개발도상국 젊은이들에게 자신을 닮으라는
연설을 했다. 금전적 가치로 환산할 수 없는 의미 있는 연설이었다.

"여러분도 세계은행 총재가 될 수 있습니다."

"저는 무척 가난한 나라에서 태어나 학업에 매진했고 마침내 세계은행
총재가 됐습니다. 여러분도 세계은행 총재가 될 수 있습니다."

2012년 9월 4일, 코트디부아르의 경제수도 아비장의 직업훈련센터
에 모인 청년들은 그곳을 방문한 세계은행 총재의 모습에 놀랐다. 키도
크고 머리카락이 노란 백인 남성일 것이라고 생각했던 세계은행 총재는
그저 평범한 신장의 황인종 남성이었다. 게다가 더 놀라운 것은 자신도
가난한 나라 출신이지만 학업에 매진해서 세계은행 총재가 되었다는 그

의 이야기였다. 가난을 한 번도 경험해보지 않은 사람이 가난한 나라에 찾아와서 가난에 대해서 이야기하는 것에 익숙해 있던 코트디부아르 청년들은 황인종 세계은행 총재의 말에 쫑긋 귀를 세웠다.

"여러분은 어려운 시간을 지나 왔고, 지금 회복하는 과정에 있는 것으로 압니다. 여러분이 지금 교육을 받고 기술을 배우는 것은 코트디부아르뿐이 아닌 지역 전체에 정말로 중요합니다."

안경을 쓴 황인종 세계은행 총재는 진지한 표정으로 이야기를 이어 나갔다. 거짓말이 아닌 것 같았다. 누가 시키지 않았는데도 코트디부아르 청년들은 어느새 모두 손뼉을 치고 있었다. 그것은 보잘 것 없는 존재라는 자괴감에 빠진 자신들에게 중요한 일을 하고 있다는 사실을 일깨워 준 고마움에 대한 인사였다.

대한민국 영토의 세 배 크기 면적에 2000만 명이 사는, 1인당 국민소득 1000달러의 서아프리카의 빈국 코트디부아르에게 필요한 것은 선진국의 우월감이 아니라 후진국을 벗어난 성공 모델이었다. 1960년까지 프랑스의 지배 아래 있었던 탓에 백인이라면 고개를 절레절레 흔드는 코트디부아르 청년들은 백인 출신이 아닌 황인 세계은행 총재가 한 마지막 한마디에 온몸으로 전율했다.

"한국의 성공 사례는 '어떤 나라라도 발전할 수 있다'는 흔들리지 않는 믿음을 제게 심어 줬습니다. 누구도 어떤 국가를 보고 '절대 당신들은 성장할 수 없다'는 말을 할 수 없습니다."

코트디부아르 청년들은 환호하며 그를 향해 더 큰 박수를 쳤다. 그것은 그저 인사치레가 아니라, 희망 없는 영혼을 움직인 감동에 대한 육체의 격렬한 반응이었다. 감동 받은 영혼들은 목표를 갖게 되고, 언젠가 그들이 꿈꾸는 세계를 이룩할 수 있다는 사실을 알고 있는 김용은 흐뭇한 미소를 지었다.

한국인의 피가 흐르는 재미교포

김용이 대한민국 사회에 소개된 것은 2009년 미국 아이비리그 다트머스 대학교의 17대 총장으로 선임되면서부터였으니 그리 오래된 일이 아니다. 하버드와 예일, 프린스턴 대학에 익숙한 대다수 대한민국 국민들은 그 뉴스로 다트머스 대학교도 아이비리그에 속한다는 것을 알게 되었고, 그가 아시아계 최초 총장이라는 보도에 '역시 한국인'이라는 정도로 그를 인식하는 데 그쳤다.

브라운 대학에서 학사를 하고, 하버드 대학에서 의학과 인류학 박사 학위를 동시에 취득한 그가 자신의 분야와 전혀 관련 없는 세계은행 총재가 된 것은 놀라운 일이다. 에이즈국 국장으로 재직했던 세계보건기구에서 수장이 되었다면 모를까, 역대 총재들 대부분이 금융인이었던 세계은행 총재로 발탁된 것은 정말로 흥미로운 일이 아닐 수 없다.

의사, 인류학자, 에이즈 전문가일 뿐만 아니라 후진국 지원에 적극적인 의료봉사자로 활동하면서도 하버드 대학교 의과대학원 교수직을 유지했던 김용. 그런 그가 연고도 없는 다트머스 대학교의 총장과 미국 예술과학학원 회원을 거쳐 세계은행 총재로 선임된 것은, 개발도상국 출신의 유색 이민자임에도 불구하고 이민자의 나라 미국에 성공적으로 정착한 그의 노력에 대한 상징적 예우라는 느낌이 강하게 든다.

대한민국에도 몇 차례 방문해 텔레비전 토크 프로그램에도 출연했던 김용은 자신에게 한국인의 피가 흐른다고 분명히 이야기했다. 5세 때 부모와 미국으로 이민을 떠났던 김용은 말 그대로 금의환향한 것인데, 미국에서 태어났더라면 세계은행 총재의 임기를 마친 뒤 미국 대통령도 될 수 있었을 텐데 하는 아쉬움도 살짝 든다.

오바마 대통령의 담대한 희망에 동참한 유색 미국인

김용의 등장은 확실히 오바마의 집권과 관련이 있다. 다트머스 대학교 총장으로 선임된 것도 그래서 가능한 것이었는지까지는 모르겠으나, 세계 3대 기구 중 하나인 세계은행 총재로 임명된 것은 오바마 미국 대통령의 전결專決 사항이었음에 틀림없다. 어쨌든 김용은 미국 최초의 유색 대통령인 오바마의 강력한 지원에 힘입어 세계은행 최초의 유색 미국인 총재로 발탁되었다고 볼 수 있다.

사실 김용은 2009년 다트머스 대학교 총장으로 취임하기 이전부터 미국 사회를 선도하는 지도자 그룹의 일원으로 부각되고 있었다. 그는 하버드 의과대학원 재학 시절부터 남미와 아프리카 개발도상국 국가들과 미국의 저소득층 국민들의 건강관리를 지원하는 비영리기관인 '건강동반자'를 설립하는 데 앞장섰고, 이사장을 역임했다. 또한 의과대학원 졸업 후 하버드 의과대학원 교수로 재직하면서도 후진국 및 개발도상국 국민들의 건강관리를 위해 의료봉사활동을 계속한 공적公的 업적을 인정받아 세계보건기구 에이즈국의 국장을 겸직했다. 미국 최고의 의

과대학원 교수이자 미국이 주도하는 세계보건정책의 책임자였던 그는 2006년 미국의 시사주간지 《타임》이 선정한 '세계에서 가장 영향력 있는 100인'에 들기도 했다.

2004년부터 2006년까지 세계보건기구 에이즈국 국장으로 재직하면서 그는 개발도상국가들에서의 에이즈 퇴치 운동 전개, 에이즈 감염 예방에 혁혁한 공을 세웠을 뿐 아니라 약 300만 명에 육박하는 결핵, 말라리아 등의 전염성 질병 감염자들의 완치에도 공헌했다. 김용이 오바마 대통령에게 발탁된 것은 이처럼 의료소외계층에 대해서도 건강보험 혜택을 제공하려는 오바마의 건강복리증진정책과 이념적으로 일치하는 부분이 있기 때문으로 보인다.

예기치 않은 발탁과 쉽지 않은 경선 과정

2012년 4월 14일 세계은행 총재 선거가 있기 전부터, 세계의 이목은 금융계 인사가 아님에도 오바마 대통령이 내세운 김용에게 집중되었다. 세계은행 출범 때부터 절대비중을 차지하는 미국은 총재 거부권까지 가지고 있어, 미국이 내세우는 총재 후보는 거의 당선된다고 보는 것이 일반적이었다.

문제는 김용이 금융계 인사가 아니라는 것, 그리고 세계은행 역사상 처음으로 미국의 총재 임명 움직임에 일부 국가들이 반발하고 있다는 것이었다. 김용이 미국이 내세우는 후보라는 사실이 알려지기 전부터, 세계은행에서 잔뼈가 굵은 나이지리아의 재무장관 응고지 오콘조 이웰라는 자신의 총재 출마 의사를 강력하게 피력했다. 매사추세츠 공과대학에서 박사학위를 취득하고 세계은행 전무이사를 역임한 그는 자신이 개발도상국의 입장을 대변한다고 자부하고 있었다.

김용에게는 금융계 인사가 아니라는 점 외에 또 다른 약점이 있었다. 2000년에 발표한 저서『성장을 위해 죽어 가는 사람들 : 지구촌의 불평등과 빈곤층의 건강Dying For Growth: Global Inequality and the Health of the Poor』이 미국이 지지하는 신자유주의 노선을 반대하는 견해를 담고 있었기 때문이다. 신자유주의는 국가권력의 시장개입을 비판하고 시장의 기능과 민간의 자유로운 활동을 중시하는 긍정적 효과가 있는 반면 부익부 빈익빈 심화, 중소기업 몰락, 비정규직 양산, 실업률 증가, 직장수명 단축, 출산율 저하 등의 문제점을 야기하고 있었다. 반대론자들은 그가 미국의 신자유주의에 대해 보인 부정적인 태도를 비판했다. 때문에 그의 세계은행 총재 선거과정은 처음부터 쉽지 않을 것으로 여겨졌다.

미국의 영향력을 확인했던 시금석, 세계은행 총재 선거

제12대 세계은행 총재 선거는 유례없이 경선으로 치러졌다. 후보는 두 명, 김용과 이웰라였다. 세계은행 총재는 미국계 인물, 국제통화기금 총재는 유럽계 인물이 맡는다는 전통이 이어질지 의문이었다. 총재 거부권을 가지고 있는 미국이었지만, 자국이 지지하는 후보를 다른 국가들이 반대한다는 것 자체가 미국으로서 좋은 상황은 아니었다. 그래서 세계은행 총재 선거를 앞두고 세계 언론들은 김용의 위기론을 제기하기도 했다.

25개 이사국이 참가한 경선에서 그간 중도적 입장을 보이던 국가들 가운데 브라질과 남아공은 이웰라를, 중국과 인도는 김용을 지지했다. 서유럽과 일본, 캐나다는 처음부터 미국 지지 의사를 보였고, 투표에서도 마찬가지였다.

100% 찬성을 이끌어내지는 못했지만, 미국의 영향력은 건재했다. 기축통화 달러의 위력도 마찬가지였다. 물론 유럽의 재무위기와 중국의 성장 정체도 한몫했다. 김용을 내세운 미국은 득의했고, 여전히 미국이 세계 경제를 선도한다는 자부심을 유지할 수 있었다.

김용을 발탁한 오바마 대통령은 경선 과정의 개방성과 투명성을 칭찬했고, 티머시 가이트너 미국 재무장관은 비금융권 인사인 김용이 세계은행에 새로운 생명력을 불어넣을 것이라며 기대감을 표시했다. 상대 후보였던 이웰라는 김용의 당선을 축하하며, 최초의 경선이었다는 사실을 강조했다. 쉽지 않은 선거였지만, 김용은 세계은행 총재의 자리에 올랐다.

소박하고 담백하지만 신념이 깃든 말

김용은 세계은행 총재 수락 연설에서 두 가지 목표를 제시했다. 하나는 21세기에 걸맞게끔 세계은행의 역할을 규명하겠다는 것이었고, 또 다른 하나는 세계은행의 자금이동 경로를 개선하겠다는 것이었다. 누구나 공감하는 세계은행의 문제점이었지만, 관행과 관계에 묶여 있는 금융계 인사들로서는 실현하기 힘든 목표였다.

김용은 또한 21세기의 세계은행은 단순히 개발도상국에게 경제적 지원을 하는 국제금융기관의 역할에 그치지 않고, 개발도상국 국민들의 소외된 삶에 적극 개입하는 국제구호기구의 기능을 수행하는 역할을 겸비할 것임을 암시하기도 했다. 그것은 후진국과 개발도상국 국민들을 위해 전개했던 의료봉사활동을 통해 그들의 삶의 질을 개선하는 데 당장 필요한 것이 무엇인지를 늘 고민해 왔던 김용의 개인적 신념과도 일치하는 것이었다.

김용은 5년간의 임기 내에 실현할 구체적인 도전 과제들을 제시했다. 아프리카 남사하라 지역 어린이들 1500만 명이 교육을 받을 수 있게 할 것이고, 2억 명의 의료 소외자들에게 의약품과 무료 의료 서비스를 제공하며 전 세계 어떤 사람도 은행의 농업 투자로 생업 현장인 농토를 빼앗기지 않게 하겠다고 했다. 김용의 임기 내 목표들은 거창하지 않았지만, 현실적이었고 생동감이 있었다.

김용은 《뉴욕 타임스》와의 인터뷰에서 세계가 주목할 만한 발언을 했다. "전쟁의 폐허 속에서 희망 없던 대한민국이 오늘날 이룩한 성과를 보라"라며 그는 그러한 경험을 살려 빈곤 퇴치와 경제발전에 힘쓸 것이라고 강조했다. 자기 안에 흐르는 한국인의 피를 상기시키고, 한강의 기적을 일으킨 한국인으로서 세계의 빈곤 퇴치를 위해 헌신할 것이라는 사실을 공표함과 동시에, 자신과 같은 피를 나눈 대한민국 국민들이 이룬 경제적 도약을 세계인들과 함께 성취하겠다는 포부를 밝힌 것이다.

보건의료 전문가 김용을 세계은행 총재로 발탁한 오바마 대통령의 의도는 그로써 명확해졌다. 그간 여러 인터뷰를 통해 대한민국의 교육열과 국가발전 관계를 역설했던 오바마 대통령은 한국계 미국인으로 미국 사회에서 선도적인 역할을 하는 김용을 통해 세계의 기적을 일으키겠다는 목표를 가지고 있었다. 그것은 세계가 선망하는 대한민국의 발전 방식을 개발도상국에도 전파하겠다는 의지와도 같다.

미국을 넘어 세계를 향한 담대한 희망을 가진 오바마 대통령의 목표는 김용의 세계은행 총재 수락 연설과 인터뷰를 통해 이제 서서히 드러나고 있다. 금융전문가가 아닌 김용이 세계은행 총재가 된 것이 아니라, 한강의 기적을 일으킨 한국계 미국인이 세계은행 총재가 된 것이다. 대한민국의 경제발전은 세계가 인정하는 구체적인 사례였고, 오바마는 김용을 발탁한 세계은행이 나아갈 길은 바로 대한민국을 모델로 한 경제적 발전의 재연임을 분명히 했다. 김용은 보건의료 전문가 시절부터 줄기차게 주장해 왔던 '증거에 기초한, 증거로 입증되는evidence based, evidence driven' 정책으로 세계은행의 목표를 이룩할 것이 틀림없다.

김용의 설득법은 소박하고 담백하다. 그는 거창한 수사나 자세한 수치 등을 들먹이지 않았고, 막연한 꿈이나 이상을 이야기하지도 않았다. 노력하면 이룰 수 있다는 보편적 진리에 '나처럼'이라는 말 한 마디만 덧붙였을 뿐이다. 그럼에도 그의 설득이 위력을 갖는 것은 그 말이 사실이기 때문이다.

PART 3

위기 뒤에 숨어 있는
기회의 빛을 보다

살다 보면 누구나 생각지 않은 위기를 맞을 수 있다. 건강이나 재정 문제처럼 원인이 분명한 경우는 해결방안도 쉽게 따라 나올 수 있지만, 관계의 위기에 대해서는 그 원인파악이나 해법 찾기가 수월하지 않은 경우가 많다. 관계의 위기는 대립이나 관계 단절로까지 이어질 수 있고, 건강이나 재정 문제 못지않게 심각한 결과를 초래할 수도 있다.

우리가 국가 지도자들의 설득법에 주목해야 하는 이유는 관계의 위기를 극복하는 선명한 사례가 그것에 포함되어 있기 때문이다. 국가 지도자들은 선거 과정이나 통치 과정 중에 관계의 위기에 빠질 때가 있다. 선거 과정에서 위기를 극복하지 못하면 유권자의 지지를 얻지 못하는 결과에 그치지만, 통치 과정 중에 그렇게 된다면 국정 운영이 혼란스러워지는 결과로 이어진다.

그러나 위기가 아무 쓸모없는 고난과 어려움만을 의미하는 것은 아니다. 인정하고 싶지는 않지만, 위기를 통해 인간은 성장하고 발전한다. 많은 위기를 겪거나 이겨낸 사람일수록 다른 이들이 갖지 못한 위기관리 능력을 갖추게 되는 것은 당연하다. 국가 지도자들이 위기관리 능력을 키워 가는 과정은 우리와 같은 평범한 사람들이 어떻게 위인으로 발전할 수 있는지를 보여 주는 좋은 증거가 되기도 한다.

위기가 없다면 결코 위인이 될 수 없다. 또 고비가 없으면 인생은 발전할 수 없다. 대부분의 위인들은 평범한 국가 지도자들이 해결할 수 없는 엄청난 위기를 극복했기에 그렇게 칭해지는 것이다. 이러한 위인들은 위기를 극복하는 자질을 갖추기 위해 파란만장한 인생의 고비들을 겪어내야 했다. 물론 그들이 모든 고비를 완벽하게 극복했던 것은 아니다. 고비를 극복할 때는 그것에서 교훈을 찾고, 무너졌을 때에는 혼자서 해법을 찾아 가며 성장했다.

혹시 당신은 지금 위기에 처해 있는가? 그 위기는 무엇인가? 아직 해법을 찾지 못했다면 지금부터 여러 국가 지도자들의 스피치에 귀를 귀울여 보자.

09

진심이 담긴 눈물은
독설보다 강하다

마거릿 대처 영국 총리

마거릿 대처(Margaret Thatcher)의 위기는 집권 초기에 찾아왔다. IMF 구제금융을
받아 쓰는 경제위기상황에서 아르헨티나가 영국령인 포클랜드를 무력으로 점령하며
그녀는 궁지에 몰렸다. '철의 여인'으로 불린 대처가 위기를 기회로 만들 의지를 피력한 것이
1980년 10월 10일의 브라이튼 보수당 회의 연설이다.
바로 그날 대처의 연설을 계기로 영국은 침체의 늦잠에서 일어날 채비를 했고,
다시 한 번 대영제국의 영광을 드높일 준비를 시작하게 되었다.

"여러분은 돌아가십시오.
이 여자는 돌아가지 않겠습니다."

———

정계에 입문할 때부터 이미 마거릿 대처는 영국 역사에 길이 남을 이정
표를 세울 사람으로 주목받았다. 영국 최초의 여성 의원은 아니었지만
여성 의원이라는 사실만으로도 그녀는 일단 국민들의 눈길을 끌었고,
능력 면에서도 사람들의 관심에 부응했다. 정계 입문 11년 만인 1970
년 에드워드 히스 총리로부터 교육부 장관으로 임명받고, 영국의 교육
개혁을 주도하면서 여장부적 기질을 과시했기 때문이다.
　교육부 장관으로 재직하던 시절 대처는 여성이기에 할 수 있었던, 여

성을 위한 일들을 했다. 초등학교 고학년들의 무상우유급식을 유상으로 바꾸고 그 예산을 전용轉用한 것이다. '국가의 미래를 망치는 마귀할멈'이라는 비난을 받으면서도 그녀는 그 예산으로 교사 수를 늘렸고, 일하는 어머니들을 위한 유아원을 운영했으며, 여성들의 취업을 유도할 수 있는 개방대학을 지원했다. 여성의 사회 참여가 늘어나는 것은 거스를 수 없는 세계적인 추세이고, 여성들의 취업 교육을 지원하는 것도 교육부 장관의 사명임을 대처는 깨닫고 있었던 것이다. 그녀가 교육부 장관에서 물러나자, 반反마거릿 대처의 입장을 취했던 진보 언론들도 "노동당의 어떤 교육부 장관보다 더 노동자들을 위한 정책을 펼쳤다"라며 그녀를 높이 평가했다.

그런 여장부 대처는 54세의 나이로 제52대 영국 총리가 되었다. 보수적인 영국 사회에서 여성이 총리가 된다는 것은 상상도 못할 일이었지만, 언젠가는 그녀가 총리 자리에 오를 것임은 영국 국민 누구나 예상하고 있었다. 1970년 교육부 장관으로 재임하며 보인 강단, 그리고 5년 뒤인 1975년 영국 최초로 야당 보수당의 당수가 된 것에 이르기까지 대처는 이미 미래의 영국 지도자로 부상하고 있었기 때문이었다. 그랬기에 영국 국민들은 그녀가 영국 최초의 여성 총리가 되는 것을 시간문제로 여겼다. 그리고 모두의 예상은 곧 현실이 되었다.

그런데 한 가지 문제가 있었다. 그 시기의 영국은 제2차 세계대전 이후 가장 어려운 상황에 처해 있었던 것이다. 1976년에 이미 IMF로부터 구제금융을 받은 영국은 당시 국가 파산의 위기를 극복하기 위해 발버둥치고 있었다. 사실 보수당이 정권을 획득한 이유는 대처의 지도력이 뛰어나서가 아니라, 노동당 정부의 실정 때문이었다.

제임스 헤럴드 윌슨 총리와 레너드 제임스 캘러헌 총리까지 9년간 이어졌던 노동당 정부의 실정으로 인해 영국은 장기적 인플레이션, 노동자들의 시위와 파업에서 헤어 나오지 못했고, 때마침 제2차 오일 쇼크까지 발생하여 국가 경쟁력이 곤두박질쳤다. 그로 인해 노동당은 총선에서 패배했을 뿐 아니라, 캘러헌 총리는 영국의 국위를 손상시킨 책임을 지고 거의 퇴출당한 상황이었다. 그 뒤를 이어 대처가 총리 자리에오른 것이다.

켄싱턴 홀 연설로 얻은 별명, '철의 여인'

"소련인들은 세계를 지배하려고 미친 듯이 달려듭니다. 그리고 그들은세상에서 가장 강력한 제국이 되는 수단을 빠르게 획득하고 있습니다.소련중앙군사위원회 위원들은 여론의 썰물과 흐름을 걱정하지 않습니다. 총 앞에 모든 것을 두고 다스리는 것처럼, 그들은 버터 앞에도 총을두고 있습니다."

1976년, 보수당 당수였던 대처는 켄싱턴 홀 연설에서 세계를 공산화시키려는 소련의 야욕을 비판했다. 그러나 그녀가 연설 속에 담은 본심은 영국 사회주의가 소련 공산주의와 궤를 같이하고 있고, '요람에서 무덤까지'를 내세운 영국 사회주의가 궁극적으로는 소련식 공산주의를 지향하고 있다는 것이었다.

대처는 과도복지를 영국병의 본질이라 여겼다. 그녀는 모든 것을 제공해 줄 것 같은 사회주의 정책이 궁극적으로는 영국 국민들의 근로 욕구를 빼앗을 것이고, 언젠가는 강력한 정부가 국민을 획일적으로 지배하는 절대권력을 행사하게 될 것이라고 예측했다. 물론 그 연설에서 영국 노동당이 소련 공산당과 한패라고 말하지는 않았지만, 대처는 사회주의를 공산주의와 다름없는 것으로 인식했다.

소련의 공산주의를 비판한 대처의 켄싱턴 홀 연설 이후, 소련의 공산당 기관지《붉은 별》은 그녀에게 '철의 여인'이라는 별명을 붙였다. 강력한 반공주의자 윈스턴 처칠로부터 '철의 장막'이라는 별명을 얻었던 소련으로부터 '철의 여인'이라 불렸으니, 그녀의 반공주의가 얼마나 강력했는지 짐작할 수 있다. 그러므로 1979년 대처가 영국 총리가 된 것은 노동당에서 보수당으로의 정권 교체가 아닌, 영국 국민이 사회주의의 탈을 쓴 공산주의 이념과 결별하고 자본주의로 회귀함을 의미하는 것이었다.

일하기 싫으면 먹지도 마라

"웅변은 남에게 맡기고, 저는 행동만 하겠습니다."

총리로 취임한 대처의 일성─은 악역 자처였다. 그녀는 취임 즉시 영국병 치유에 발 벗고 나섰다. 전 세계에서 유례를 찾을 수 없는 유토피아를 건설하겠다고 나선 영국의 복지정책 덕분에, 성실하고 근면했던 영국인들의 국민 정서는 '적당히 일하고 버티며 정부의 사회복지정책에만 의존하겠다'는 타성으로 바뀌고 있었다. 세계 최초로 산업혁명에 성공하고 근대화에 나섰던 19세기의 영광을 노동당 정부의 사회주의적 성향이 완전히 퇴색시켜 버린 것이다.

높은 임금으로 채산성이 떨어진 탄광은 문을 닫기 일보직전이었고, 제철소의 고로高爐를 달굴 수 없으니 세계 최고의 제품 생산을 자랑하던 영국 철강업도 독일과 미국, 일본 등에 뒤질 정도로 노쇠해졌다. 영국 경제성장의 버팀목이었던 제조업의 상대적 우월함은 오일 쇼크 및 계속되는 노동자들의 분규로 이미 미국과 독일, 프랑스 등 주변국들에 넘어간 상황이었다. 재규어, 랜드로버, 벤틀리, 롤스로이스, 미니, 애스턴마틴, MG, 로터스 등의 영국 자동차 브랜드들은 서서히 제품 경쟁력을 상실하기 시작했고, 한때 세계 선박 보유량의 3분의 1을 차지했던 해운업마저도 개발도상국에 밀릴 정도로 위축되어 있었다. 이러한 국가 경쟁력 하락은 면방직과 패션산업에도 영향을 끼쳐 버버리, 아쿠아스큐텀, 닥스, 던힐 등의 대표적인 영국 브랜드들까지도 세계 시장에서 구매자들의 관심권 밖으로 밀려나 버렸다.

대처는 영국 경제 위기의 본질적 이유는 산업 동향의 변화가 아닌, 영국 국민의 정신력 약화임을 냉정히 간파해냈다. 세계 최초의 산업혁명과 민주주의 정치를 실현한 국가, 인도를 비롯하여 무수한 식민지를 건설한 제국, 제1, 2차 세계대전에서의 승전국 등과 같은 역사적 사실에 힘입어 형성된 '1등 국민'이라는 자부심은 역설적으로 영국을 병들게 했다. 일하지 않아도 배부를 수 있고, 지키지 않아도 유지될 것이라는 막연한 낙관주의가 '요람에서 무덤까지'를 외치는 사회주의와 접목되면서 영국을 망국의 지름길로 인도한 것이다.

이러한 영국병에 대해 대처가 꺼내 든 극약 처방은 '강력한 정신개조'였다. 그녀가 제안한 정책은 겉으로는 산업계의 구조조정을 표방하는 것이었지만, 안으로는 영국인들의 완전한 의식구조 개혁이라는 목표를 지향하고 있었다. 구조조정의 본질은 '일하기 싫으면 먹지도 마라'였고, 그 방식은 '살아남을 수 있는 것만 살리고, 어차피 죽을 것은 미리 죽이겠다'는 것이었다. 영국 전체는 들고일어났고, 국민들도 모두 대처에게 등을 돌리는 분위기였다.

그러나 그녀는 눈 하나 꿈쩍하지 않았다. 대처는 '일하지 않아도 먹을 수 있다'는 노동당의 복지정책은 공산주의 이념에서 출발한 것이라 믿었다. 공산주의자들은 사회주의를 두고 '자본주의와 공산주의의 중간에 위치한 이상적인 공산주의'라고 주장했지만, 대처는 이와 달리 '자본주의가 공산주의로 넘어가는 중간 과정'으로 여겼고, 궁극적으로는 사회주의가 공산주의로 넘어갈 것이라고 생각했다.

문제의 본질을 꿰뚫고 핵심을 이야기하라

대처 취임 직전의 영국은 패배의식으로 뒤덮인 상태였다. 거리에는 산처럼 쌓인 쓰레기 더미가 악취를 내뿜고 있었고, 노동조합은 연일 시위와 파업을 일으켰으며, 국민들은 당장이라도 들고일어날 것처럼 분노에 가득 차 있었다. '요람에서 무덤까지' 모든 복지를 책임지겠다던 노동당 정부였으나 영국 국민들에게는 분노만을 안겨 준 것이다.

대처의 최대 위기는 집권 초기에 찾아왔다. 국민들은 당장의 큰 변화를 원했지만 대처의 처방이 효과를 발휘하기까지는 시간이 걸렸기 때문이다. 대처의 경제 개혁에도 불구하고 인플레이션은 21%에 달했다. 실업자 수는 대공황 이래 최대인 200만 명을 넘어섰으며, 도산하는 중소기업도 늘어만 갔다. 영국 전체는 대처를 비난하고 나섰고, 그녀의 지지율은 25%로 급락했다.

1980년 10월 10일, 브라이튼의 보수당 회의에서 대처는 '여러분은 돌아가십시오. 이 여자는 돌아가지 않겠습니다'라는 제목으로 잘 알려져 있는 연설을 했다. 이 연설을 통해 대처는 영국 경제의 위기를 설명하며 대국민 선언을 한 것이다.

"독립은 다른 나라들에게 모든 관계를 맡기는 것이 아닙니다. 한 나라는 자유로울 수 있지만, 친구도 없고 동지도 없이 영원히 자유롭게 남을 수는 없습니다. 결국 세상에서 자신의 방법대로 대가를 지불하지 않는다면 한 나라는 자유롭게 남을 수 없습니다."

대처는 영국이 중증 질환을 앓고 있으며, 치료하지 못하면 회생할 수 없다고 강변했다. 건강한 경제 없이는 건강한 사회를 만들 수 없고, 건강한 사회가 아니라면 경제 또한 영원히 건강하지 못할 것이라고 주장한 것이다. 그렇지만 '요람에서 무덤까지'라는 타성에 젖어 있던 영국은 그녀의 의견에 동의하지 않았다.

진심이 담긴 눈물은 독설보다 강하다

역사는 어느 지도자에게든 예외 없이 그가 가진 신념을 확인하는 위기 상황을 연출한다. 위기는 곧 영웅의 자질을 묻는 시험이다. 위기를 극복하면 구국의 위인이 되고, 위기 앞에서 무너지면 망국의 역적이 된다.

'영국병'을 치유하기 위해 나선 대처에게 찾아온 위기는 포클랜드 전쟁이었다. 1982년 4월 2일, 아르헨티나 군부는 영국령 포클랜드를 점령하고 자국 영토임을 선언했다. 그리고 1982년 5월 20일, 유엔의 중재 조정이 실패로 돌아가자 대처는 포클랜드를 되찾기 위해 아르헨티나와의 전쟁을 선포했다. 이후 75일간의 전투 끝에 포클랜드 전쟁은 영국의 승리로 막을 내렸다. 이 전쟁을 통해 대처는 자신이 다른 지도자와 무엇이 다른지를 국민에게 확실히 보여 주었다.

대처는 포클랜드 전쟁에서 첫 사상자가 나왔을 때 눈물을 흘렸고, 순국 장병의 가족들에게 일일이 위로의 편지를 보냈다. 웅변조의 연설보다 순국 장병의 어머니 한 사람 한 사람에게 보내는 따뜻한 메시지를 통해, 자식을 잃은 어머니의 상처를 위로하려 노력한 것이다. 그것은 대처 자신이 두 아이를 둔 어머니였기에 가능한 일이었다.

포클랜드 전쟁의 승리 덕분에 영국은 대영제국 이후 해외전쟁 불패의 신화를 이어 갈 수 있었고, 전쟁을 이끈 대처는 정권 붕괴 위기를 극복함과 동시에 강력한 경제개혁을 추진할 수 있는 동력을 획득했다. 또한 부국을 향한 일념이 강병과 외연확대를 통해 실현될 수 있음을 증명해 보였다. '요람에서 무덤까지' 안일하게 살다가는 국가가 위기에 빠졌을 때 그것을 극복할 수 있는 자생력까지 잃는다는 평범한 사실을 영국 국민들에게 확인시켜 준 것이다.

명확한 목표를 제시하는 것은 설득의 기본조건이다

"나는 자본을 가진 민주주의 체제를 건설하겠다는 야심을 이루기 원합니다. 이 나라는 국민이 주택과 주식을 소유하는 나라이며, 국민의 이해관계가 사회와 직결되고 국민이 미래의 세대들에게 물려줄 부를 소유하는 나라입니다."

대처는 1980년대를 사는 영국인들이 명심해야 할 시대적 사명을 '다음 세대에 물려줄 부를 축적하는 일'로 요약했다. 선조들로부터 물려받은 부를 잃어버린 상황임을 국민들에게 되새겨 주며, 후손들이 부끄러워하지 않을 나라를 만들자고 설득한 것이다. 대처는 그러한 과업 수행이 그 시대를 사는 영국인들의 의무이고, 또 충분히 달성 가능한 목표라고 생각했다.

대처는 우선 정부의 과도한 규제를 줄였으며, 직접세는 낮추는 대신 간접세를 늘렸다. 또한 점진적인 통화량 증대를 통해 인플레이션을 낮췄고, 공적 소비를 위한 자금 한도를 도입했으며 교육과 주택 등 공적 지출의 소비를 줄여 나갔다. 더불어 무소부재의 권력을 휘두르던 탄광 노조와 1년간 한 치의 양보 없이 대립한 끝에 노조가 파업을 자진철회하게 할 정도로 강력한 구조조정을 전개했다. 대처의 이러한 강경정책으로 침체일로였던 영국 경제는 서서히 회생하고 산업은 점차 활기를 띠었으며, 그에 힘입어 영국은 경쟁력이 떨어지는 2차 산업 중심의 국가에서 수익성 높은 3차 산업 국가로 전환되기 시작했다.

그녀는 경제에서 거둔 성과를 국정 운영에도 연결시켜 강력한 영국 건설의 기치를 드높였다. 북아일랜드 분쟁 당시에는 영토 분리 주장을 펼치는 아일랜드 공화국군IRA의 끔찍한 테러에 단호히 대응했다. 또한 수감 중이던 아일랜드 공화국군이 자신들을 테러범이 아닌 정치범의 지위로 올려 줄 것을 요구하며 단식 투쟁을 할 때에도 그들의 요구를 끝내 들어주지 않아 열 명을 사망에 이르게 하기도 했다. 영국을 강하게 만들기 위해서라면 마귀할멈보다 더한 소리를 들어도 물러서지 않을 그녀이기에 가능한 일이었다.

사실 대처의 구조조정은 산업계 전반에 혁명적인 발상을 가져왔지만, 그것의 궁극적인 목표는 영국 국민들의 의식 개혁이었다. 그녀는 국민이 스스로 제 할 도리를 해야 국가가 바로 서고, 세계에서 떳떳이 경쟁할 수 있다고 생각했다. 1987년 8월 31일, 대처는 그런 자신의 생각을 《여성 자신》이라는 잡지와의 인터뷰에서 이렇게 밝혔다.

"우리는 그동안 너무 많은 젊은이들로 하여금 '내가 가진 이 문제는 정부가 해결해 줘야 할 문제다' 라든지 '나는 집이 없으니 정부가 내 집을 마련해 줘야 한다'는 말을 내뱉도록 해 왔다고 생각합니다. 자신의 모든 문제가 사회와 국가의 잘못 때문이라고 믿게 만든 것이죠. 하지만 그런 사회는 없습니다. 그냥 남성과 여성 개인들이 있고, 가정들이 있을 뿐입니다. 국민들이 자신의 문제를 먼저 해결하기 전에 정부가 할 수 있는 일은 아무것도 없습니다. 자신을 돌보는 것은 모두의 당연한 의무이고, 그리고 나서 이웃을 돌봐야 합니다. 그동안 국민들은 국가에 대한 헌신 없이 정부 지원 혜택을 바라는 마음을 너무 많이 키워 왔습니다. 하지만 국가에 대한 국민의 헌신이 없으면 정부 지원 혜택 같은 것 또한 없습니다."

대처는 정말로 피도 눈물도 없는 철의 여인이었을까? 사실 존 F. 케네디 역시 일찌감치 "조국이 당신을 위해 무엇을 할 수 있는지 묻지 말고. 당신이 조국을 위해 무엇을 할 수 있는가를 물으라"라고 말한 바 있다. 대처는 젖을 떼는 어머니처럼 냉철한 심정으로, 아이처럼 칭얼대는 영국인들에게 회초리를 들었던 것이다.

11년의 총리 재임 기간 동안 그녀는 '외세의 침략을 이겨낼 수 있는 강한 나라, 후손에게 물려줄 부를 지닌 국민'의 꿈을 이룩해 나갔다. 그리고 그 과정을 통해 대영제국의 화려한 과거는 선조들의 땀과 눈물과 피의 결과였음을 영국 국민들에게 새롭게 일깨워 주었다. 마거릿 대처는 인정이라고는 손톱만큼도 없는 여인이 아닌, 영국 국민의 행복을 진정으로 바라는 영국의 어머니였던 것이다.

'식후 30분, 하루 세 차례'를 외치는 약사의 주문처럼, 대처의 말은 간결하고 명료했으며, 강렬했다. 그렇다고 대처의 연설이 항상 억압적이고 강제적이었던 것만은 아니다. '항상 차 조심, 밥 먹기 전에는 손 씻고'를 당부하는 어머니의 잔소리처럼, 대처의 말에는 어머니의 배려와 사랑이 담겨 있었다. 그녀의 설득법은 환자의 치료법을 담은 정확한 처방전이었고, 사랑하는 자식에게 회초리를 드는 어머니의 자애로운 꾸지람이었다.

10

용서보다 더 큰 설득은 없다

김대중 대통령

인생 자체가 위기의 연속이었던 김대중은 대통령 당선 후 진정한 위기에 봉착했다.
그러나 그는 그 일생일대의 위기를 집권의 정당성을 찾는 기회로 삼았다.
김대중은 자신이 대통령이 된 이유를 두 차례의 연설에서 분명히 밝혔다.

"나머지 인생을 바쳐 한국과 세계의 인권과 평화
그리고 우리 민족의 화해와 협력을 위해
노력할 것임을 맹세합니다."

"한국에서 민주주의와 인권, 그리고 민족의 통일을 위해 기꺼이 희생한
수많은 동지들과 국민들을 생각할 때, 오늘의 영광은 제가 차지할 것이
아니라 그분들에게 바쳐져야 마땅하다고 생각합니다."

2000년 12월 10일, 김대중은 노르웨이 오슬로에서 대한민국 최초로
노벨평화상을 수상했다. 현직 대통령이 노벨평화상을 수상했다는 이유
로 로비설이 나돌기도 했지만, 버락 오바마 미국 대통령이 2009년에 노
벨평화상을 수상한 것처럼 역대 수상자의 대부분은 현직에 재임 중이었

다. 노르웨이의 노벨평화상 수상위원회가 현직자에게 시상을 하는 이유는 수상자의 평화적 사명 수행을 격려함과 동시에, 세계의 이목을 집중시켜 평화적 행위가 지속되게 하기 위해서이다.

"오늘 이 노벨평화상을 제게 주신 이유 중의 하나는 지난 6월에 있었던 남북정상회담과 그 이후에 전개되고 있는 남북화해협력과정에 대한 평가라고 알고 있습니다."

김대중이 노벨평화상을 수상한 가장 큰 이유는 2000년 6월 15일의 남북정상회담을 통해 한반도에 평화를 정착하기 위해 노력했기 때문이었다. 세계의 화약고인 한반도는 여전히 휴전 상태이고, 각종 최첨단 무기로 대치되고 있는 전쟁 발발 가능 지역이다. 이러한 한반도에 남북 수뇌부가 대화의 장을 마련한 것은 50년 가까운 세월 동안 없었던 일이었다. 노벨평화상 수상위원회는 김대중의 이러한 업적을 높이 평가했던 것이다.

김대중은 수상 소감에서 대한민국에 미군이 주둔해야 하는 필요성을 북한에 설득한 내용, 남북통일을 위한 사전 작업으로 경제협력을 추진해야 한다는 내용을 소개했다. 그리고 휴전선을 사이에 두고 증오와 불신으로 50년을 대치한 남북이 자신이 추진해 온 햇볕정책으로 완전한 통일을 이룰 수 있기를 바란다는 희망을 피력함과 동시에, 아시아와 대한민국의 민주주의 전통에 대해서도 설명했다. 그런데 수상 소감 말미에 그는 수상 이유인 한반도 평화 정착과 관련 없는 내용 한 가지를 소개했다.

"마지막으로 제 개인에 대해 잠시 말씀드릴 것을 허락해 주시기 바랍니다. 저는 독재자들에 의해서 일생에 다섯 번에 걸쳐 죽을 고비를 겪어야 했습니다. 6년의 감옥살이를 했고, 40년을 연금과 망명과 감시 상태로 보냈습니다. 제가 이러한 시련을 이겨내는 데 우리 국민과 세계의 민주인사들의 성원의 힘이 컸다는 것은 이미 말씀드렸습니다."

이어 그는 대통령에 취임하기 전에 겪은 자신의 정치적 고난에 대해 설명하며, 예수 그리스도에 대한 신앙과 정의가 반드시 승리한다는 믿음으로 그것을 극복했다고 고백했다.

김대중이 수상 소감의 끝자락에 개인적 신앙과 신념을 소개한 이유는 단 한 가지, '세상에서 가장 정의로운 일은 용서와 화해'라는 사실을 말하기 위해서였다. 남북정상회담을 통한 한반도 평화 정착의 노력도 결국은 용서와 화해에 기초한 것이었다.

"국왕 폐하, 그리고 귀빈 여러분. 노벨상은 영광인 동시에 무한한 책임의 시작입니다. 저는 역사상 위대한 승자들이 가르치고 알프레드 노벨 경이 우리에게 바라는 대로, 나머지 인생을 바쳐 한국과 세계의 인권과 평화 그리고 우리 민족의 화해와 협력을 위해 노력할 것임을 맹세합니다. 여러분과 세계 모든 민주인사들의 성원과 편달을 바라마지 않습니다."

김대중의 노벨평화상 수상은 분명 그가 남북화해를 위해 노력했기에 가능한 것이었다. 하지만 수상 연설을 통해 그는 다시 한 번 자신의 정적들과도 정치적 화해를 선언했다. 그리고 그러한 사실을 대통령 취임식에 이어 또다시 전 세계에 선포했다. 용서와 복수의 갈림길에서 김대중은 용서를 선택한 것이다.

등을 돌린 민심을 어떻게 얻을 것인가

대한민국 언론인들은 세계 어느 나라의 언론인들보다 재치 있다. 당시 새정치국민회의 총재였던 김대중이 김종필 자유민주연합 총재와 연합할 때, 한국의 언론인들은 그 복잡한 서술을 'DJP 연합'으로 간단히 요약했다. 김대중과 김종필의 정치적 연합을 이보다 더 효과적으로 나타낼 수 있는 표현이 있을까? 'DJP 연합'은 그런 면에서 대한민국 언론인들의 창의적 사고를 상징하는 표현이라 할 수 있다.

그러나 'DJP 연합'의 현실적 내용은 김대중의 이니셜 'DJ'와 김종필의 이니셜 'JP'를 결합한 세 개의 알파벳 자음처럼 단순한 것이 아니었다. 그 내면에는 동서고금을 관통하는 정치의 본질과 더불어 고도로 정밀한 선거적 의미가 내포되어 있었다. 또한 'DJP 연합'은 그동안 대한민국 정치사에 편만했던 음모론을 불식시키는 역할을 했는가 하면, 상대적 박탈감에 시달리던 사회적 소외계층의 불만을 해소하는 결과를 가져오기도 했다.

'DJP 연합'은 제15대 대통령 선거의 결과를 예측한 김종필이 기획하고 제작한, 기민한 테크닉의 정치 드라마였다. 3당 합당을 통해 제14대 대선에서 김영삼이 당선될 수 있도록 여론을 형성했던 김종필은 제15대 대선에서 김대중이 당선되는 데 필요한 교두보를 마련하기 위해 자유민주연합 소속 제15대 국회의원으로 국회에 재입성하며 대통령 선거의 중심에 자리한 것이다.

김종필은 제14대 대선 이후 민자당을 탈당, 충청도 중원을 여야의 벽이 없는 무주공산으로 만듦으로써 제15대 대선을 2년 앞둔 71세의 김대중이 그에게 협력을 요청하는 상황을 이끌어냈다. 노태우로부터 3당 합당의 제안을 처음 받았을 때 거절했던 김대중에게 있어 'DJP 연합'은 다시 얻을 수 없는 천재일우였다.

김대중은 '충청도를 장악하지 못하면 대통령이 될 수 없다'는 정치공학을 수용할 수밖에 없었다. 박정희 이후 대한민국 정치의 중심이 된 영남을 외면하고, 영남에 편승한 강원, 충청을 제외한 채 절대 신념으로 자신을 따르는 호남과 수도권 일부 세력만으로 다시 한 번 대통령 선거에 도전한다는 것은 지역 맹주의 한계를 드러내는 결과만 초래할 일이었다. 정계 은퇴까지 선언했다 다시 복귀한 그에게 남은 문제는 'DJP 연합'을 결정한 이후 나타날 국민정서의 향배였다.

사상가 김대중에서 정치가 김대중으로

사실 'DJP 연합'으로 명분도 얻고 실속도 챙긴 쪽은 김종필이었다. '역시 김종필'이라는 감탄사가 절로 튀어나올 정도로 노련한 처세술이었다. 그는 정치의 본질을 꿰뚫고 있는 사상가였고, 선거에서의 승리를 위해서는 무엇을 해야 하는지 아는 전략가였다. 훗날 유신 논쟁이 벌어졌을 때 잔당이 아니라 본당이라고 밝혔던 것처럼, 그는 35세의 나이에 5.16 군사 쿠데타를 기획하고 추진했던 천재였다.

'DJP 연합'도 마찬가지였다. 김종필은 영남과 호남 사이에 끼어 있는 충청도의 정치적 상징성을 이미 간파하고 있었다. 충청도를 장악하지 못하면 대통령 선거에서 승리할 수 없다는 사실을 그는 잘 알고 있었던 것이다. 게다가 그는 제15대 대통령 선거의 캐스팅 보트를 쥐고 있는 원외 국회의장이기도 했다.

박정희의 회유를 이겨낸 김대중은 노태우의 3당 합당 유혹에도 끝내 휘말리지 않았지만, 정치는 이상이 아니라 현실이라는 사실을 뒤늦게 깨달았다. 정계 은퇴 후 복귀 전까지 보낸 2년 7개월의 기간 동안, 그는 달라져 있었다. 명분에 집착한 50년의 정치 여정이 대통령 당선으로 이어지지 못한다면 자신은 군사 정권에 도전한 공허한 이론의 정치사상가로 남을 수밖에 없다는 현실을 냉철하게 인식한 것이다.

그리하여 김대중은 박정희, 김영삼을 배출한 정치기획가 김종필의 정치 드라마에서 주인공으로 나설 것을 결정했고, 이러한 'DJP 연합'은 사상가 김대중이 뒤늦게나마 실리를 추구하는 현실 정치인으로 도약하는 계기를 만들었다.

분위기를 한 번에 뒤집는 유머감각

제15대 대통령 선거를 1년 반 앞둔 1996년 4월, 100만 인파의 운집이 가능한 여의도 광장은 여의도 시민공원으로 변신하기 시작했다. 김영삼 대통령 시절, 김대중의 후원을 받아 서울시장에 당선된 조순의 작품이었다. 민주당 총재를 역임하다 김대중의 정계 복귀 후 민주당을 탈당한 조순이 김대중의 광장정치를 막기 위해 실행한 전략이었는지, 아니면 오비이락이었는지는 알 수 없다. 어쨌거나 대중선동의 귀재 김대중에게 있어 서울의 심장인 여의도 광장을 잃는다는 것이 제15대 대통령 선거 전략에 차질을 빚을 것임은 틀림없었다.

그러나 김대중은 여의도 광장의 시민공원 전환에 주목할 상황이 아니었다. 1996년 4월 11일, 제15대 총선에서 그가 새롭게 창당한 새정치국민회의가 299석 중 79석만을 획득하며 참패했기 때문이었다. 총선에서의 참패는 김대중이 정계로 복귀한 의미를 희석시킬 가능성이 컸을 뿐 아니라, 그의 제15대 대선 출마 자체에 대해서도 재고해야 할 정도의 심각한 위기로 작용했다.

이강래 아태재단 상임고문은 김대중에게 충청도 중원에서 자민련의 영주로 군림하고 있던 김종필과 정책공조를 하자는 'DJP 연합'을 제안했다. 김대중은 장고 끝에 그 제안을 받아들였고, 결과적으로 그 선택 덕분에 그는 정치적 유연성을 획득하며 제15대 대선의 야권 후보 출마의 교두보를 마련할 수 있었다. 물론 이런 상황은 미리 민자당을 탈출해서 자기 지분을 확보해 놓은 김종필의 선견지명이 있었기에 가능한 일이었다.

여의도 광장이 시민공원으로 거듭날 무렵이 되어서야 그는 정치의 광장이 사라졌음을 깨달았지만 그것을 큰 문제로 여기지는 않았다. 이미 대한민국 정치는 선동 정치에서 미국식 텔레비전 토론 정치로 전환되고 있었고, 100만 대중 앞에서 마이크를 들고 고함을 지르기에도 그는 이미 고령이기 때문이었다. 외려 그의 식견을 발휘하는 데는 텔레비전 토론 정치 쪽이 유리했다. 김대중은 텔레비전 토론에서 자신의 정치적 견해뿐 아니라 인간적 유연성까지도 여실히 증명해 보이기로 했다. 그것이 잘 드러난 대표적인 사례가 대통령 선거를 앞두고 벌어진 관훈 토론이다.

관훈 토론은 대한민국 언론계 대표들이 모여서 여야 대통령 후보를 평가하는 심사이다. 말과 글로 평생을 살아온 기자들은 현문賢問을 내놓고 후보자의 현답賢答을 기대한다. 대부분의 후보들은 현문에 우답을 제공해서 체면을 구기는 경우가 많았으나, 김대중의 사례는 현문현답에 해당됐다.

토론자 중 한 명이 고령에 어울리지 않는 그의 검은 머리를 지적하자, 김대중은 '비정상적인 인생을 살아와서 머리카락도 비정상'이라는 절묘한 답변을 내놓으며 좌중의 폭소를 이끌어냈다. 권위적인 야당 지도자로 50년을 버텨 온 그의 촌철살인 같은 유머감각은 당선 이후의 유연한 정국 운영을 암시하는 것이자, 억압받는 대한민국 민주주의의 현실만 줄기차게 강변하던 그의 변신을 알리는 신호탄이었다.

설득의 힘은 유연한 사고에서 나온다

제14대 대통령 선거에서 김영삼에게 패배한 뒤 정계 은퇴를 선언했다가 복귀, 제15대 대통령 선거에 다시 나선 김대중의 심정은 매우 절박했을 것이다. 그러나 냉정히 생각해 보면 사실 그가 크게 잃을 것도 없는 상황이었다. 죽었다 살아난 처지였으니 대선에서 낙선한다고 해도 어차피 정치적으로는 한 번 죽었던 이전의 상황으로 되돌아가는 것일 뿐이기 때문이었다.

여러 차례 죽을 고비를 넘긴 김대중이 황혼의 정치인생에서 더 떨어질 수 없는 밑바닥 상태였던 것은 확실했다. 바닥을 치면 올라가는 일밖에 없다는 속설처럼 그에게는 올라가는 일만 남아 있었다. 문제는 한정된 지지율을 끌어올릴 방안이었다. 'DJP 연합'이라는 자기극복의 초강수까지 동원했지만, 상대 후보인 한나라당의 이회창을 극복하기에는 다소 역부족인 것이 사실이었다.

모든 상황이 불리했던 제15대 대통령 선거에서 그가 이회창에게 1.6% 차이의 승리를 거둘 수 있었던 것은 유연성 덕분이었다. 김대중은 이회창에게 없었던 유연성을 발휘, 대통령이 되기 위해 야당 외길이라는 명분을 과감하게 포기하고 유신 본당을 자처하는 김종필과 연합하는 정치적 실리를 선택했다.

반면 당선을 확신했던 이회창에게는 당내 경쟁자 이인제를 포용할 수 있는 유연성이 없었다. 정권 획득을 위해 대통령직도 포기하는 용기가 있었다면 그는 이인제의 탈당을 막을 수 있었을 것이다. 전국 투표율 80.7%을 보인 제15대 대통령 선거에서 김대중은 40.3%, 이회창은 38.7%, 이인제는 19.2%, 권영길은 1.2%를 득표했다.

이회창의 입장에서는 19.2%의 이인제의 지지표를 자신의 것으로 만들지 못한 것이 천추의 한으로 남을 만큼 아쉬운 일이었지만, 그것은 김대중이 공화당 집권 내내 자신을 탄압했던 김종필과 정권 획득이라는 실리를 얻기 위해 '유신세력과 타협하지 않는 마지막 민주세력'이라는 명분까지 과감하게 포기하며 보여 준 초인적 유연성이 있어야만 가능한 것이었다. 김대중에게는 자신을 현해탄에 빠뜨려 죽이려 했던 유신 정권의 본당 김종필과 연대할 수 있는 정신적 유연성이 있었던 것에 반해, 이회창은 서울대 법대 후배인 이인제가 탈당해도 자신이 대통령에 당선될 것이라 믿으며 경직된 모습을 보였다. '힘을 합쳐야 이길 수 있다'고 생각했던 김대중과 '힘을 나눠도 이길 수 있다'고 확신한 이회창의 차이는 결국 유연성이었다.

화해의 손길로 적의 마음을 사로잡다

"저는 '국민에 의한 정치' '국민이 주인되는 정치'를 국민과 함께 반드시 이루어내겠습니다. 국민의 정부는 어떠한 정치보복도 하지 않겠습니다."

유연한 국민 지도자로서의 자질이 우러나온 김대중의 대통령 취임사는 국민들에게, 대통령 품성은 타고나는 것이 아니라 험난한 인생을 통해 갈고 다듬어지는 것임을 알려 주었다. '국난 극복과 재도약의 시대를 엽시다'라는 제목의 취임사에서 그는 국민들에게 범인으로서는 하기 힘든 약속을 했다. 국민에 의한 정치, 국민이 주인되는 정치를 실현하기 위해 정치 보복을 하지 않겠다고 선언한 것이다.

한밤중에 현해탄에서 빠져 죽을 뻔했던 김대중이었다. 모진 고문과 협박 속에서 생명의 위협을 느낀 것도 한두 번이 아니었다. 고문과 협박의 증거는 그의 절뚝거리는 다리와 몸 안의 무수한 상처로 남아 있었다. 그렇기에 그가 사형 선고를 받고 옥중에서 유서를 작성했던 시절을 기억하는 사람들은 김대중이 정적들에게 엄청난 보복을 할 것이라고 예상했다.

그렇지만 그는 취임사에서 정부 수립 50년 만의 민주적 정권교체를 축하하며 국민의 힘에 의해 이루어지는 참된 국민의 정부가 수립되었다고 선포했다. 그는 정치 보복을 자행하는 것은 민주적 정권교체를 이룩한 국민들을 배반하는 것과도 같음을 잘 알고 있었다. 국민들은 당연히 정치 보복을 않겠다는 그의 발언에 주목했다.

김대중은 자신이 말한 바를 지켰다. 그는 1999년 박정희 대통령 기념관 건립을 발의했고 전두환, 노태우, 김영삼 등 역대 대통령을 여러 차례 청와대로 초대해 국정 자문을 구했다. 또한 과거 야당 지도자 시절에 자신을 정치적으로 압박했던 구정권 실세들에게도 화해의 악수를 청했다. 피를 부르는 보복극을 예상했던 반김대중 세력들의 예상과는 어긋나는 일이었다.

국내 정치지도자뿐만 아니라 북한에 대해서도 그는 유화적으로 대응하며 화해의 손길을 내밀었다. 지나친 경제 원조 때문에 다소 논란의 여지가 있고 재임 중의 노벨평화상 수상으로 인해 그 가치가 평가절하된 것은 사실이지만, 북한에 대해 평화통일을 위한 동반자적 자세를 취한 것은 구정권의 대북관對北觀과는 차별적인 것이었다.

어쩌면 김대중은 자신을 대통령으로 만든 것은 대한민국 국민들이지만, 대통령 후보가 될 정도로 성장시킨 것은 자신을 경쟁자로 대했던 역대 대한민국 대통령들이라는 사실을 잘 알고 있었던 것 같다. 정적에게 핍박당하는 동안 그는 그만큼 내적으로 깊이 성장했고, 자신을 죽음 직전까지 내몬 정적을 향해 용서할 수 있는 포용력을 지니게 되었다. 취임사에서 김대중이 보여 준 화해의 태도는 그가 약속을 실현해 나갈수록 국민들에게 깊은 감동을 안겨 주었다.

김대중의 설득법은 일단 대중 앞에서 결심을 발표하고 이를 실천해 나가는 방식이었다. 김대중의 결심 발표가 잦았던 것은 반목과 복수에 대한 유혹이 강했던 까닭이었다. 유혹으로부터 벗어나기 위해 그는 반

복적으로 국민들에게 다짐하고 약속했던 것이다. 김대중의 설득법에는
국가를 경영하는 포부와 해법 못지않게, 개인적인 집착과 욕망을 극복
하는 용기와 결단이 담겨 있었다. 그리고 적을 포용하는 화해와 용서를
통해 진정한 설득이란 것이 무엇인지 우리에게 보여 주었다.

11

설득 앞에 부끄러움이란 없다

앙겔라 메르켈 독일 총리

2012년 현재 독일 총리로 재임 중인 앙겔라 메르켈(Angela Merkel)에게는 총리로
취임하기 전부터 지금까지 위기가 계속되고 있다. 동독 출신의 이혼녀 정치인이라는
조롱에서부터 정치적 아버지인 헬무트 콜을 짓밟고 일어섰다는 비난에 이르기까지,
그녀에 대한 게르만 남자들의 공격은 끊이지 않는다.
2011년 3월 18일 베를린에서 메르켈이 세계 기자들을 앞에 두고 했던 독일의
군사행동 독립선언은 자국의 위력을 과시하는 것이자 위기를 기회로 삼은
노련한 선택이었다. 그런 메르켈은 그전부터 다음과 같은 말을 해 왔다.

> "국익 실현과 국민 생활 향상을 위해
> 모든 국제관계 활동을 전개해야 합니다."

"독일 병사들은 리비아에서 군사작전에 참여하지 않을 것입니다."

2011년 3월 18일, 앙겔라 메르켈 독일 총리는 유엔 평화유지군의 대
리비아 군사작전 수행에 독일이 불참할 뜻을 밝혔다. 예상 밖의 결정이
었다. 베를린의 기자회견장에 모인 세계 각국의 기자들은 메르켈의 발
언이 불러올 파장에 주목했다. 그녀의 발언은 유엔 평화유지군을 주도
하는 미국과 유럽연합의 입장과도 상반된 것이기 때문이었다.

그러나 메르켈은 중국이나 러시아와 마찬가지로, 독일 또한 리비아

에 대한 유엔 평화유지군의 군사작전을 반대하는 입장임을 분명히 했다. 더불어 나흘 뒤에 있을 유엔 안전보장이사회의 대對 리비아 군사행동에 관한 투표에서 독일이 기권할 것이라고 말했다. 이러한 그녀의 발언은 인권과 자유를 바탕으로 한 민주국가 독일이 무력독재의 대명사 무아마르 카다피의 소탕을 반대한다는 것과도 같아 문제가 되었지만, 리비아에 대한 군사행동을 반대하는 공산국가인 중국 및 러시아와 태도를 같이했다는 것에서 더 큰 문제의 소지가 있었다.

그럼에도 메르켈은 미국, 영국, 프랑스, 이탈리아, 캐나다 등 서방선진국이 전부 참여한 대 리비아 공습에 독일군을 파병하지 않겠다는 입장을 끝까지 관철했다. 미국의 오바마 대통령의 유감 표명은 물론이고 세계 각국의 비난 여론이 빗발쳤지만 그녀의 태도는 변함없었다. 결국 독일은 중국, 러시아, 인도, 브라질과 함께 유엔 평화유지군의 리비아 공습에 참가하지 않았고, 메르켈의 입장과 상관없이 카다피는 시민군에 의해 2011년 10월 20일 총상으로 사망했다.

메르켈이 유엔 안전보장이사회의 투표에서 기권한 것은 독일에게 있어 리비아가 제2의 교역 상대국이었기 때문이다. 카다피는 세계가 인정한 독재자였지만, 독일은 리비아와의 교역관계로부터 자유롭지 못했다. 독재정권을 처단하는 일에 주저했다는 세계 여론의 비난과 독일의 최대 교역국 중 하나인 리비아와의 의리 가운데에서, 메르켈은 국제적 고립을 감수하며 자국의 경제적 실익을 선택했다. 카다피 정권의 몰락은 불 보듯 빤한 일이었지만, 리비아 공습에 적극 참여하는 태도를 보이면 여타 중동 국가들의 반감을 불러올 것이라는 계산 때문이었다.

얻는 것이 무엇이고, 잃는 것은 무엇인가

메르켈은 많은 껍데기들에 가려 있다. 독일이 통일된 지 20년이 넘었는데도 여전히 그녀에게는 동독 출신이라는 의미의 '오씨Ossi'라는 딱지가 따라다니고, 재혼한 지 14년이 지났지만 아직까지 이혼녀라는 수식어도 쫓아다닌다. 이런 비난들이 그치지 않고 이어지는 것은 메르켈이 여자이기 때문이다. 민주주의가 발전하고 근대화가 가장 먼저 이루어진 국가라고 자부하지만, 독일도 어쩔 수 없이 가부장적인 사회임에는 틀림없다.

비난이 발생하는 원인은 메르켈에게도 있다. 그렇게 많은 비난을 들을 바에야 차라리 정치를 하지 않거나, 현 남편인 요하킴 자우어의 성을 따라 앙겔라 자우어라고 개명할 수도 있었다. 하지만 그녀는 1977년에 결혼했다가 5년 후 이혼한 전 남편 울리히 메르켈의 성을 꿋꿋하게 사용하면서 정치활동을 지속하고 있다. 어쩌면 그런 사회적 편견과 싸우는 것도 메르켈의 타고난 저항성 때문인지 모르겠다.

동독 출신이니 이혼녀니 하는, 독일 남성들이 여성에 대한 자존심을 세우기 위해 과장한 껍데기를 제거하고 나면 통일 독일의 3대 총리이자 역대 8대 총리, 그리고 유럽연합의 수장인 메르켈이 제대로 보인다. '공산주의에 대한 반대 입장을 분명히 취하는 신중한 성격의 보수 기독교 성향의 과학자'가 바로 메르켈의 알맹이다.

사실 여성 과학자라는 특성을 제대로 이해하면, 지난 6년간 통일 독일은 물론 유럽연합 전체에서 취해 온 메르켈의 태도를 쉽게 이해할 수 있다. 20세기 이후에 등장한 세계의 지도자들 중에는 여성도 드물었지만, 그 가운데 과학자 출신은 더더욱 찾기 힘들었다. 기껏해야 약사 출신의 마거릿 대처 영국 총리가 있었을 뿐이다. 어쨌든 여성 과학자 출신 지도자인 메르켈은 남성 정치인 출신 지도자들과는 다른 정치적 선택을 해 온 것이 사실이다.

예를 들어 리비아 공습에 참여하지 않겠다는 독일의 결정도 그녀가 여자 과학자라는 사실을 이해하면 충분히 납득할 수 있다. 과학자들은 어떤 사실에 대해 논리적으로 이해하고 과학적으로 검증할 것을 교육받은 사람들이다. 게다가 여성은 남성보다 현실적이고 구체적이다. 공산주의를 반세기 가까이 경험한 여성 과학자 메르켈은 공산사회주의가 과시하는 맹목적인 전체주의는 물론 자유민주주의가 추구하는 무모한 낙관주의도 경계한다. 자유진영국가라면 리비아 공습에 무조건 참여해야 한다는 태도는 일당독재를 외치던 공산주의와 다를 바 없는 것이었고, 리비아를 공습하고 민주화하면 독일과 관련된 모든 일도 아무 문제없이 원상복구될 것이라는 막연한 기대는 역사적 선례만을 과장하는 자유민주주의 국가들의 비현실적인 자기합리화였다.

메르켈은 독일이 맞이한 현실을 냉정하게 검증해 보았다. 얻는 것이 무엇이고, 잃는 것은 무엇인가? 그녀는 우선 유럽연합의 중심축으로 군림하는 독일을 세계가 더 이상 마음대로 흔들 수 없을 것이라는 사실을 확인했다. 이와 함께 독일은 교역국인 리비아는 물론 잠재적 고객인 중동 국가들에 대해서도 '고객우선 정신'을 잊지 말아야 한다고 생각했다. 즉, 리비아에 대한 폭격이 연합군의 이름으로 이루어진다 해도, 독일이 그것에 참여하면 그로 인한 부채의식 때문에 이후 리비아 및 중동 국가들과의 교역 시 부담을 가지게 될 것이라는 결론을 내린 것이다. 그런 이유로 메르켈은 자유진영의 눈치를 한꺼번에 받으면서도 리비아 공습에 함께하지 않겠다고 선포했다. 그런 생각을 행동으로 옮기는 것이 가능했던 이유는 독일의 막강한 국력 덕분이었다. 외세에 흔들리지 않을 국력을 바탕으로 그녀는 그 국력을 한층 더 강화할 결단을 내린 것이다.

사랑받고 싶은 여자의 심정으로 세계를 설득한다

2005년 11월 22일 독일 총리에 취임한 이후, 메르켈은 독일의 매력을 마음껏 발산하는 외교력을 보였다. 마치 세상의 모든 남성들을 전부 사로잡으려는 여자처럼 메르켈은 세계 모든 국가들과 우호적인 관계를 유지했다. 이러한 그녀의 외교력은 제1, 2차 세계대전 이전의 유럽 외교무대를 장악했던 독일 제국의 국제관계 조절력보다 진일보한 것이었다.

지난 7년간 메르켈이 세계 각국에 보인 외교 방식은 '관계 강화'나 '협력 복원'뿐이었고, '관계 단절'이나 '긴장 고조' 같은 경직된 자세는 조금도 찾을 수 없었다. 그녀가 주변국들과의 관계에서 추구한 것은 조화와 균형, 타협과 이해였다. 그 어떤 나라도 메르켈에게는 적성국가로 인식되지 않는 듯했다.

독일의 대미 정책에도 변화가 생겼다. 전임 총리 게르하르트 슈뢰더가 미국과 적절한 거리를 유지했던 것과 달리, 메르켈은 취임 이후 대미 화해 정책을 시도하면서 독일이 미국의 가장 강력한 우방국 중 하나라는 사실을 강조했다. 2011년 오바마 미국 대통령이 메르켈에게 '자유의 메달'을 수여한 것은 독일 총리로서 미국의 안보와 국제 평화 유지에 기여한 공로를 높이 평가한 것이었다.

사실 슈뢰더 총리는 미국에 호의적이지 않았다. 적대적이었다고는 할 수 없지만, 그는 프랑스, 러시아와 밀착해서 미국의 대외정책에 압력을 행사하는 비토veto 그룹의 역할을 맡았다. 쉽게 말하자면 프랑스와 팔짱을 끼고 러시아와 미국 사이에서 줄타기를 했던 것이다. 미국의 입장에서는 러시아의 부활도 부담스러운데, 프랑스를 꾀어낸 독일이 러시아와 편을 짜서 미국에게 시비를 걸어 오는 것은 더 불쾌한 일이었다.

그러나 메르켈은 슈뢰더와 달리, 굳이 미국의 심기를 거스르는 행동을 취함으로써 미국을 자극하지 않았다. 그녀는 취임 직후부터 유럽 내부적으로는 '유럽통합의 강화'를 추구하고, 외부적으로는 미국과 유럽의 '대서양 양안 협력관계의 복원'을 추진해 왔다. 즉, 슈뢰더가 추구해 온 프랑스와 러시아와의 우호관계는 고스란히 유지하면서도 미국과의 관계는 회복하고 강화함으로써 독일은 물론 유럽 전체의 안정화를 꾀한 것이다. 메르켈의 현명함이 돋보이는 대목이 아닐 수 없다.

2010년 1월 29일, 미국 국무장관 힐러리 클린턴은 프랑스 파리의 군사아카데미에서 행한 연설에서, "유럽의 안보는 미국 대외안보정책의 핵심이고, 강한 유럽은 미국의 안보와 부에 결정적인 역할을 할 것"이라고 밝혔다. 이는 유럽연합의 중심인 독일의 총리 메르켈이 보여 준 외교력에 미국이 만족하고 있음을 뜻한 것이라 할 수 있다. 이처럼 메르켈은 미국으로부터 사랑받는 법을 알고 적절하게 처신했고, 프랑스와 러시아와도 연인관계를 유지하고 있다.

그렇다고 메르켈이 모든 국가들에게 밑도 끝도 없는 애정공세만을 퍼붓는 것은 결코 아니다. 그녀는 중국과의 경제협력을 지속하면서도 중국 내의 인권 문제에 대해서는 냉정하게 비판하는, 유럽연합의 리더다운 태도를 보이고 있다. 공부 잘하고 예쁜 여학생이 가끔씩 자존심 세우는 말을 할 때면 그녀에게 호감을 느끼는 덩치 큰 남학생들이 꼼짝도 못 하는 것처럼, 메르켈은 당근과 채찍을 절묘하게 사용하며 할 말은 하고 있는 것이다. 그녀의 매력 외교가 계속해서 빛을 발한다면 독일은 머지않아 '유엔 안전보장이사회 상임이사국 진출'이라는 오랜 숙원을 실현할 수 있을 것 같다.

국민이 원한다면 아낌없이 벗으리라

2009년 5월, 메르켈은 독일 향수 회사인 부르노 바니니의 대형 광고판에 모델로 등장했다. 속옷 차림의 그녀는 요염한 포즈를 취하며 웃고 있는데, 그림이긴 하지만 보기에 따라서는 선정적이라 느껴질 수도 있는 모습이었다. 분명한 것은 메르켈이 동의하지 않았다면 그려질 수 없었을 그림이라는 것이었다.

그림 전면에 등장한 메르켈 뒤로는 독일인들에게 익숙한 여섯 인물이 나름대로 자세를 잡고 서 있다. 프랑크−발터 슈타인마이어 외무장관, 귀도 베스터벨레 자민당 당수, 호르스트 제호퍼 기사당 당수 겸 바이에른 주 총리, 그레고르 기지 좌파당 원내 의장, 여성인 우르줄라 폰데어 라이엔 가족부 장관, 쳄 외즈데미르 녹색당 공동당수 등이 메르켈과 공동 탈의한 인물들이다. 광고료로 얼마나 받았는지 모르겠지만, 독일 집권 연정 파트너들이 단체로 각오하고 나선 모습이다.

헌 속옷을 가져와 새 옷을 사면 5유로를 할인해 주는 부르노 바니니의 판촉행사를 위한 그 광고판에는 "우리는 수요를 촉진하기 위해 무엇이든 하겠습니다"라는 문안이 크게 적혀 있다. 이 페이백 행사는 출고된 지 9년이 넘은 중고차를 폐차하고 배기가스 배출이 적은 저공해 신차를 구입할 경우 2500유로의 장려금을 지급하는 독일 정부의 '폐차 보너스' 정책에 착안, 부르노 바니니가 전개한 것이었다. 부르노 바니니에게는 자사의 페이백 세일을 정부 시책과 연결시켜 선명하게 이해시킬 수 있는 마케팅 방법이, 메르켈에게는 넉 달 뒤에 있을 9월 총선의 사전 선거운동이 되는 광고인 셈이었다.

메르켈은 여자인 자신의 몸이 정치적 도구가 될 수 있다는 사실을 이미 여러 차례 확인한 바 있다. 2006년 여름, 메르켈은 이탈리아에서 휴가를 보내던 중 엉덩이를 드러낸 채 수영복을 갈아입는 사진이 영국의 대중일간지 《선sun》의 1면에 실리며 수모를 겪었다. 이 일에 대해 독일 언론은 "우리라면 팬티스타킹을 입은 영국 엘리자베스 여왕의 사진을 신문에 싣는 일은 하지 않을 것"이라는 비난성 칼럼과 함께 "이런 사진을 통해 영국은 독일 총리에게도 엉덩이가 있다는 정보 정도를 알아냈을 것"이라는 힐난조 기사를 싣기도 했다.

메르켈의 육체적 수모는 그것만이 아니었다. 2008년 4월에는 한 영국 매체가 드레스 밖으로 가슴이 비치는 메르켈의 사진을 '메르켈의 대량살상무기'라는 제목과 함께 싣기도 했다. 노르웨이 오슬로의 오페라 하우스 개관 공연에 가슴이 깊게 패인 드레스를 입고 등장한 메르켈의 모습은 솔직히 아카데미 시상식에 참가한 여배우와도 같았는데, 이미 그녀를 두고 한바탕 장난을 쳐 봤던 영국 언론이 가만히 있을 리 없었다. 물론 이때는 메르켈이 스스로 선택한 드레스를 입고 나온 터라, 독일 언론도 영국 언론에 대한 반감을 드러내지는 않았다.

정치에 대한 메르켈의 이해는 이 두 가지 사건 이후에 전환되기 시작했다고 볼 수 있다. '정치는 대국민 서비스'라는 현대 정치의 개념을 받아들인 것이다. 권위적이고 압도적인 태도로 국민들을 설득하기보다는 국민들과 소통하고 기꺼이 낮아지면서, 국민들의 편에 서는 것이 국민을 위하는 길이라는 사실을 깨달은 것이다.

메르켈은 2009년 총선에서 자신을 낮추는 부르노 바니니 광고 사진 한 장으로 여성인 자신의 장점을 충분히 활용했다. 그녀의 속옷 노출 광고에 대해 독일 국민들은 한마디로 "재미있다"는 반응을 보이면서도, 한편으로는 그녀가 꽉 막힌 답답한 정치인이 아니라 내면에는 부드러움이 감춰진 여성이라는 사실을 인정하기 시작했다. 메르켈은 자신에 대한 대중들의 관심을 적절히 활용하면서, 자신은 독일 국민을 위해서 무엇이라도 할 수 있는 '여자'라는 사실을 증명해 보였다.

경기 침체로 심기가 좋지 않은 국민들 앞에 여성 총리가 나서서 큰 웃음을 준 것은 사실 불쾌해하거나 비난할 일이 아닌, 즐겁고 재미있는 일이었다. 말 그대로 총리가 자기 옷을 스스로 벗겠다는데, 국민들이 무슨 권리로 총리의 대국민 도발권을 제재할 수 있다는 말인가? 메르켈은 총리는 권위적일 것이라는 편견을 깨는 이러한 코믹 쿠데타를 통해서, 패배가 예상되던 2009년 총선에서 힘겹게 다시 승리했다.

메르켈의 속옷 쿠데타는 단지 선거를 위한 집권 여당 여성 지도자의 정치적 전략이 아니었다. 그녀는 속옷만 남기고 아낌없이 벗어 버린 자신의 몸을 통해, 무수한 만행을 저지르고도 완전히 버리지 못한 독일 권위주의의 두터운 외투를 벗겨 버렸다. 독일의 정치 지도자들에게는 제국주의 시대부터 계승되어 온 위엄과 권위에 대한 강박이 있었다. 메르켈은 헌 속옷을 새 속옷으로 바꿔 입는 경쾌한 심정으로 그러한 권위를 던져 버렸다. 겉옷을 벗은 사람은 메르켈이었지만, 벗겨진 것은 제국시대부터 계승된 청산하지 못한 독일 정치인들의 권위의식이었던 것이다.

본질을 직시하는 통찰력, 사실을 시인하는 결단력

2007년 4월 1일, 메르켈은 이스라엘을 방문했다. 유럽연합 순번 의장 자격으로서 이스라엘과 팔레스타인을 동시 방문하는 길이었다. 그녀는 자신이 유럽연합 의장이기에 앞서 독일 총리이며, 제2차 세계대전을 통해 이스라엘 국민들에게 상처를 준 독일 국민이라는 사실을 자각하고 있었다. 이스라엘 국민은 물론 세계 언론의 주목을 의식하면서 메르켈은 유대인 대학살 기념관을 찾았다.

그녀는 독일 국기가 장식된 검은 리본이 달린 화환을 유대인 대학살 기념관에 바쳤다. 그리고 나치 정권에 의해 희생된 유대인들을 마음 깊이 추모했다. 그리고 방명록에 "인간성은 과거를 책임지는 것에서 싹튼다."라고 적었다.

메르켈의 방명록 문구는 이스라엘뿐 아니라 세계인들의 주목을 받았다. '과거를 사과한다'고 쓰지 않고 '과거를 책임진다'라고 적었기 때문이다. 메르켈은 이스라엘과 유대인에게 저지른 독일의 만행이 영원히 지워지지 않을 것임을 잘 알고 있었다. 상대방의 상처가 아물지 않았는데 일회성 사과가 문제를 해결할 수는 없는 일이었다. 그렇기에 메르켈과 독일은 영원히 치유되지 않을 이스라엘과 유대인들의 상처를 끝까지 붙들고 가겠다는 진중한 사과의 태도를 보인 것이다.

메르켈이 독일 국민들은 물론 세계인의 시선을 집중시키는 용단을 내릴 수 있었던 것은 그녀가 과학자였기 때문이다. 대부분의 정치가들이 현실을 잘못 인식하고 엉뚱한 결단을 내려 수습이 어려운 상황을 만드는 것과 달리, 그녀는 자신을 둘러싼 현실을 정확히 파악하고 그것에 적절하게 대응함으로써 효과를 극대화했다. 현상의 원인을 따지고 미래를 예측하는 교육을 받은 과학자답게, 메르켈은 이스라엘과 유대인이 독일에 대해 가진 감정의 원인을 분석하여 향후 독일이 이스라엘에 대해 어떤 태도를 취해야 하는지를 합리적으로 도출해낸 것이다.

잘못했으면 그만두고
사과했으면 용서하자

근본적으로 메르켈은 강하다. 두려움이 없고, 무서워하는 것도 없다. 총리가 되기 전인 1999년 12월, 정치적 아버지라 불리던 제6대 총리 헬무트 콜과 관련된 비자금 스캔들이 터지자, 그녀는 콜의 정계 은퇴를 주장하고 나섰다. 메르켈의 원칙은 '잘못했으면 그만두고, 사과했으면 용서하자'는 것이었다. 지지부진하게 연연하다 보면 콜도 죽고, 기독민주당도 무너질 것이라는 판단에서였다. 그녀의 대응은 냉혹했지만 콜과 거리를 둔 기독민주당은 살아남았고, 메르켈은 콜과 화해했다.

2006년 5월 24일에 메르켈은 독일 최대 노동조직인 독일노조연맹의 총회장에 독일 총리의 자격으로 참석했다. 그리고 익숙지 않은 여성 총리의 방문에 낯설어 하는 600명의 노조원들 앞에서 "나는 강한 노조를 원합니다. 또한 독일 노조동맹을 원합니다"라는 말로 연설을 시작한 그녀는 우레와 같은 박수를 받아냈다. 하지만 그녀는 곧이어 "그러나 여러분이 과거부터 가지고 있던 문제해결 방식이 유효합니까?"라고 되물었다. 그리고 "시간당 7.5유로라는 최저임금 제안은 받아들일 수 없습니다. 그것은 일자리를 파괴할 뿐입니다. 우리는 거세지는 국제경쟁에 대비해야 합니다. 또한 우리가 누려 온 복지가 기득권이 되어서는 안 됩니다"라고 단호히 이야기하며 임금 인상에 대한 노조의 강한 요구를 일축했다. 독일 경제를 살리기 위해서는 누군가가 희생해야 하는데, 그것은 경제 회복의 최대 수혜자인 노동자 자신이라는 의미였다.

그렇다고 메르켈이 언제나 무소의 투지로 강하게 밀고만 나가는 거친 성격의 소유자는 아니다. 그녀는 포용력과 인내력도 겸비한 정치 지도자이다. 2002년 1월 11일, 슈뢰더가 이끄는 사회민주당으로부터의 정권 탈환을 위해 기독사회당과 야당연합을 이룬 기독민주당 당수 메르켈은 야당연합을 유지하기 위해 야당 총리 후보를 사퇴했다. 지지율이나 의원 수로 볼 때는 자신이 유리했지만 기독사회당의 에드문트 슈토이버 당수에게 총리 후보 자리를 양보한 것이다.

"저의 총리 출마 선언을 철회합니다. 지금은 제가 아니라 슈토이버 당수가 야권 총리의 후보가 되는 것이 더 적절하다고 봅니다."

비록 야당연합은 2002년 총선에서 패배했지만, 2005년 총선에서 메르켈은 슈토이버의 제안에 힘입어 야권 총리 후보로 결정됐다. 야권 분열을 막아야 한다는 사명감과 여성 총리에 대한 독일 사회의 거부감을 극복할 시간이 필요하다는 냉정한 판단으로 후보 사퇴라는 결단을 내렸기에 메르켈은 마침내 3년 후 독일 최초의 여성 총리가 된 것이다.

2005년 총리에 취임한 메르켈은 2007년 하반기부터 경제 회복의 성과를 거두기 시작하자 다시 한 번 포용력과 인내력을 발휘했다. 자기 자신에게 돌아올 칭찬과 찬사를 정적이었던 슈뢰더에게 고스란히 돌린 것이다. 야권 총리 후보의 자리를 미련 없이 내던졌던 것처럼, 독일 경제 회복의 공로는 아직 자신이 받을 때가 아니라고 판단한 결단이었다.

"경제가 회복되고 있는 것은 슈뢰더 전 총리가 시동을 걸었던 개혁정책이 성과를 내기 시작했기 때문입니다."

메르켈의 말에 담겨 있는 것은 자존심이 아닌 자긍심이다. 남에게 굽히지 않으려고 발버둥 치는 마음이 자존심이라면, 주변 환경에 흔들리지 않고 자신을 바로 세울 수 있는 마음이 바로 자긍심이다. 메르켈은 자존심에 연연해서 국익을 거스르는 말을 하기보다, 잠시 동안 부끄럽거나 수치스럽더라도 뒤돌아서 가슴을 칠 말을 해서는 안 된다고 생각했다. 누간가를 설득하기 위해서는 자신을 먼저 낮춰야 한다는 것을 누구보다 잘 알고 있었기 때문이다.

12

평범한 상식의 위대한 힘

반기문 유엔 사무총장

2010년, 반기문 유엔 사무총장은 최대 위기에 직면했다.
미국이 반기문 총장에게 인권 문제에 대해 중국을 압박해 주기를 바랐던 것이다.
바로 그때 아프리카 튀니지에서 재스민 혁명이 시작되었다. 반기문 총장은 세계를
설득할 수 있는 상식적인 선택을 함으로써 유엔 사무총장 재선에 성공했다.

**"표현의 자유는 상식적인 목적과 정의 안에서
사용될 때만 확실하게 보장될 수 있습니다."**

"가장 강력한 어조로 이번 공격을 규탄합니다. 유엔은 모든 형태의 종
교 모독에 반대하지만, 그 어떤 명분도 어제 벵가지에서 발생한 잔학행
위를 정당화할 수는 없습니다."

2012년 9월 12일, 재선 임기 초반의 반기문은 리비아 벵가지 주재 미
국 영사관의 피습으로 크리스토퍼 스티븐스 대사 등이 사망한 것을 강하
게 규탄했다. 반기문은 종교 모독이 이유라 해도 사람이 사람을 죽이는
일은 용서할 수 없는 일임을 분명히 밝혔다. 그것은 반기문 개인의 소신

이 아니라, 유엔이 지향하는 인류공영의 목표였다. 반기문은 유엔 사무총장의 자격으로 인류가 리비아에 외치는 함성을 전달한 것이다.

"미국 정부, 그리고 사랑하는 사람을 잃은 미국과 리비아의 유가족에게 심심한 위로를 표합니다. 더불어 리비아 당국에 외교 시설물과 외교관에 대한 보호 의무를 다시 한 번 환기하고자 합니다."

반기문 총장은 리비아 정부에 인류보편의 상식을 이야기했다. 자국 외교관을 잃은 미국 정부에는 위로를 했고, 수교국 외교관을 사망하게 한 리비아 당국에는 외교관을 보호해야 한다는 당연한 의무를 강조했다. 그의 발언으로 미국 정부는 국가적으로 피해를 입은 미국의 현실을 세계로부터 이해받을 수 있게 되었고, 리비아 정부는 자국에 거주하는 외교관도 제대로 보호하지 못하는 무능력한 후진국이라는 평을 듣게 되었다.

리비아는 어떤 형태로도 자국 내에서 벌어진 외교관 피살 문제를 정당화할 수 없는 입장에 처했다. 자국에 파견된 외교관의 신변도 보호할 수 없는 국가라고 평가받은 리비아는 국제사회에서 상당 기간 고립될 수 있었다. 사태 수습을 위해 리비아는 피해국인 미국을 설득하는 한편, 모든 국가들이 안심하고 외교관을 파견할 수 있는 나라라는 사실을 입증하기 위해 분발할 것이다.

이렇듯 반기문의 발언은 법적 구속력은 없지만 국제적 여론을 환기시킬 수 있는 영향력을 가지고 있다. 그 이유는 그것이 인본주의에 바탕을 둔 인류보편의 상식에 근거하기 때문이다. 세계 각국은 인류공영의 질서를 유지하는 유엔의 수장 반기문의 발언에 주목하며, 국제관계에서 상식을 지키기 위해 노력한다. 그는 예측 불가의 국제문제에 대해서 언제나 상식적 접근과 이해, 그리고 평가를 내려야 한다.

반기문은 최근 계속 주요 국제사안들에 대해 상식적이지만 상대에게 책임감을 요구하는 발언을 하고 있다. 이란 핵 문제, 북한 인권 문제, 중일 영토 분쟁 등이 세계의 주목을 받는 지역적 사안들이다. 그는 이란의 핵 개발 목적이 평화 유지임을 증명해야 한다고 말했는가 하면, 북한 인권 문제는 개선이 필요하다고 주장했으며 중일 영토 분쟁은 대화를 통해 평화적으로 해결되어야 함을 이야기했다.

그의 연설이나 발언은 국제사회가 보편적으로 받아들일 수 있는 상식에 근거하고 있고, 그 속에는 항상 문제에 대한 해법이 담겨 있다. 유엔 사무총장은 세계인이 받아들일 수 있는 상식을 말해야 하는 자리이다. 그리고 반기문은 상식을 말할 때 가장 강력한 위력을 발휘하게 된다는 사실을 잘 알고 있는 사람이다.

재선의 고비, 2010년의 딜레마

반기문에게 있어 미국과의 갈등은 유엔 사무총장의 재선을 위해 넘어야 할 고비와도 같았다. 미국은 중국에 대한 반기문의 미온적 태도를 마음에 들어 하지 않았다. 미국은 그가 중국의 인권운동가이자 2010년 노벨 평화상 수상자인 류샤오보에 대한 인권탄압 문제를 중국 정부에 지적해 주기를 기대했다. 미국은 반기문이 인권 문제 개선에 미온적인 태도를 보이는 중국을 압박할 적임자라고 생각했던 것이다.

그러나 반기문은 후진타오 중국 국가주석과의 면담 자리에서 류샤오보 문제를 거론하지 않았고, 미국은 그의 태도에 적잖은 실망감을 나타냈다. 중국의 반인권적 태도를 묵인하는 듯한 반기문을 답답해 하는 분위기가 역력했던 미국은 다양한 경로를 통해 그의 유엔 사무총장 연임을 반대하는 견해를 피력했다. 유엔 사무총장 재선을 6개월 앞둔 반기문으로서는 구석에 몰린 상황이었다.

물론 반기문이 미국의 의도를 모를 리 없었다. 인간의 기본권을 중시하는 민주주의 이념은 그로서도 당연히 적극 지지하는 것이었다. 사회주의 체제를 유지하는 중국이 과거에 비해 개방된 것은 사실이지만, 미국은 중국이 경제발전에 걸맞는 수준으로 중국 국민들의 인권도 보장할 것을 요구했다. 게다가 류샤오보는 2010년도의 노벨평화상 수상자였다. 상황만으로 보면 미국의 바람대로 반기문이 적극 나서서 유감표명 정도는 해야 할 상황이었다.

그럼에도 그가 류샤오보 문제를 직접 거론하지 않은 이유는 중국의 국력이 부담스러워서가 아니라, 인권 문제에 대한 지적이 중국의 내정간섭으로 오해될 가능성이 있었기 때문이다. 유엔 사무총장이라고 해도 한 국가의 근간이 되는 이념적 정체성에 대해 언급하는 것은 자칫 위험한 일이 될 수 있었다.

반기문의 고민은 미국 못지않게 중국과도 우호적인 관계를 유지해야 한다는 것이었다. 인간의 기본권보다 중요한 문제는 없지만, 유엔 사무총장이 우선시해야 하는 것은 유엔 가입국 전체의 균형과 조화에 기여하는 것이었다. 뿐만 아니라 그는 유엔 사무총장에서 물러나면 대한민국의 국익을 생각하는 국가 원로가 되어야 했다. 한국의 입장에서 보면 미국과의 우호관계도 중요하지만, 중국은 남북통일에 중요한 영향력을 끼치는 주변국이었다. 때문에 반기문은 중국의 인권 문제에 대해 거론하라는 미국의 요구에도 신중한 태도를 취할 수밖에 없었다.

유엔 사무총장 재선을 위한 선거를 6개월 앞둔 2010년 12월초까지 반기문의 마음은 편치 않았다. 미국의 편을 들어 중국을 압박하는 것도 무리가 있었고, 그렇다고 유엔 사무총장으로서 중국의 인권 문제를 끝까지 모른 척할 수도 없었다. 반기문으로서는 미국과 중국 사이의 관계를 조율해야 할 뿐 아니라, 193개의 전체 유엔 회원국들의 설득에 필요한 논리를 마련해야 했다.

노련한 선택으로 복잡한 아프리카 정세를 바로잡다

그러던 중 2010년 12월 17일, 아프리카 북부 튀니지에서 예기치 않은 사건 하나가 발생했다. 과일과 채소 노점상을 하던 26세 청년 부아지지가 경찰의 무허가판매 단속에 걸려드는 과정에서 경찰로부터 폭력을 당한 것이었다. 부아지지는 경찰의 강압적 태도에 반발, 휘발유를 뒤집어쓰고 스스로 몸에 불을 붙였다. 이 사건은 SNS를 통해 전 세계로 퍼졌고 튀니지 전역은 순식간에 공권력에 대한 국민들의 저항 시위로 혼란에 빠졌다.

저항 시위는 튀니지의 반독재 민주화 투쟁으로 이어지며 튀니지의 국화國花인 재스민에서 이름을 따 '재스민 혁명'으로 명명되었고, 한 달만에 독재자 벤 알리를 권좌에서 몰아냄으로써 아프리카와 아랍권 최초의 시민혁명이 되었다. 이러한 혁명의 분위기는 주변국을 비롯해 민주주의의 손길이 닿지 않던 아프리카와 아랍 국가들까지 빠르게 퍼져 나갔다.

튀니지에서 재스민 혁명이 일어나자마자 반기문은 발 빠른 대응을 보였다. 무력 진압의 움직임을 보이는 벤 알리 정권에게 무력을 사용하지 말 것을 강력히 권고한 것이다. 주변국인 이집트에서 정권퇴진을 요구하는 시민혁명이 발발하자 독재자 무바라크에게 자진사퇴를 권유하며 압박하기도 했다.

또한 독재자 카다피가 이끄는 리비아에 대해서도 빠른 용단을 내렸다. 리비아에 대한 연합군의 공격이 원활하게 이루어질 수 있도록 기민하게 유엔 결의안 채택을 시도한 것이다. 리비아의 알리 알 마흐무디 총리가 직접 나서서 자국에 대한 미국과 유럽 국가 연합군의 공격을 막아달라고 간청했음에도, 반기문은 시민군을 공격하는 리비아 정부군을 비난하며 유엔 결의안 채택을 강행했다.

사실 중국보다 더 위험한 것은 아프리카와 아랍 국가들이었다. 중국은 공산주의를 바탕으로 한 사회주의 국가이지만, 재스민 혁명의 여파가 전달된 아프리카와 아랍 국가들은 이슬람이라는 종교를 기반으로 결속된 종교 공동체였다. 때문에 그 국가들에서 일어난 시민혁명에 대한 유엔 사무총장의 지지는 자칫 이슬람 공동체 전체에 대한 도전으로 오해될 소지가 충분했다.

9.11 테러를 자행한 알 카에다 사태에서 알 수 있듯이, 이슬람 국가들에서 일어나는 인권 문제를 지적하는 것은 자칫 종교 전쟁을 초래할 가능성이 있다. 이라크나 이란 등의 아랍 국가들과 대결해 온 미국도 항상 그것이 모든 이슬람 국가들에 대한 대항으로 잘못 받아들여지지 않

도록 세심한 주의를 해 왔다. 결과를 예측할 수 없는 혁명 분위기 속에서 반기문은 자신의 발언을 통해 형성될, 대한민국과 혁명 당사국인 아프리카 및 아랍 국가들과의 향후 외교 관계에 대해서도 깊은 고민을 했을 것이 틀림없다.

그럼에도 그는 아프리카와 아랍 국가들의 시민혁명을 적극적으로 지지한다는 입장을 명백히 밝혔다. 반기문의 이러한 예상 밖의 태도에 미국은 물론 유엔 회원국 전체는 놀랄 수밖에 없었다. 그의 외교 방식에 대해 '조용한 노선만을 취한다'며 비난하던 여론도 순식간에 사라져 버렸다.

조용한 리더십 뒤에 숨은 강력한 결단력

중국에게 보였던 태도와 비교했을 때, 아프리카와 아랍 국가들에 대한 반기문의 반응은 확실히 그와 대조적이었다. 중국 내 인권 문제에 대한 그의 미온적인 태도를 기억했던 미국과 유럽 국가들은, 사실 반기문이 재스민 혁명 열풍에 대해서도 조용한 리더십을 보일 것이라 예상했다.

그러나 그것은 반기문을 제대로 알지 못한 것에서 비롯된 오해였다. 30년 이상 현직에서 외무공무원으로 활동한 그는 오스트리아 대사, 외교안보 수석, 외무부 차관, 외무부 장관을 역임한 정통 외교 관료였다. 또한 주 비엔나 국제기구대표부 대사와 제56차 유엔 총회 의장비서실 실장으로서의 경험을 통해, 국제문제 발생 시 국제기구의 수장이 어떤 태도를 취해야 하는지를 정확히 알고 있는 국제외교관이었다.

반기문은 중국의 인권 문제와 아프리카와 아랍 국가들의 재스민 혁명은 다른 각도에서 취급되어야 함을 알고 있었다. 전자는 시민혁명으로 이어지지 못한 시민 각성운동이었던 반면 후자는 유혈 민주화 시위였다. 즉, 류샤오보의 인권 침해를 언급하는 것은 내정간섭으로 받아들여질 소지가 있었지만, 아프리카와 아랍 국가들의 강압적 공권력 사용에 대한 저지는 국제사회의 질서를 깨뜨리는 독재국가들에 대한 정당한 권고사항이었던 것이다.

튀니지와 이집트, 리비아 등 시민혁명을 일으킨 아프리카와 아랍 국가들에 대한 강력한 리더십을 발휘한 이후, 반기문에 대한 국제사회의 인식이 달라진 것은 두말할 나위가 없었다. 그의 조용한 리더십에 불만을 가졌던 미국을 비롯해서, 리비아에 대한 무력 진압에 함께 나선 영국과 프랑스 등의 연합국 정상들은 그의 재선을 지지한다는 의사를 분명히 밝혔다. 미국의 강력한 요청에도 불구하고 반기문이 끝내 내정간섭적인 발언을 하지 않았던 중국 역시 같은 의사를 우회적으로 피력했다. 유엔 사무총장 거부권을 가진 다섯 개 상임이사국들로부터 강력한 지지 표명을 받은 그가 재선에 성공한 것은 당연한 일이었다.

상식에 대한 감동, 193개 회원국의 기립 박수

2011년 6월 21일 오후 3시. 유엔 회의장에서는 반기문 총장의 재선에 대한 논의가 시작되었다. 먼저 넬슨 메소네 안보리 의장이 반기문의 연임 추천 결의안을 제안했다. 그러자 곧바로 조지프 데이스 유엔 총회 의장이 그 안건을 공식 상정했다.

반기문의 연임에 대한 별도의 표결은 없었다. 대신 193개 유엔 전 회원국 대표들은 모두 자리에서 일어섰다. 그리고 함께 큰 박수를 쳤다. 반 총장의 연임에 동의한다는 의미가 담긴 뜻깊은 박수였다. 2016년 말까지 유엔 사무총장으로서의 연임이 결정되는 순간이었다.

조지프 데이스 의장은 반기문의 지난 5년간의 임기를 회고하며, 그가 취임 시 약속했던 유엔에 대한 충성심, 신중함, 양심이라는 가치가 발휘된 기간이었다고 정리했다. 2011년 12월부터 2012년 3월까지 넉 달간 보여 준 그의 강력한 리더십에 대한 평가였다. 그 전 4년간 193개 유엔 회원국 사이의 균형과 조화를 유지할 때 보였던 조용한 리더십으로는 상상할 수 없는 평가였다.

반기문은 수락 연설을 통해 '국제평화와 안전을 위해 최선을 다할 것'이라고 선서했다. 더불어 "시작만으로는 안 된다. 사람들이 만지고 느낄 수 있는 결과, 세상이 변하고 있다는 것을 느낄 수 있는 결과를 줘야 한다"라고 역설했다. 이어 그는 "유엔은 그 어느 때보다도 인간을 보호하고 평화를 구축하기 위한 최전선에 서 있다. …… 모든 열정과 노력을 다하겠다"라고 193개 회원국 대표들에게 다짐했다. 반기문의 연설이 끝나자 유엔 회의장에서는 다시 한 번 기립박수가 이어졌다.

그는 일곱 명의 전임 유엔 사무총장들에 비해 손색이 없는 임기 5년을 보냈고, 유엔 사무총장으로서의 중후한 태도를 잃지 않았다. 유엔에 절대적인 영향력을 끼치는 미국의 권고사항임에도 중국에 곧이곧대로 전달하지 않았고, 아프리카와 아랍 등 이슬람 공동체 국가들에서 발생한 시민혁명에 대해 어느 누구도 감히 직접적으로 이야기하지 못할 때 그는 거침없는 지지를 표명했다. 이러한 것들은 30여 년의 외교관 경험으로 쌓은 국제감각과 통찰력이 있었기에 가능한 일이었다. 반기문의 태도는 결과적으로 유엔 사무총장과 유엔의 위상을 격상시키는 세련된 외교적 성과로 이어졌다.

그렇다 해서 그가 중국의 인권 문제에 대해 묵묵부답으로 좌시하는 태도를 취한 것은 아니었다. 재스민 혁명에 대한 반기문의 지지 의사는 중국으로 하여금 자국에서 시민혁명이 벌어질 경우 그가 어떠한 태도를 취할지 충분히 예단할 수 있게 했다는 점에서 간접적인 경고로 작용했기 때문이다. 이처럼 인간을 보호하고 평화를 구축하기 위한 행동의 최전선에 우뚝 섰기에 그는 유엔 사무총장 재선에 성공할 수 있었다.

반기문의 말에 전 세계 사람들이 감동할 수 있었던 이유는 간단했다. 동서양은 물론, 과거와 현재에도 통용될 수 있는 공동의 가치를 담고 있었기 때문이다. 그것은 바로 우리가 잊고 있었던 사람이 우선이라는 가치였다. 자기 것을 더 많이 갖기 위해 서로가 서로를 헐뜯고 싸울 때, 반기문이 던진 지극히 평범한 말은 지금 우리에게 중요한 것이 무엇인지를 일깨워준 최고의 설득이었다.

PART 4

목표가 없는 말은
한낱 아우성에 그칠 뿐

인생의 목표가 분명한 사람은 그렇지 않은 사람보다 행복할 가능성이 높다. 성취감 때문이다. 물론 목표를 성취하지 못해 때때로 좌절할 수도 있겠지만, 궁극적으로 바른 목표를 가진 사람은 그것을 추구해 나가는 과정 속에서 발전하고, 그것을 달성하면서 충족감을 느끼게 된다. 목표는 사람을 발전시키고, 삶의 의미를 고양시키는 요소인 것이다.

국가 지도자들은 선거 또는 통치 과정 중에 국정 목표를 뚜렷이 드러내야 할 때가 있다. 국가적으로 위기 상황일 때나 국론이 분열되어 있을 경우라면 국민들이 명확하게 이해하고 따를 수 있는 국정 목표가 필요하다. 국가 지도자가 제공하는 국정 목표를 통해서 국민들은 단결할 수 있고, 발전할 수 있기 때문이다.

국가 지도자는 통치 기간 동안 국민들을 행복하게 만들어야 할 의무가 있는 사람이다. 때문에 분명한 국정 목표를 제안함으로써 국가가 나아가야 할 방향에 대해서 알려 주고, 그것을 달성함으로써 성취감을 안겨 주어야 한다. 개인의 삶과 마찬가지로 국가도 뚜렷한 목표가 있어야 발전할 수 있고, 국가 구성원들 역시 목표를 달성하면서 그 나라 국민으로서의 자부심과 긍지를 갖게 되기 때문이다.

놀라운 것은 뚜렷한 국정 목표를 제시하는 국가 지도자들일수록 개인적으로도 분명한 목표의식을 가지고 살아온 사람들일 가능성이 높다는 사실이다. 당신은 요즘 목표가 없어 흔들리는 삶을 살고 있는가? 혹시라도 가정의 가장이나 기업의 간부, 사회 조직의 지도자로서 무엇인가 분명한 목표를 제시해야 할 필요를 느끼는가? 그렇다면 지금 바로 위대한 국가 지도자들의 설득법을 통해 그 해답을 찾아보자.

13

토론은 한 편의 연극과 같다

로널드 레이건 미국 대통령

로널드 레이건(Ronald Reagan)이 미국 대통령으로 재임했던 8년은
마치 '강하고 풍족한 미국'이라는 제목의 미국 자부심 부흥 프로젝트 영화 같았다.
그는 미국 국민들에게 필요한 것이 무엇인지 분명히 알고 있었다.
1989년 1월 20일 레이건은 '강하고 풍족한 미국'을 창조하는 마법의 연설을 들려주었다.

"우리는 미국인입니다."

"해티필드 상원의원, 수석 재판관님, 카터 대통령, 부시 부통령, 먼데일
부통령, 베이커 상원의원, 오닐 대변인, 무마우 목사님, 그리고 제 친구
미국 국민 여러분. 여기에 있는 우리 중 일부에게 오늘은 엄숙하고 가장
중요한 순간이지만, 그럼에도 오늘은 우리나라 역사에서 평범한 날입
니다. 거의 2세기 동안 그래 왔듯이 권력이 질서정연하게, 헌법에 명시
된 대로 이양된 날이기 때문입니다. 우리가 얼마나 특별한지를 생각하
지 않는 사람은 거의 없습니다. 세계의 많은 사람들의 눈으로 볼 때 4년

마다 자연스럽게 열리는 이 대통령 취임식은 그야말로 기적입니다."

1989년 1월 20일, 레이건은 영화의 한 장면 같은 취임식을 통해 제40대 미국 대통령으로 취임했다. 검은색 정장에 흰색 셔츠, 은빛 넥타이를 맨 레이건은 처음 하는 대통령 취임식이 낯설어 보이지 않았다. 그는 미국 국민들은 물론, 세계의 시청자들에게도 미국 대통령의 자신감을 보여 주었다.

"현재의 위기에서 정부는 우리 문제의 해결책이 아닙니다. 정부가 문제입니다. 때때로 우리는 사회가 너무나 복잡해서 자체적으로 관리되기 어렵고, 엘리트 그룹에 의한 정부가 국민을 위한, 국민에 의한, 국민의 정부보다 우수하다는 유혹에 빠지곤 했습니다. 그러나 만약 우리 가운데 어느 누구에게도 자기 자신을 통제할 수 있는 힘이 없다면 과연 어느 누가 다른 이를 통제할 수 있겠습니까? 정부의 안과 밖을 막론하고 우리는 모두 함께 짐을 져야 합니다."

레이건은 약한 정부에 대한 개혁을 예고함과 동시에 그것은 강한 국민이 주도해야 하는 것임을 암시했다. 영화 대사와 같은 취임사는 미국 국민들의 마음을 설레게 만들었다. 레이건은 미국 국민들이 감동받을 만한 시점에 그들이 원하는 이야기를 들려주었다.

"우리 모두 새롭게 결심하고 힘을 냅시다. 우리의 믿음과 희망을 새로이 합시다. 우리 모두 정당하고 영웅적인 꿈을 가집시다. 영웅이 없는 시대에 살고 있다고 말하는 사람들도 있지만, 그것은 우리가 어느 방향으로 전진하는지 그들이 알지 못하기 때문입니다. 여러분은 영웅들을 주위에서 쉽게 찾을 수 있습니다. 저는 영웅들을 말할 때 '그들'이라는 표현을 사용했습니다. 그러나 이제부터는 '여러분'이라는 말로 표현하려 합니다. 제가 말하는 영웅은 바로 여러분이기 때문입니다."

레이건은 미묘하게 대중의 의식을 사로잡는 위력을 잘 알고 있었기에 그것을 정치에도 십분 활용했다. 그는 텔레비전 중계로 자신의 취임식을 시청하는 미국 국민들에게 미국의 새로운 영웅은 자신이 아니라 미국 국민들이라는 사실을 심어 주었다. 레이건의 취임사는 미국 국민들의 마음속에 있는 영웅심을 끌어내는 주문이었다.

치명적인 약점도 잘만 포장하면 장점이 된다

레이건은 미국 대통령 가운데 최고령으로 당선됐다. 1911년생인 레이건은 만 70세인 1981년에 미국 대통령이 됐다. 나이가 많다는 것은 정치인에게 약점이 될 수 있는 요소였지만, 그는 오히려 노령을 선거의 도구로 이용했다. 제아무리 치명적인 약점도 요령껏 잘 포장하면 오히려 상대가 결코 획득하거나 뛰어넘을 수 없는 장점이 된다는 사실을 레이건은 보여 주었다. 그것이 바로 레이건 식의 유머이자 문제 해결 방법이었다.

그가 대선에 처음 나섰을 때의 대결 상대는 민주당 후보이자 현역 대통령이었던 지미 카터였다. 1924년생이었던 카터는 레이건보다 13년이나 어렸다. 그러나 나이 문제를 먼저 꺼낸 것은 카터가 아니라 대통령 선거의 쟁점을 경제문제로 상정한 레이건 자신이었다. 그는 카터가 제안한 임금과 가격에 관한 규제에 대해 분명한 반대 의사를 표명하며, "로마 시대에나 썼던 그 정책을 기억할 수 있는 몇 안 되는 사람이 바로 접니다"라고 말했다. 상대 후보인 카터의 경제정책은 도리어 구시대적이라고 비난하고, 자신은 그런 구시대적 정책을 기억할 수 있는 고령이라고 풍자한 것이다.

카터가 노련한 정치인이었다면 "로마 시대에나 썼던 그 정책은 포기할 테니, 고령의 정치인도 대통령 선거에서 사라져 주십시오"라고 일갈했을 것이다. 하지만 카터는 지나치게 노인 우대 사상을 가지고 있었던 사람이었는지, 레이건의 화법에 적절한 대응법을 찾지 못했다. 일상생활에서도 그렇듯, 상대와 첨예하게 대립하는 대통령 선거에서 제대로 된 답변을 못 하면 그것으로 분위기는 반전된다.

레이건은 대통령 선거 캠페인의 초반부터 '강력한 리더십이 필요한 그때는 바로 지금'이라는 슬로건을 내걸었다. 군인 출신의 젊은 민주당 대통령 카터가 사용했어야 할 슬로건을 영화배우 출신의 고령 공화당 후보가 내세운 것이다. 그는 카터는 물론 역대 미국 대통령들의 유약함을 싸잡아 강조하며, 미국 국민들에게 필요한 것은 의기소침해진 국민적 자부심을 불러일으키는 것이라고 요약했다. 미국 국민들은 레이건의 야심찬 메시지에 순식간에 매료되었다.

여세를 놓치지 않은 레이건은 대통령 후보 경선의 슬로건 가운데 세부 항목 하나로 내세운 '4년 전보다 생활이 나아지셨습니까?'라는 질문을 유권자들에게 던졌다. 4년 전보다 나아졌는지 안 나아졌는지, 일단 묻고 나면 그 답은 뻔하다. 나아졌다면 레이건이 그렇게 질문했을 리가 없었을 것이기 때문이다. 그는 카터 취임 이후의 미국 경제문제를 붙들고 늘어졌다. 그렇지만 카터는 레이건의 나이에 대해서는커녕 경제문제에 대한 반격 카드도 꺼내지 못했다. 마침내 레이건은 51%의 지지율을 얻어,

41%를 득표한 카터를 10%p 차로 물리치고 정권 교체를 실현했다. 나머지 8%의 지지율은 또 다른 후보 존 앤더슨의 몫이었다.

1984년 대통령 재선을 위한 선거 운동 당시 레이건은 이미 74세였고, 상대 후보는 56세의 월터 먼데일이었다. 먼데일은 고령 때문에 레이건의 국정 운영 능력이 떨어질 것이라고 말했다. 그러자 레이건은 "나이는 선거에서 중요한 게 아닙니다"라고 대답한 뒤 "나는 내 의견에 반대하는 사람이 젊거나 경험이 부족하다 해도 그 점을 공략해서 나의 정치적인 업적을 세우지는 않을 것입니다"라고 덧붙였다.

먼데일은 레이건이 얼마나 화술에 뛰어난 달인인지를 잘 알지 못했다. 먼데일은 외국의 정상들을 만난 자리에서 가끔씩 엉뚱한 소리를 내뱉어 '귀여운 저능아'라고 비난받던 레이건이 정말로 무식한 사람이고, 아무 생각도 없이 살아간다고 생각한 모양이었다. 때문에 카터 정부에서 부통령을 했던 자신은 카터가 넘지 못했던 레이건의 벽을 쉽게 넘을 것이라는 자신감에 충만했다.

레이건의 반격을 받은 먼데일은 "저는 레이건의 나이가 많다는 것을 이야기하는 것입니다. 치매나 판단력 부족 등과 같이 노령에 의한 위기가 레이건에게 발생하면, 미국은 세계에서 유례없는 지도자 유고의 상태에 빠질 수 있습니다. 그런 문제가 발생하지 않는다고 어떻게 단언할 수 있습니까?"라고 단호하게 말하지 못했다. 준비 없이 상대를 공격했던 먼데일은 레이건에게 아무런 재반격도 못했을 뿐 아니라 경험과 판단력도 부족한 사람이라는 평가만 받았다.

결국 41%를 득표한 먼데일은 59%의 지지율을 획득한 레이건에게 미국 대통령 선거 역사상 가장 큰 차이로 패배한 후보가 되었다. 4년 전

선거에서 존 앤더슨이 가져갔던 8%의 지지율은 고스란히 레이건이 가져갔고, 민주당의 전통적 고정표는 41%라는 사실이 확인됐다.

해박한 지식보다 요점을 집어내는 지혜가 관건이다

조지아 공대와 미 해군사관학교를 졸업하고 원자력 잠수함 개발 계획에 참여했던 지미 카터가 보기에 할리우드 B급 배우 출신의 레이건은 아무 생각 없는 노인네였다. 그에 반해 자신은 예일 대학교 법과대학 출신으로 부통령과 대통령을 역임한 제럴드 포드를 물리치고 대통령이 되었다는 자부심을 가지고 있던 카터는 레이건과 텔레비전 토론을 벌인다면 자신에게 유리한 결과가 돌아올 것이라 예상했다.

카터는 자신 있게 레이건에게 텔레비전 토론을 제안했다. 존 F. 케네디 이후 대통령 후보 간의 텔레비전 토론은 양측이 동의했을 때에만 이루어졌던 비고정적 행사였다. 민주당 지도부는 카터의 섣부른 행동을 만류했지만, 그는 레이건을 텔레비전 토론에서 짓밟고 싶어 했다.

결과는 카터의 완패였다. 쫓아가서 벼락을 맞은 셈이었다. 내용적으로는 정책 현안에 해박한 카터가 아무것도 모르는 레이건을 압도했다. 카터는 논리정연하고 지적인 화법으로 레이건을 제압하며 바보 취급했다. 레이건은 자신을 향한 카터의 공격을 특유의 유머로 피해 나갔지만, 카터는 유머를 받아들이지 않았다. 그러자 레이건은 카터에게 "그럼 하고 싶은 대로 하세요"라고 짧게 쏘아붙였다. 카터는 아무 말도 하지 못했다. 하고 싶은 대로 하라는 이에게 더 이상 따지고 들어갈 말이 없었기 때문이었다.

텔레비전 토론 내내 우세했던 것은 카터였지만 모든 사안에 대해서 그랬던 것은 아니다. 레이건은 한두 문제에 관한 한 카터를 철저히 압도했는데, 이것은 이후 레이건의 국정 운영 방식과도 연결되는 중요한 태도이다. 레이건은 모든 문제에서 전부 아는 척을 하기보다, 자신이 관심이 있고 꼭 취급해야 할 문제에 대해서만큼은 상대보다 많은 정보와 지식을 가지고 있었을 뿐 아니라 상대를 효과적으로 취급하는 요령도 알고 있었다.

텔레비전 토론 중 카터는 "나는 레이건 주지사가 테러리즘을 중단시키거나 감소시키겠다고 말하는 것을 들어본 적이 없습니다"라고 경멸조로 말했다. 그러나 그것은 화술의 달인 레이건을 잘 알지 못하고 섣불리 대적한 카터의 실수였다. 레이건은 카터에게 곧바로 기습적인 한 방을 선사했다.

"나는 테러리즘이 더 이상 세계에서 발붙일 틈이 없다는 생각을 가지고 있습니다. 테러리스트들과는 어떤 협상도 하지 않을 것입니다. 저는 대통령께서 테러리즘에 대해서 제가 갖고 있다는 잘못된 생각을 바로잡고 싶습니다."

이란 주재 미국 대사관에 침입한 테러리스트들과의 타협 실패를 경험했던 카터에게 있어 참으로 뼈아픈 말이었다. 레이건은 카터에게 '당신은 테러리즘 관리도 못하고, 테러리스트와의 타협에도 실패한 대통령'이라는 현실을 분명하게 인식시켰고, 이로 인해 카터는 레이건에게 한 방 먹이려다 도리어 더 크게 얻어맞은 셈이 되었다.

텔레비전 토론을 통해 유권자의 눈에 비친 카터는 만사에 불만이 많은 고집불통의 지식인이었고, 레이건은 유권자들에게 현실적인 질문을 하는 실용적인 정치인이었다. 레이건은 미국 국민들은 거창하고 복잡한 사안보다, 자기 자신과 관련된 내용에 대해서 관심이 많다는 것을 잘 알고 있었다. 때문에 그는 이란 테러리스트들에 대한 대처문제와 장기간 침체에 빠져 있는 미국 경제문제 등 미국 국민의 위상을 추락시킨 사안들만 부각했다. 미국 대통령이 되기 위해서 필요한 것은 만물박사식의 지식이 아니라, 복잡한 사안을 간단히 정리해서 요약할 수 있는 지혜였다.

인상적인 한두 마디가 분위기를 바꾼다

레이건에게는 카터와 같은 제도권 인재들이 갖지 못한 재능, 즉 대통령 후보로서 유권자들의 환심을 사는 기술이 있었다. 영화배우 출신이었던 레이건은 대통령 선거나 텔레비전 토론도 영화와 같다고 생각했다. 영화의 주인공이 되려면 그 어떤 것보다 주인공다운 연기를 보여 줘야 하는 것처럼, 텔레비전 토론에서도 그래야 한다고 여겼던 것이다.

때문에 레이건은 옳은 말을 많이 하고 화면에 많이 등장하는 역할은 카터가 하도록 내버려 두고, 자신은 카터보다 더 멋있게 보이게 함으로써 토론의 주인공이 되고 싶어 했다. 레이건이 토론의 주인공이 되면 카터는 조연이 될 수밖에 없기 때문이었다.

레이건은 자신을 이기려 드는 상대를 배려하고, 인상적인 한두 마디로 분위기를 쇄신했으며 유머로 어려운 상황을 모면했다. 그것이 텔레비전 토론의 주인공의 주인공이 할 일이라고 생각했던 것이다. 진지하게 상대의 말을 경청하는 자세를 보이면서, 그는 '이 텔레비전 토론의 주인공은 누구인가'를 유권자들에게 묻고 있었다. 카터의 상대는 레이건이었지만 레이건이 생각한 자신의 상대는 유권자들이었기에, 그는 시청자들에게 주인공으로 돋보일 수 있는 인상적인 연기를 펼칠 생각만 하고 있었다.

'강력한 리더십이 필요한 그때는 바로 지금'이라는 대선 슬로건은 허약해진 미국 대통령의 이미지 개선을 요구하는 국민정서를 반영한 것이었다. 미국 국민을 설레게 만들었던 이 슬로건은 4년 뒤 재임 도전을 위한 선거에서 '더 자랑스럽게, 더 강하게, 더 좋게'라는, 더 부드럽지만 강력한 문구로 구체화되었다. 레이건은 강한 대통령을 요구하는 미국 국민들의 시대정신에 공감하며, 그들이 원하는 이미지의 미국 대통령의 모습을 보여 줬다. 돌이켜 보면 레이건은 현실에서 미국 대통령 역할을 가장 잘 수행한 할리우드 배우였을지도 모른다.

미국 국민들이 제35대 대통령인 존 F. 케네디에 열광하는 이유는 그가 강력한 미국의 힘을 과시하며 국민들의 자부심을 드높였기 때문이다. 1962년 10월 22일부터 11월 2일까지의 11일 동안, 소련은 미국의 턱 밑인 쿠바에 중거리 핵미사일 배치를 시도하며 미국을 위협했다. 그러자 패기에 찬 케네디 대통령은 소련의 흐루시초프 서기장에게 핵전쟁을 포함한 전면전도 불사하겠다는 엄포를 놓았고, 그 위세에 눌린 흐루시초프는 결국 손을 들고 말았다. 미국 국민들은 소련을 꺾고 미국의 위상을 드높인 그에게 환호하기 시작했다.

하지만 강력한 대통령은 케네디로 끝이었다. 그가 비운의 죽음을 맞이한 이후 약 20년간, 그와 같은 강력한 이미지를 구축한 미국 대통령은 없었다. 베트남 패전을 시인한 제36대 린드 존슨, 도청으로 권좌에서 밀려난 제37대 리처드 닉슨, 전임 대통령의 임기만 겨우 채우고 재선에는 실패한 제38대 제럴드 포드, 테헤란 주재 미국 대사관에 잠입한 이란 테러리스트들을 진압하지 못했던 제39대 지미 카터까지 미국 대통령들은 세계 1등 국가를 자부하는 미국 국민들의 기대를 충족시키기에는 어딘가 부족했다.

영화 〈슈퍼맨〉은 바로 그때 등장했다. 문화가 시대를 반영한다는 전제를 바탕으로 생각해 본다면, 세계 질서를 바로잡는 영화 속의 슈퍼맨은 미국 국민들의 현실적인 욕망이 투영된 캐릭터이다. 미국 국민들은 강력한 힘을 가진 누군가가 나타나서 세계 질서를 잡아주기를 무의식적으로 고대했고, 그것은 허약해진 미국의 위상을 높이고 미국 국민들의 자부심을 세워 줄 강력한 대통령의 출현에 대한 요구로 이어졌다.

그런 시대적 상황과 맞아떨어진 사람이 바로 레이건이었다. 톱클래스도 아닌 B급 배우의 정계 진출이라는 비난을 받고 있었지만, 그는 실제로 정치인이 되기에 좋은 조건들을 많이 가지고 있었다. 185cm의 훤칠한 키에 50여 편의 영화에 출연한 배우다운 수려한 이목구비와 연기력, 그리고 영화배우 데뷔 전에 아이오와 라디오 방송국의 스포츠 캐스터로 활약하며 익힌 화려한 말솜씨에 이르기까지 레이건은 정치인으로 대중의 이목을 끌 만한 인물이었다.

게다가 제2차 세계대전 당시 그는 비전투 대위이긴 했지만 공수부대에 근무하며 훈련용 영화를 제작하기도 했다. 전쟁 영웅은 아니었지만, 영화인으로 전쟁에 참여해서 미국의 승리에 기여했다는 점도 그의 자랑거리였다. 또 전역해서 할리우드에 복귀한 이후 약 5년 동안 레이건은

186

영화배우조합의 회장을 역임하기도 했는데, 이것은 '영화배우들은 시나리오 작가가 써 준 대본을 들고, 감독의 지시를 받는 연예인에 불과하다'는 편견을 깰 수 있는 좋은 근거에 해당됐다.

실제로 레이건은 영화배우조합 회장의 경력을 바탕으로 영화활동을 주로 했던 캘리포니아 주의 주지사로 재직하면서 행정 운영 경험까지 쌓을 수 있었다. 그런 의미에서 그는 변호사 출신으로 정치에 입문한 일반적인 미국 대통령들보다 더욱 대중을 상대로 효과적인 선동 작업을 하는 데 필요한 요건을 구비한 상황이었다고 말할 수 있다.

현실 속에 환상을 심다

영화배우 레이건은 A급이 아니었지만, 제40대 미국 대통령에 당선되면서 전 세계적으로 가장 유명한 미국 영화배우가 되었다. 영화배우로 성공해서 유명해지나 미국 대통령이 되어 유명해지나, 결과는 마찬가지이다. 다른 점이 있다면 유명 영화배우는 돈과 명예밖에 갖지 못하지만, 미국 대통령은 돈과 명예 외에 권력까지 갖는다는 사실이다. 미국 대통령 재임에 성공한 레이건을 영화배우로 표현한 이유는 그가 대통령직을 수행했던 양상이 미국 행정부의 정통 관료적인 행동보다는 쇼맨십이 강한 영화배우의 홍보 활동과도 같은 인상을 주었기 때문이다.

레이건은 대단한 전략가이자 탁월한 연기자였다. 배우 시절에 할리우드를 장악하지 못했던 그는 정치인이 되어 할리우드가 있는 캘리포니아의 주지사가 되었다. 그리고 그곳에서 할리우드 영화의 추세를 지켜

본 그는 미국 국민들이 존 F. 케네디와 같은 강력한 이미지의 대통령을 원하고 있음을 파악했다. 영화로 성공했더라면 결코 얻을 수 없었을 정치감각이었다.

그는 할리우드 영화에서 미국 대통령 역할은 할 수 없었지만, 현실 정치에서는 미국 대통령이 될 수 있다는 사실을 깨달았다. 그것은 캘리포니아 주지사가 되면서부터 구체화된 현실적 목표였다. 평범한 사람도 분장을 하고 조명을 받으면 스타가 되는 영화적 현실을 알고 있었던 레이건은 자신의 얼굴에 노련한 미국 지도자의 인상을 입혔고, 약체 미국 공화당의 조명을 집중적으로 내비췄다.

레이건은 자신이 치른 두 차례의 미국 대통령 선거와 8년간의 대통령 재임 기간을 종합해서 한 편의 영화를 찍었다. '강하고 풍족한 미국'이라는 제목의 미국 자부심 부흥 프로젝트 영화였다. '강하고 풍족한 미국'은 그 대통령 재임 기간 동안 내세운 국정 목표였고, 그는 자신만이 세계 1등 국가 미국의 자부심을 다시 일으켜 세울 수 있는 당대의 유일한 인물임을 부각시키며 국민들의 마음을 설레게 만들었다. 영화적 환상과 신비를 현실 속으로 옮겨 놓은 것이다.

그는 막대한 돈을 들여서라도 미국이 세계 최강의 국가라는 자부심을 국민들에게 심어 주고 싶어 했는데, 사실 그것이 바로 미국 국민들이 바라는 바였다. 냉전 체제 이후 소련과의 경쟁에서 뒤로 밀린 것 같고, 베트남전에서도 패전하고, 중동 문제에서도 두 손을 든 미국에 필요한 것은 국가적 열패감에서 벗어나는 일이었다. 그랬기에 레이건의 재임 기간 중 미국의 부채는 세 배로 늘어났지만, 국민들은 그가 제공하는 미국적 환상을 깨고 싶어 하지 않았다.

레이건은 미국 대통령 별장인 캠프 데이비드에서 말을 타고 산책하는 사진을 찍어 공개하기도 했고, 노령에도 단단한 근육을 과시하며 도끼로 장작을 패는 모습을 노출하기도 했다. 그는 200년 전 서부 개척 시대에 "서쪽으로 가자!Go West!"를 외치며 프런티어 정신을 발휘했던 선조들의 이미지를 자신에게 투사시켰다. 그렇게 강력한 대통령 이미지를 구축한 레이건의 궁극적 목표는 미국의 국가 이미지를 '세계 최강의 군사력을 보유한 1등 국가'로 만드는 것이었다. 그리고 그는 결국 8년의 재임 기간 동안 '강하고 풍족한 미국'이라는 국정 목표를 내걸고, 미국 국민들이 수긍할 수 있는 수준까지 그 임무를 완수했다.

레이건은 자신이 하고 싶은 말보다는 철저하게 국민이 듣고 싶어 하는 말을 했다. 그는 미국인들이 원하는 대통령의 모습을 훌륭하게 연기해냈다. 그의 말과 행동에는 국민들의 자부심을 드높이는 격려가 있었다.

상대방의 마음을 사로잡아 내 편으로 만들고 싶다면, 자신의 뚜렷한 목표와 높은 이상만을 제시해서는 안 된다. 상대방의 눈높이에서 그들이 듣고 싶어 하는 말이 무엇인지를 파악하고 말할 줄 알아야 한다. 그것이 바로 사람의 마음을 얻는 기술이다.

14

실력, 사람을 이끄는 강력한 자력

블라디미르 푸틴 러시아 대통령

러시아의 발전이 블라디미르 푸틴(Vladimir Putin)의 공로임은 숨길 수 없는 사실이다.
문제는 그에게 '러시아 황제가 될 작정이냐'며 비난을 퍼붓는 반대파들을 설득하는 일이었다.
2012년 5월 7일, 푸틴은 세 번째로 대통령 취임식을 거행하며 '냉전시대 미국과 경쟁하던
단계로 러시아의 수준을 끌어올리겠다'고 선언했다. 러시아 국민의 3분의 2에
해당하는 이들은 지난 20년간 러시아를 발전시켜 온 그에게 다시 한 번 기대를 걸고 있다.

> "우리는 세계가 동반자로 존중해 주는
> 강한 러시아에서 살기를 바라고, 또 살게 될 것입니다.
> 우리가 함께하는 목표와 이상의 힘을 믿습니다."

"우리는 함께 길고 어려운 길을 통과해 왔습니다. 우리는 서로를 믿어
왔습니다. 그리고 우리의 힘도 믿어 왔습니다. 우리는 나라를 강하게
만들어 왔으며, 위대한 국가의 위엄을 다시 찾았습니다. 세계는 러시아
의 부흥을 보았습니다. 그리고 이것은 우리 국민의 노력의 결과입니다.
함께 하는 노고, 거기에는 여러분 각자의 헌신이 있습니다."

2012년 5월 7일 정오, 블라디미르 푸틴 러시아 대통령이 세 번째 취
임식을 가졌다. 러시아 대통령궁인 크렘린의 안드레예프스키 홀에서

열린 취임식은 30분간 간단하게 진행되었지만, 그 분위기는 19세기 초 알렉산드르 2세의 대관식을 연상시킬 정도로 장엄하고 웅장했다.

내부가 온통 금박으로 덧씌워진 화려한 안드레예프스키 홀에서 취임식을 거행한 이유는 구소련의 붕괴 이후 러시아의 추락을 막아낸 푸틴이 새로운 임기를 시작한다는 사실을 대내외에 알리기 위해서였다. 러시아 정부는 의도적으로 푸틴의 취임식을 러시아 농노를 해방시킨 알렉산드르 2세의 대관식과 연결시키고 있었다.

"오늘 우리는 국가 발전의 새로운 단계로 접어들기 시작합니다. 우리는 완전히 다른 차원의 질과 양을 가진 문제를 풀어내야 합니다. 다가오는 몇 년은 러시아의 수십 년을 결정할 것입니다."

푸틴의 연설은 단호하고, 간결했다. 그는 이미 두 번의 대통령 임기를 통해 대통령으로서의 역량을 충분히 보여 주었다. 그가 통치하던 시기의 러시아는 미국과의 경쟁에서 참패할 것이라는 우려를 뒤로하고, 구소련의 영화榮華를 회복하는 단계로 접어들 수 있었다.

"그러나 저는 약속할 수 있습니다. 저는 여러분에게 제가 공개적이고, 정직하게 일을 할 것임을 진심으로 약속합니다."

3000명의 참석자들 앞에서 푸틴의 취임식이 진행되는 동안, 크렘린 궁 밖에서는 민주주의의 발전을 요구하는 이들의 취임식 반대 시위가 열리고 있었다. 투표에 참가한 국민의 3분의 2가 찬성했는데도 투표 결과를 받아들일 수 없다는 이유였는데, 언론은 그 수가 10만에 달한다고 보도하기도 했다.

그러나 대부분의 국민들은 푸틴을 연호하고 있다. 경제발전과 민주주의 이행 사이의 딜레마에서 러시아 국민들은 경제발전이 최선이라고 선택했기 때문이다. 푸틴이 당당하고 자신에 친 이유 또한 바로 그것이 었다. 푸틴은 추락하는 러시아를 온몸으로 막아내고, 경제회복과 발전이라는 목표를 달성해냈다는 자신감을 가지고 있었다. 자신의 힘으로 이룩한 업적이 있는 사람일수록 더욱 당당할 수 있기에, 푸틴의 연설은 간결해도 힘이 느껴졌다.

절대 다수의 압도적인 지지

2012년 3월 4일에 치러진 러시아 대통령 선거에서 러시아당의 푸틴은 64%의 득표율을 보이며 당선됐다. 함께 선거에 나섰던 러시아 공산당의 겐나디 주가노프, 자유민주당의 블라디미르 지리노프스키, 정의러시아당의 세르게이 미로, 무소속의 미하일 프로호 등 네 명의 후보는 처음부터 푸틴의 적수가 되지 못했다. 차점자인 주가노프의 득표율은 17%에 그쳤고, 나머지 세 명의 후보가 얻은 표를 다 합해도 전체 유권자의 3분의 1인 36%에 불과했다. 1차 투표에서 과반수 득표자가 없으면 1위와 2위만을 대상으로 한 2차 투표가 있을 예정이었지만 압도적인 득표 덕분에 푸틴은 2차 투표를 거칠 필요도 없이 당선을 확정했다.

선거가 끝난 뒤, 주가노프를 제외한 나머지 세 명의 후보는 푸틴의 승리를 인정하고 축하 메시지를 발표했다. 그러나 공산당 후보인 주가노프는 불공정선거임을 주장하며 푸틴에 반대하는 시위를 주도했다.

사실 부정선거 의혹이 전혀 없는 것도 아니었다. 체첸 지역과 같은 곳에서는 투표율이 107%까지 나왔는가 하면, 그 외 일부 지역에서도 부정선거에 대한 시비가 보고되었기 때문이다. 그러나 전국적인 반대 시위나 폭동이 없었던 것으로 미루어 보면, 푸틴이 나름대로 인기 있고 높은 지지를 받는 것은 사실인 셈이다. 어쨌든 시위는 곧 정리되었고, 푸틴의 당선은 현재 러시아 국민들 전체가 당연한 것으로 받아들이고 있다.

사실 러시아 국민들은 처음부터 푸틴의 당선을 예상하고 있었다. 푸틴이라는 초인적 인물이 지닌 매력과 위력 때문이었다. 현실적으로 지지도나 지도력 면에서 푸틴을 능가할 만한 정치인이 아무도 없는 러시아였기에 2012년의 대선 결과는 누구나 예측 가능했다. 심지어 결과가 뻔한 선거를 위해 굳이 애쓰지 말고, 아예 푸틴을 대통령으로 추대하자는 여론까지 나올 정도였다. 여전히 공산주의자들이 과거로의 회귀를 주장하고 막강한 군사력을 지닌 군부가 쿠데타 등으로 정권에 도전할 우려가 있는 러시아에서, 그러한 상황을 막아낼 수 있는 인물이 푸틴밖에 없는 것 또한 냉정한 현실이다. 러시아 국민들도 그러한 사실을 잘 알고 있다.

실제로 푸틴의 인기를 반영하는 여론조사가 있었다. 대통령 후보 등록이 마감된 2012년 2월 8일, 러시아의 전국 여론조사기관인 로미르 ROMIR는 1600명의 국민을 대상으로 2012년 대통령 선거에서 어떤 후보를 지지할 것인지 질문했다. 조사 결과, 놀랍게도 응답자의 80%가 푸틴에게 투표하겠다고 응답했다. 그래서 3월 4일 치러진 러시아 대통령 선거는 말 그대로 하나 마나한 선거가 되고 말았다.

대한민국 면적의 170배가 넘는, 세계 최대의 국토를 가진 러시아는 세계에서 아홉 번째로 인구가 많은 나라이기도 하다. 비록 과거 냉전시대 자유민주주의 진영의 대표주자 미국을 상대하던 공산주의 맹주로서의 위세는 사라졌지만, 그럼에도 1조 9000억 달러의 GDP로 세계 9위의 경제력을 과시하고 있다.

그런데 150여 개 민족, 1억 4000만 명의 인구로 구성된 거대국가 러시아에서 절대적으로 지지를 받고 있는 정치인이 푸틴 한 사람만이라는 사실은 참으로 놀라운 일이 아닐 수 없다. 대통령을 두 번이나 지냈고, 그것으로는 모자랐는지 자신이 내세운 대통령 밑에서 총리까지 역임한 그임에도 국민적 지지율이 60%를 넘는다는 것은 정말 불가사의하다고밖에 말할 수 없는 일이다.

돌발 변수가 많은 러시아를 압도해 온 장악력

푸틴에 대해 이야기하려면 반드시 함께 언급해야 하는 두 명의 인물이 있다. 구소련의 공산당 서기장이었던 미하일 고르바초프와 초대 러시아 대통령이었던 보리스 옐친이 그들이다. 공산사회주의 국가였던 구소련이 자유민주주의 국가인 러시아로 전환되는 과정에서 민주주의의 씨를 뿌린 사람이 고르바초프라면, 옐친은 물을 주고 민주주의를 키운 사람 그리고 푸틴은 그 열매를 따 먹는 사람이라 할 수 있다.

1985년, 구소련의 공산당 서기장에 취임한 고르바초프는 페레스트로이카(재건)와 글라스노스트(개방)의 균형적인 개념을 구체화하려는 러시아 공산사회주의의 개혁을 주도했다. 당연히 기존 공산당 세력들은 고르바초프에 저항하며 개혁정책에 반대했지만 경제문제를 해결하지 못하는 공산사회주의의 몰락은 당연한 일이었고, 그런 와중에 소수 민족들의 동요까지 일어났다. 결국 구소련 지도부는 더 이상 기존의 체제로 연방이 유지될 수 없다고 판단했고, 1990년 6월 12일 러시아 공화국은 주권 국가를 선언하며 독립했다.

1991년 러시아 대통령에 당선된 옐친은 본래 고르바초프의 측근이었으나, 공산당이 공산주의로의 회귀를 위해 1991년 8월에 일으킨 쿠데타를 저지하는 과정에서 미온적인 개혁 의지를 보인 고르바초프와 결별했다. 그리고 구소련 연방이었던 발트 3국과 그루지아를 제외한 11개 공화국을 참여시켜 독립국가연합CIS을 결성하고 실질적인 지도자가 되었다. 하지만 독립국가연합의 주도권을 잡으려는 우크라이나 공화국과의 갈등, 경제개혁 실패, 군부의 반발 등으로 그는 위기에 봉착했다.

그럼에도 옐친은 1992년 3월 러시아연방의 자치공화국들과 신연방조약을 맺고, 4월 경제개혁을 주도해 온 가이다르와 함께 내각 총사퇴를 표명함으로써 위기를 극복했다. 옐친은 공산주의에 바탕을 둔 보수파들과의 갈등을 타협으로 넘기고, 1993년 4월 25일 국민투표를 통해 러시아 개혁에 대한 국민적 호응을 얻어냈다. 1999년까지 러시아 변혁의 기로에서 민주주의와 시장경제의 발전에 기여한 옐친은 총리였던 푸틴을 대통령 권한대행으로 지명하고 대통령직에서 사임했다. 공산주의 퇴조 후에 자리를 잃은 당과 군부 세력, 독립국가연합의 민족주의 갈등과 주도권 다툼, 미국 등 서구세계와의 관계 설정, 순식간에 적성국으로 변모한 중국과의 외교문제 등은 1999년 은퇴 당시 69세였던 옐친에게 있어 극복하기 힘든 숙제였다.

엘친이 푸틴을 후계자로 선택한 이유 중 가장 큰 것은 퇴임 후의 신변보장 때문이었다. 공산주의의 퇴조와 민주주의의 이행 과정에서 빚어진 유혈 혁명과 군사 쿠데타 등으로 그에게는 적이 많았다. 때문에 자신이 선택해서 키운 후계자 푸틴의 보호가 엘친에게는 절대적으로 필요했다.

푸틴은 동독 드레스덴 주재원으로 근무하다 1990년 당시 상트페테르부르크 시장이었던 아나톨리 알렉산드로비치 소프차크의 보좌역을 담당했다. 이후 엘친에게 발탁되어 러시아 대통령 총무실 부실장, 대통령 행정실 실장, 러시아 연방 보안국 국장 등을 거친 그는 차근차근 러시아 권력의 중심으로 진입했다.

1999년 8월, 총리가 된 푸틴은 곧바로 체첸 반군들에 대한 대대적인 군사행동을 벌이면서 국정 주도권을 장악하기 시작했다. 이때부터 러시아 내에서의 푸틴의 인기는 급속도로 수직상승했고, 세계 언론도 그에게 주목하기 시작했다. 정권 이양이 안정적으로 이루어진 것을 확인한 엘친은 같은 해 12월, 푸틴을 대통령 직무대행으로 지명했다. 석 달 후인 2000년 3월, 푸틴은 러시아 역사상 두 번째로 치러진 직선 대통령 선거에서 53%의 득표율로 당선되었고, 4년 뒤인 2004년 3월의 재선에서도 70%의 지지율을 보이며 재선에 성공했다.

KGB 출신이었던 푸틴은 러시아의 국정 혼란기에 강력한 통치력을 발휘하며 구소련의 영광을 재현하기 위해 노력해 왔다. 비판적 언론인에 대한 살해 의혹이 불거졌는가 하면 총선과 대선에서의 부정 가능성이 제기되기도 했지만, 푸틴에 대한 러시아 국민들의 지지 이유는 분명했다. 국내 정치 안정, 재임 기간 중 연 10%의 지속적인 경제성장, 대외 위상 강화 등을 실현하고 있는 정치인이 바로 푸틴이기 때문이었다.

대통령 취임 메시지의 결론, 다시 태어난 러시아의 운명

2012년 5월 7일, 제4대 러시아 대통령 푸틴은 대통령 취임식 이후 첫 번째 순방국을 미국 대신 중국으로 정했다. 11일 뒤에 미국에서 개최될 G8 정상회담에 참석하는 것이 순리였지만 푸틴은 드미트리 메드베데프 총리를 대신 보냈고, 자신은 6월 6일에 중국에서 개최된 상하이 협력기구SCO에 참석했다. 대통령 선거에서의 부정 의혹을 지적한 미국에 대해 불쾌감을 표시하기 위한 행보라는 것이 지배적 관측이다.

푸틴의 아킬레스건은 부정선거 의혹이다. 합법적인 선거에 의해 정권을 획득한 푸틴이었지만, 러시아 내부의 사정을 들여다보면 그다지 밝은 것만은 아니다. 2012년 9월 16일에는 러시아의 50개 도시에서 전개된 반푸틴 시위로 세르게이 우달초프를 비롯한 야권 지도자들이 연행되기도 했다. 푸틴에 대한 지지도는 75%에서 59%로 떨어졌다. 물론 이러한 반푸틴 시위는 10월에 있을 지방 선거를 의식한 야권의 정치공작이라는 주장이 없는 것은 아니지만, 푸틴의 통치에 대한 피로감이 누적된 것 또한 분명한 사실이다.

푸틴이 대통령 취임사에서 밝힌 것처럼, 향후 몇 년이 러시아의 수십 년을 결정하게 될 것은 틀림없다. 문제는 대통령인 푸틴과 러시아 국민들의 해법이 다르다는 점이다. 푸틴은 지금까지 성장해 온 경제력을 바탕으로 앞으로 더 나아가 구소련과 같은 영향력을 발휘하는 쪽으로 국위를 향상시키려 하는 반면, 리시아 국민들은 현실적으로 체감할 수 있는 실물 경제와 민주주의 발전을 지향하고 있다. '지금이 아니면 러시아는 국가 발전의 탄력을 확보할 기회를 놓쳐버릴 것'이라고 생각하는 푸틴이 '이제 좀 편하게 살아 보자'는 러시아 국민들을 어떻게 설득할지가 러시아 발전의 고비이다.

푸틴은 총리 시절이던 2011년 10월, 구소련국가들이 참여하는 거대한 통합체인 유라시아연합EAU을 2015년까지 창설하자고 제안했다. 그리고 그 제안을 실현하기 위해 2012년에는 러시아, 벨라루스, 카자흐스탄 3국의 관세동맹을 끌어냈고, 2015년까지 키르기스스탄과 타지키스탄 등 구소련 국가 전부를 참가시키겠다는 의욕을 보이고 있다. 유라시아 연합이 창설된다면 아시아태평양경제협력체APEC, 동남아시아국가연합ASEAN, 북미자유무역협정NAFTA, 유럽연합EU에 이어 또 하나의 강력한 정치경제 공동체가 형성되는 것인데, 그렇게 된다면 러시아는 푸틴이 생각하는 것처럼 구소련 수준의 강력한 국가 연합이 되어 미국을 견제할 수 있을 것이다.

물론 유라시아연합 설립이라는 목표를 달성하기 위해 그가 넘어야 할 고비는 너무도 많다. 원유 특수特需를 누렸던 첫 번째 대통령 재임기와 같은 경제적 발전이 보장되지 않는 상황에서 반푸틴 세력의 저항을 억누를 효과적인 방어장치가 마련되지 않았기 때문이다. 게다가 급격히 성장한 러시아의 국위에 긴장하는 미국의 반격도 만만치 않을 뿐더러, 정치적 독립을 선언하고 20년 동안 독자적으로 발전해 온 구소련 국가들이 다시 유라시아연합의 기치 아래 모여들지도 장담할 수 없다. 오랜 경쟁국인 중국 또한 궁극적으로 러시아의 독주를 방치하지는 않을 것이라는 점도 예측 가능한 사안이다.

현재까지의 모든 상황은 푸틴에게 긍정적이다. IT와 SNS의 발달로 갑자기 늘어난 20~30대와 일부 중산층을 포함한 반푸틴 세력이 늘어나긴 했지만, 여전히 푸틴 지지 세력을 수적으로 능가하지 못한다. 이들은 러시아에 있어 중요한 문제는 국제적 위상 향상이나 경제성장이 아니라 민주주의의 정착이라고 주장한다. 이에 반해 푸틴 지지 세력들은 그의 재임 기간이었던 2000년부터 2008년 사이에 GDP가 두 배나 뛰어올랐던, 놀라운 경제 기적에 대한 향수를 버리지 못하고 있다. 실제로 다른 대선 후보들이나 반대 세력들에게 내놓고 자랑할 만한 '러시아의 기적적인 경제성장'이라는 업적이 푸틴에게는 큰 무기와도 같다.

게다가 선거 운동 기간 동안 푸틴이 강조한 '강한 러시아'라는 구호도 러시아 국민들을 설레게 만들기 충분하다. 냉전시대 내내 경제적 빈곤 속에서도 미국과 함께 양대 강국이라는 자부심을 가져 왔지만, 구소련 붕괴 후 국제사회에서 상대적 박탈감을 경험하며 자존심에 상처를 입은 러시아 국민들에게 있어 푸틴은 다시금 러시아의 위상을 끌어올려 줄 인물이기도 하다.

경제성장이라는 업적이 확실한 푸틴의 세 번째 대통령직 수행은 이제 미국 등 서방 언론을 비롯한 전 세계의 주목을 받고 있다. 그가 내걸었던 선거공약과 취임 연설 내용들이 현실로 이루어진다면, 또 유라시아 연합의 웅대한 포부가 성취된다면, 러시아는 머지않은 장래에 구소련의 영광을 재현할 가능성이 높다. 미국의 핵 우위를 허용하지 않겠다는 푸틴의 강력한 리더십은 2020년까지 7900억 달러(약 882조 원)를 군비증강에 투입하겠다는 결연한 의지로 나타나고 있고, 매년 6~7%의 경제성장을 통해 현재 세계 11위인 러시아의 경제규모를 5위로 끌어올리겠다는 뚜렷한 청사진을 제시하고 있다. 그에게 있어 남은 문제는 경제성장과 함께 불어 닥칠 수 있는 반푸틴 세력의 민주화 투쟁 가능성을 잠재우는 일이다.

　누군가의 신뢰를 얻고 싶다면 자신의 실력을 보여 주는 것만큼 효과적인 것도 없다. 누구나 인정할 수 있는 업적이 있다면 사람의 마음을 저절로 이끌 수 있기 때문이다. 푸틴은 과거에 이룩한 성취가 있었기에, 앞으로 자신이 이룩할 성취에 대해서도 국민들을 설득할 수 있었다.

15

시대가 변하면 가치도 바꿔라

후진타오 중화인민공화국 주석

후진타오(胡錦濤)의 갈등은 중국 민주화의 현실을 어느 정도 선까지 인정하느냐 하는 것이다.
덩샤오핑이 실용주의를 취할 때, 중국은 공산주의를 포기한 것이나 다름없었다.
10년의 집권 기간 동안 후진타오는 중국의 인본주의 전통을 공산주의와 결부시키는
방식으로 민주화를 전개할 의지를 피력했다. 2012년 5월 3일의 제4차 '미중 경제전략대화'의
개막 연설에서는 다음과 같은 우회적인 표현으로 중국의 변화 가능성을 내비쳤다.

"봄이 다시 온다."

─────

"풀과 나무도 머지않아 봄이 다시 온다는 것을 알고 서로 아름다움을
뽐낼 준비를 한다."

2012년 5월 3일, 중화인민공화국의 국가주석 후진타오는 베이징에
서 열린 제4차 미중 경제전략대화의 개막식에서 개막 연설을 했다. 이
연설에서 후진타오는 당나라 시인 한위의 칠언절구 「완춘」의 두 구절을
인용하며, 그 이유를 다음과 같이 설명했다.

"시간은 나를 기다려 주지 않는다. 반드시 내가 앞서 나가 잡아야 한
다. 미국과 중국 관계는 한 단계 발전할 좋은 기회에 직면해 있다. 그와

동시에 새로운 도전도 앞에 놓여 있다."

제4차까지 이른 미중 경제전략대화는 2009년 런던의 G20 정상회담에서 후진타오가 버락 오바마와 개최하기로 합의한 뒤 매년 열리는 양국 간의 정례회의이다. 개막식 연설에서 후진타오는 미중 관계에 대한 중국 쪽의 입장을 여러 차례 설명했다.

"최대 신흥발전국인 중국과 최대 선진국인 미국은 호혜평등한 새로운 대국관계를 구축하고 발전시켜야 한다. 중국과 미국은 상황이 다르기 때문에 모든 문제에 대한 의견이 같을 수 없다. 때문에 대화와 교류를 통해 상호 이해를 증진시켜 양국의 새로운 관계를 발전시켜야 한다. 현재는 여러 가지 이견이 있지만 꾸준히 대화하면 서로 이익을 보며 함께 발전할 수 있는 관계를 구축할 수 있을 것이다. 양국은 기회를 잡아야 하지만 상대방 국가에 대한 간섭을 배제하고, 서로 존중하면서 협력하는 새로운 대국관계의 길을 개척해 나가야 한다."

후진타오가 행한 연설의 요지는 단 하나, '중국은 개혁개방을 하되 중국식으로 하겠다'는 것이었다. 중국식으로 하겠다는 말은 곧 자신을 주석으로 지명한 덩샤오핑의 실용주의를 계승하겠다는 것이기도 했다. 더구나 2012년은 중국의 개혁개방을 본격화한 덩샤오핑의 남순강화南巡講話 20주년이 되는 해이기도 했다. 후진타오의 연설은 단순히 미중전략대화의 상대국인 미국에게만이 아니라, 자국에 대해서도 '중국식 실용주의 노선의 견지'를 선포하는 것이었다.

지도자는 인민이 원하는 것을 해내는 사람이다

"중단 없는 개혁과 근대화를 추진하겠습니다."

2002년 11월 15일, 중국 공산당 제16기 중앙위원회 제1회 전체회의에서 총서기로 선출된 후진타오는 취임식에서 위와 같이 선언했다. 별로 놀라울 것도, 새로울 것도 없는 취임사였다. 개혁과 근대화는 전전임자 덩샤오핑과 전임자 장쩌민이 추진해 온 정책이었다. 후진타오는 취임사에서 장쩌민이 제창한 3개 대표론, 즉 공산당은 선진 생산력, 선진 문화, 인민의 근본이익을 대표해야 한다는 것을 특별히 강조했다.

사실 마오쩌둥, 덩샤오핑, 장쩌민에 이어 후진타오가 중국의 4세대 지도자가 되었을 때, 중국인들은 물론 세계언론은 그가 40년간 이어졌던 중국 정치의 징크스를 깼다는 사실에만 집중했다. 덩샤오핑으로부터 직접 낙점 받은 후진타오가 실제로 중국 총서기에 오를 가능성은 반반이었다. 류사오치, 저우언라이, 린바오, 화궈펑, 후야오방, 자오쯔양 같은 인물들이 모두 차세대 지도자로 주목을 받았지만 정상 부근에서 낙마했던 까닭이었다.

중국 베이징의 명문 칭화 대학교 출신의 후진타오는 문화혁명 시절, 홍위병으로 나선 학우들 앞에서 은사와 동료들을 비판하지 않았다는 이유 때문에 지방으로 밀려났던 경험을 기억하고 있었다. 그러나 그 시기에 그는 오히려 내실을 다질 수 있었다. 베이징을 떠날 때 그는 다시 베이징으로 돌아오지 못할 수도 있다고 생각했을 것이다. 그랬기에 그는 정상 부근에라도 머무를 수 있는 것에 감사했고, 될 일이라면 굳이 서두를 필요가 없고 되지 않을 일이라면 서둘러도 안 될 것이라는 믿음을 가지고 있었다.

2003년에 후진타오가 중국 주석으로 취임한 뒤, 중국은 일본을 제치고 세계 2위의 경제대국으로 부상했다. 2007년에 2만 위안을 돌파한 중국의 1인당 국민소득은 4년 뒤 2010년에는 3만 위안의 벽을 넘었다. 2003년과 비교하면, 2012년의 중국의 1인당 국민소득은 약 다섯 배 이상 증가한 셈이다. 이처럼 후진타오 집권 이후 10년간 중국의 1인당 국민소득은 연평균 10.1%라는 높은 성장률을 보였다.

국민총생산 역시 2011년에는 47조 위안(약 8400조 원)으로 2003년의 13.5조 위안(약 2410조 원)보다 3.5배가 늘어났다. 그 가운데 주목할 점은 미국발 글로벌 금융위기로 세계 경제가 추락했던 2009년에도 중국은 홀로 9.2%라는 가공할 만한 성장률을 기록했다는 사실이다. 물론 당시 4조 위안(약 750조 원)에 달하는 엄청난 규모의 재정 확대로 성장률은 높게 유지했지만, 그 후유증으로 통화량이 급속히 늘어나 부동산 버블이 생겨나기도 했다.

하지만 전반적으로 봤을 때 후진타오가 덩샤오핑, 장쩌민으로 이어지는 중국 지도자들의 개혁개방정책을 성공적으로 계승한 것만은 틀림없다. 그가 집권하는 10년 동안 중국의 외환보유액은 2003년 4033억 달러에서 2011년에는 3조 1811억 달러로 무려 7.9배나 급증하며 세계 1위가 되었다.

2001년까지만 하더라도 일본 국민총생산의 5분의 1에 불과했던 중국이 일본을 능가하는 경제대국으로 발전한 것은 중국의 4세대 지도자들의 개혁개방정책이 성공했기 때문이라 할 수 있다. 중국 경제는 미국 경제를 위협할 만한 수준으로 성장하고 있고, 중국 경제의 위기는 세계 경제의 위기로 직결될 수 있을 만큼 중요성이 커졌다. 후진타오의 집권 10년은 덩샤오핑과 장쩌민의 개혁개방 노선을 이상적으로 발전시켜 중국 경제를 성장시킨 것임에 틀림없다.

잃어버린 고전의 가치를 다시금 되새겨라

"중국 문명은 항상 인간의 위엄과 가치를 존중할 것을 가르쳐 왔습니다. 수 세기 전에, 중국인들은 이미 '인간이 나라의 근본이다. 근본이 튼튼해야 나라가 평안하다', '이 세상에 사람만큼 귀한 존재는 없다'는 사실을 지적했습니다. 고대 중국인들은 백성을 받들고, 풍요롭게 만드는 가치를 강조했습니다."

후진타오는 2006년 4월 21일 미국 방문 기간 중 예일 대학교에서 연설을 했다. 그가 이야기한 것들은 『서경書經』의 '민유방본 본고방녕民惟邦本本固邦寧', 『손빈병법孫臏兵法』의 '천지지간 막귀우인天地之間莫貴于人', '이민위본以民爲本'과 같이 중국 고전에 등장하는 내용이었다. '이민위본'의 경우는 맹자가 말한 '민위기'를 정관시대에 관철했던 정책으로 중국 휴머니즘의 근간이 되는 말이다. 중국 지도자가 미국 대학에서 중국의 휴머니즘을 이야기한 것은 이례적인 일이 아니라, 사상 초유의 일이었다.

"오늘날 중국도 국가 발전에 있어 인간 중심의 접근을 추구하고 있습니다. 왜냐하면 중국의 발전은 인간을 위해야 하고, 인간에 의해서 이루어져야 하고, 그 이익은 중국 국민들이 함께 나누어야 한다고 믿기 때문입니다. 또한 중국은 국민의 가치와 권리, 관심과 자유, 삶의 질, 발전 가능성과 행복 시수에 관심을 두고 있습니다. 중국의 목표는 중국 국민의 모든 면에서의 발전을 깨닫는 것이기 때문입니다. 생존과 발전 권리 보장은 중국의 최우선 과제로 남아 있습니다. 우리는 사회 및 경제 발전, 국민의 자유 보장, 법에 보장된 민주주의와 인권과 사회정의의 실현, 13억 인구의 행복한 생활을 강력하게 추진할 것입니다."

그가 말한 것은 비록 현재 진행형이긴 하지만 현재 중국이 실제로 추구하고 있는 국가 목표라는 점에서 놀라운 것이었다. 그러나 그보다 더욱 사람들을 놀라게 한 점은 여전히 공산주의라고 자부하는 중국의 지도자 후진타오가 자유민주주의적 가치와 인간 중심의 복지정책을 추구하는 서구 민주주의 국가의 지도자가 밝힐 만한 내용을 공개석상에서 이야기했다는 것이었다.

후진타오가 이러한 연설을 굳이 예일 대학교에서 한 데는 이유가 있다. 그는 중국이 더 이상 인민의 기본권을 제약하는 공산주의 국가를 지향하지 않음을, 그리고 중국 역시 인본주의 역사를 가지고 있을 뿐 아니라 그것을 계승하고 있음을 피력하고 싶었던 것이다. 후진타오가 인본주의에 대한 중국 역사를 언급할 수 있었던 것은 중국 공산당 지도부 내의 정치적 갈등을 나름대로 극복했기에 가능한 일이었다.

13억 인민의 민심을 사로잡는다는 것이란

후진타오가 항상 주목해 온 것은 13억 인민의 민심이다. 혁명에 의해 공산주의가 실현되었듯이, 혁명에 의해 공산주의가 무너질 수 있다는 것을 잘 알고 있기 때문이다. 민주적 정권 교체가 아닌 혁명에 의한 정권을 성립시킨 중국은 항상 새로운 형태의 민중봉기에 대한 두려움을 가지고 있다. 5000년 동안 중국은 무수한 민중봉기와 혁명으로 정권이 교체된 역사의 교훈을 잊지 않는다. 그리고 그러한 민중봉기와 혁명의 핵심은 언제나 인간다운 삶이었다.

정권 인수가 완전히 끝난 2005년 이후, '과연 마르크스주의를 벗어난 중국 공산당을 국민들에게 어떻게 설명할 것인가'라는 문제에 봉착한 후진타오는 중국의 4세대 지도자로 확실하게 정권을 승계한 2005년 3월의 제10기 전국인민대표회의 제3차 회의에서 공자를 되살려냈다. 한계에 부딪친 마르크스주의에 대한 타개책으로 제시하기 위함이었다. 즉, 부의 분배가 고르게 이뤄지는 균형성장, 소외 지역과 주민에 대한 배려와 관심, 계층 간의 조화를 주장하며, 그것을 완성하는 도구로 공자를 거론한 것이다. 문화혁명 시기에 '도구(도둑)'라 지탄했던 공자를 다시금 끌어들인 것은 경제 발전에 병행되지 못하는 마르크스주의를 보완하기 위해서였다. 문화혁명 시대의 중국을 망치는 '도구(도둑)'가 실용주의 시대에는 중국을 살리는 '도구(연장)'가 된 것이다.

후진타오는 기존의 마르크스주의에 인본주의와 친민주의를 서서히 첨가하기 시작하며, 공자의 인의仁義 사상을 부각시켰다. 정치적 풍요는 경험했으나 경제적 빈곤 상태에 빠졌던 중국 공산당 지도부는 1세기에 걸친 공산혁명 과정을 통해 경제적 빈곤은 물리친 대신 정치적 빈곤에 직면했기 때문이다. 그렇다고 모든 문제가 전부 해결되는 것은 아니었다. 중국 내부의 농민 시위와 폭동, 도시 빈민의 출현, 독립을 원하는 소수민족의 투쟁 등은 후진타오에게 '과연 마르크스주의는 동반되어야 하는가'라는 갈등을 남겨 주었기 때문이었다.

후진타오의 신년사에 70억 세계 인구가 주목하다

"중국식 사회주의 체제 구축을 위해서는 마르크스주의의 기본 원리를
중국의 실제 시대상황과 긴밀히 부합시키는 작업이 필요합니다."

　2005년 11월, 공산당 집단학습에서 후진타오는 마르크스주의에 대
해 위와 같이 언급했다. 이러한 모습은 2005년 3월의 제10기 전국인민
대표회의 제3차 회의에서 공자를 언급한 것과 연결되는 것이었다. 후진
타오가 공자에 이어 다시 마르크스주의를 강조한 것은 중국 공산당의
정체성 때문이었다. 경제적으로는 이미 서구식 자본주의와 다름없이
시장경제 체제가 된 상황에서 정치적으로까지 마르크스주의를 포기한
다면 일당—黨 지배의 공산당 정권을 설명할 논리적 근거를 없애는 셈이
었고, 후진타오는 그런 식으로 소련의 해체를 답습하는 것을 원하지 않
았다.

　이미 자본주의의 문제점이 고스란히 노출된 중국을 방치하다가는 자
칫 체제 붕괴의 위기상황까지 발생할 수 있다는 우려가 후진타오에게
엄습한 것이었다. 공자의 인의 사상이 자본주의의 한계점을 보완하는
도구로 사용되었다면, 마르크스주의를 새삼 부각시킨 것은 체제의 안
정성을 확보하기 위함이었다. 서구사회를 따라잡기 위해 개혁개방으
로 급성장한 중국 경제가 맞이할 현실은 결국 자유민주주의밖에 없었지
만, 그런 상황이 발생한다면 중국 공산당은 존립할 근거를 상실한다는

것이 후진타오가 고민하는 부분이었다.

"개혁개방 30주년을 맞아 그 과정을 돌아보고 총결산해야 합니다. 그리고 그동안의 성취와 성공적인 경험을 바탕으로 새로운 시대의 조건 아래 개혁개방 노선을 계속 추진해야 합니다."

2008년 1월 1일, 후진타오는 전국인민정치협상회의 청사에서 열린 신년 다과회에서 신년사를 했다. 우방궈 전인대 상무위원장, 원자바오 총리 등 아홉 명의 정치국 상무위원, 민주당파, 상공인, 무당파 인사까지 주요 인물들이 거의 모두 함께한 자리에서 이루어진 그의 신년사는 참석자들에게는 물론 13억 중국인들과 70억 세계 인구 전체에 밝히는 중국의 포부일 수도 있었다. 형식은 후진타오의 신년사였지만, 중국 지도부 전체가 수용할 수 있는 내용들이었다.

후진타오는 크게 두 가지 문제를 언급했다. 첫째는 개혁개방의 변화였다. 그는 중국 개혁개방 30주년을 맞은 2008년, 큰 틀은 유지하되 세부적인 면에서 변화가 있을 것임을 암시했다. '새로운 시대의 조건 아래', '국가발전의 시대적인 의미' 등의 표현이 사용되었다. 후진타오가 말한 개혁개방 노선의 변화는 중국은 물론, 세계도 놀랄 만큼 혁명적인 내용이 될 것이라는 추측을 낳게 했다. 물론 후진타오는 개혁개방 노선이 구체적으로 어떤 방식으로 진행될지는 언급하지 않았다.

둘째는 양안 관계에 관한 문제였다. 후진타오는 타이완 동포를 포함한 전 중화권이 힘을 합쳐 '평화통일'을 해야 한다고 역설했다. 후진타오는 양안 관계의 평화적인 발전과 양안 인민의 복지 향상을 위해, 타이완 동포와 대륙의 자녀들이 조국의 평화통일이라는 대업을 계속 추진해야 한다고 말했다.

2008년 1월 1일의 신년 다과회 신년사가 중요한 의미를 지녔던 이유는 그것이 후진타오의 집권 2기가 시작하는 첫해의 공식연설이기 때문이었다. 2002년 제16기 중앙위원회에서 서기로 선출되었고 4세대 중국 지도부로 국가주석에 취임했던 그는 2007년 제17기 중앙위원회에서 총서기로 재선출되면서 2008년에 집권 2기를 시작했다. 게다가 2008년은 오랜 숙원이었던 베이징 올림픽이 열리는 등 여러 모로 중국의 재도약이 주목받는 해였는데, 바로 그때 후진타오는 '새로운 시대의 조건 아래'와 '국가발전의 시대적인 의미'를 언급했던 것이다.

두 마리 토끼를 잡기 위한 노력

하지만 이러한 후진타오의 '이민위본'의 원칙은 최근 몇 년에 걸쳐 조금씩 방향전환을 시작하고 있다. 2010년 8월 20일, 경제특구 30주년 경축대회를 앞두고 선전深圳을 찾은 원자바오는 "중국은 30년이라는 짧은 기간에 세계적으로 유례가 없는 공업화와 도시화를 이끌었다. 정치체제의 개혁이 없으면 그동안 쌓은 경제개혁의 성과도 놓칠 수 있다"라며 정치적 개혁의 필요성을 호소했다. 중국의 정치 제체가 서구식 민주주의 방향으로 발전해 나가야 한다는 점을 역설한 것이었다.

그러나 후진타오는 그와 조금 다른 모습을 보였다. 그로부터 보름 뒤인 9월 6일, 선전시 대학성 체육관에서 열린 경제특구 30주년 경축대회에서 후진타오는 원자바오와 다른 발언을 한 것이다.

"세계의 복잡한 형세와 개혁 임무에 직면해 당 중앙은 중국 특색의 사회주의 노선을 견지하면서 개혁 발전을 추진할 것입니다. 여기엔 용감한 변혁과 용감한 혁신이 필요합니다."

아무리 주석이라고 해도 총리와는 정면으로 배치되는 발언은 하지 않는 것이 중국 정치에서의 불문율이었다. 근본적으로 주석과 총리는 정치 공동체적 성격을 띠기 때문이다. 그럼에도 후진타오는 정치 개혁에 대한 원자바오의 발언에 대해 부정적인 견해를 드러낸 것이다.

정치 개혁에 대한 그의 부정적 반응은 그 후에도 계속 이어졌다. 2011년 7월 1일, 공산당 창건 90주년 기념식에서도 후진타오는 덩샤오핑의 실용주의나 장쩌민의 3개 대표론 등과는 관련 없는, 중국 공산당 역사에 대한 내용을 강조했다. 그는 위기에 빠진 중국을 구해낸 것은 공산당이었음을 밝혔다. 1840년 아편전쟁 이래 고난을 거듭하던 중국에 마르크스주의가 들어왔고 중국 공산당은 1921년에 창립된 이래 90년간 중국을 살리기 위해 노력해 왔으므로, 중국은 공산당의 고마움을 기억하며 중국 특색의 사회주의 민주정치를 실현해야 한다는 결론을 내렸다.

이러한 후진타오의 태도는 '중단 없는 개혁과 근대화를 추진하겠다'며 포부를 밝힌 2002년 11월 15일의 총서기 선출 때의 그것과 사뭇 달랐다. 정권 교체를 앞둔 후진타오는 경제발전 속도에 따라 급속하게 진행되는 중국 내부의 민주화 움직임에 대해 염려하는 듯했다. 경제와 마찬가지로 정치에서도 급속한 발전이 이루어진다면 소련 해체와 같은 국가적 위기가 발생할 수 있고, 그로 인해 중국은 20세기 초반처럼 다시 한 번 걷잡을 수 없는 혼란으로 빠질지 모른다는 위기감을 인지한 것 같았다. 4세대 중국 지도자로 정권을 인계받을 때, 모양새를 갖추기 위해

속도를 조절했던 상황을 떠올리는 대목이다.

정권교체를 앞두고 있는 중국 지도부의 갈등은 후진타오의 발언에서 나타난다. 공자를 찾아냈지만 다시 공자와 결별하려는 후진타오와, 공산주의의 한계를 확인했지만 어쩔 수 없이 공산주의를 유지해야만 하는 중국 지도부. '국민을 위하느냐, 국가를 위하느냐'는 선택의 시간이 머지않은 중국에서, 마지막 선택은 지도부가 아니라 국민들이 할 수도 있다는 사실이 점점 부각되고 있다. 중국 대륙의 풀과 나무가 머지않아 봄이 다시 온다는 것을 알고 서로 아름다움을 뽐낼 준비를 할지의 여부는 지켜보면 알 일이다.

설득의 언어는 중의적일 필요가 있다. 옳고 그름을 지나치게 강조하거나 내 편 네 편을 칼로 나누듯 구별하는 발언은 스스로를 얽매는 올무가 될 수 있기 때문이다. 후진타오는 내부의 불만 세력과 외부의 개혁요구 세력들이 수용할 만한 유연한 언어로, 중국 개방화에 대한 미래 청사진을 제시했다.

16

자존심이 웬 말인가!

요시다 시게루 일본 총리

전후 일본 총리가 된 요시다 시게루(吉田茂)는 점령국 미국에 대한 반발과

오기를 드러내지 않았다. 그의 머릿속에는 어떻게든 쌀 한 톨이라도 미국에게 얻어 와서

일본 국민들을 배불려야 한다는 생각뿐이었다.

외교관 출신이었던 요시다는 '비록 전쟁에서는 졌지만, 외교력에서는 미국을 이기겠다'고

결심했다. 일본을 구하겠다는 목표 앞에서 요시다에게 총리로서의 자존심 같은 것은 없었다.

"지금은 경제력을 갖춰야 할 시기입니다.
방위에 쓸 돈은 없습니다."

"여기에 제시된 평화조약은 징벌적인 조항이나 보복적인 조항을 포함
하지 않고, 우리 국민에게 항구적인 제한을 부과하지도 않으며, 일본의
완전한 주권과 평등과 자유를 회복시키고, 일본을 자유롭고 평등한 국
제사회의 일원으로 맞아들이는 것입니다. 이 평화조약은 복수의 조약
이 아닌, 화해와 신뢰의 문서입니다. 일본은 이 공평 관대한 평화조약
을 흔쾌히 수락합니다."

　1951년 9월 8일, 요시다 일본 총리는 미국 샌프란시스코에서 평화조

약을 체결했다. 미국을 비롯한 제2차 세계대전 전승국들인 48개의 연합국과 맺은 이 조약은 일본의 전후 처리 방안을 담고 있었다. '샌프란시스코 조약' 혹은 '1951년 일본과의 샌프란시스코 평화조약'이라고 불리는 이 조약은 제2차 세계대전 패전국인 일본의 항구적 평화를 약속해주는 것이었다. 대한민국과 같은 일본의 식민지 국가들의 입장에서 보면 제2차 세계대전을 야기한 전범국戰犯國에 대한 연합국의 외교적·경제적·군사적 압박은 거의 없는 조약이라 할 수 있었다.

샌프란시스코 평화조약의 체결로 일본은 제2차 세계대전으로부터 자유로워졌다. 요시다가 서명한 문서 서두에 나타난 것처럼, 연합국은 이 조약을 통해 일본에 제2차 세계대전을 야기한 책임을 물어 징벌이나 보복, 제한을 하지 않고, 주권과 평등과 자유를 허락했다. 뿐만 아니라 제2차 세계대전에 대한 책임을 물어 국제사회가 일본을 소외시키는 일도 없을 것이라 약속했다. 말 그대로 승전국 연합국과 패전국 일본의 화해와 신뢰의 조약이었다. 일본 입장에서는 이 공평 관대한 평화조약을 흔쾌히 수락하지 않을 이유가 없었다.

덕분에 일본은 패전국이지만, 결과적으로 전쟁 도발의 책임으로부터 완전히 벗어났다. 일본은 한반도와 타이완, 펑후 제도, 지시마 열도, 남사할린, 남태평양제도 등에 대한 식민지 지배권을 포기하게 되었지만, 이미 그럴 수 있는 역량도 잃은 상태였다. 이후 일본은 미국의 신탁 통치 지역으로 남겨 뒀던 오키나와와 오가사와라 제도 등도 1972년까지 차례로 되찾았다. 그것은 일본 외교력의 승리이자, 샌프란시스코 조약을 이끌어낸 일본 총리 요시다의 공로였다.

위기 상황에서 더욱 빛나는 외교력

일본의 샌프란시스코 조약 체결은 10년 전에 미국의 진주만 공습처럼 충격적인 일이었다. 전범국 일본의 체제를 연합국이 보장한다는 것은 말도 안 되는 일이었다. 제2차 세계대전을 야기한 책임으로 일본이 감당해야 했던 것은 패전 직후부터 1952년 4월 28일까지, GHQGeneral Headquarters라고 불리던 연합국 최고사령관 총사령부의 통치를 받은 것이 전부였다. 게다가 이 기간 동안 연합국 최고사령관 총사령부는 패전국 일본의 경제적 자립의 기초를 구축해 주었다. 패전국 일본의 외교력이 오히려 승전국 미국으로부터 경제지원을 얻어내는 위력을 발휘한 것이다.

이러한 일련의 과정을 총지휘한 사람이 바로 요시다였다. 정통 외교관 출신이었던 요시다는 패전 선언 이틀 뒤인 1945년 8월 17일부터 10월 9일까지 65일간 집권했던 제43대 총리 히가시쿠니노미야 나루히코 내각에 외무대신으로 입각하며 일본의 패전 처리에 참여하기 시작했다. 1928년 제28대 총리 다나카 기이치 내각에서 외무차관을 지냈고 1936년부터 1939년까지 영국 주재 일본대사로 영국에 머물렀던 그는 제2차 세계대전 발발 직전의 평화 시기에 영미권 외교관들과 관계를 맺어 친영미파 외교관으로 불렸다.

일본대사로 재임했던 경력은 요시다가 패전 후 자국 재건의 임무를 띠고 외무대신과 총리 역할을 훌륭히 수행하는 데 결정적으로 기여했다. 유창한 영어 실력을 갖춤은 물론 영미인들의 사고방식에도 익숙해진 그는 연합국 최고사령관으로 부임한 더글러스 맥아더를 요령껏 상대했다. 간혹 맥아더에게 인간적인 모멸을 당하기도 했지만, 요시다는 일본의 국익을 확보하기 위해 기꺼이 자신을 맥아더의 노리개로 전락시켰다.

요시다의 목적은 일본을 패전의 폐허에서 건져내는 것이었고, 그러려면 일본 내부에 팽배한 반미 감정을 외면하고서라도 하루빨리 미국과 평화조약을 체결해야 한다는 것이 그의 생각이었다. 그는 제2차 세계대전 패전을 현실로 받아들이지 않으려는 여론을 무시하고, 서둘러 평화조약 체결에 나섰다. 외교관 출신다운 국제정세 판단력과 결단력으로, 요시다는 1960년대 이후 일본의 고도성장을 주도할 평화 체제를 구축한 것이다.

국가의 재건을 위해서라면 무엇이든 한다

"민주주의를 실천하려면 우선 국민을 먹여 살리고 일자리를 줘 생활을 안정시켜야 합니다."

1946년 5월 22일, 제45대 일본 총리에 오른 요시다의 목표는 '일본 경제 회복'이었다. 제2차 세계대전 패전으로 폐허만 남은 일본은 나라를 새롭게 나라를 재건해야 하는 상황이었다. 연합군의 폭격을 받은 건물들은 활용할 수 없는 상태로 훼손되어 있었고, 공장과 설비 등도 매한가지였다. 대도시의 시민들은 추위만 겨우 피하는 방공호 속에서 생활했고, 성인들은 300g의 배급 식량으로 하루를 버텨야 했다.

총리가 된 요시다는 연합군 총사령관 맥아더에게 식량 원조를 요청했다. 1880년생으로 요시다보다 두 살 어린 맥아더는 평생을 전장에서 보낸 전형적인 군인이었다. 그는 제2차 세계대전을 야기한 일본에 적개심을 가지고 있었기에, 요시다가 식량 원조를 요청했을 때 탐탁지 않아 했다. 일본이 전쟁을 일으켰으니, 패전의 책임도 일본이 지라는 태도였다.

"식량 문제를 해결하지 않으면, 정권이 좌파로 넘어갈 수도 있습니다."

맥아더가 평생 군인이었다면 요시다는 평생 외무공무원, 그것도 1906년부터 1939년까지 33년간 외무성에 재직하던 중의 약 10여 년간은 외무차관과 일본대사 등 고위급 외교관이었던 이였다. 그는 맥아더의 아킬레스건이 무엇인지 잘 알고 있었다. 자유민주주의 국가의 군인인 맥아더는 내심 소련과 중국 공산주의에 대한 긴장감을 갖고 있었는데, 그것을 파악한 요시다는 좌파 정권의 등장으로 일본이 공산화될 가능성이 있다며 맥아더를 압박한 것이다. 요시다의 외교력에 넘어간 맥아더는 매년 70만 톤의 식량 원조를 미국 정부에 요청해서 받아내 주었다.

그러나 맥아더가 나중에 보니 실제로 일본에 필요한 식량은 70만 톤이 아니었다. 그보다 적은 양이면 충분했음에도 자신에게 70만 톤을 요청한 요시다를 불러들인 맥아더는 '일본의 통계는 엉망'이라고 꾸짖었다. 이미 공급된 식량을 다시 거둬들일 수도 없었던 탓에, 요시다에게 화풀이나 하려는 심산이었다. 하지만 다음과 같은 요시다의 대응에 맥아더의 말문은 막혀 버렸다.

"전쟁 전에 일본의 통계가 완벽했다면 그런 무모한 전쟁을 시작하지 않았을 것입니다. 아니면 전쟁에 이겼겠지요. 그렇지 않습니까?"

요시다는 사실 실제로 필요한 식량의 양을 알고 있었다. 다만 우선은 맥아더에게 그보다 많은 70만 톤을 제안해 보고 맥아더가 거절하면 실제 필요량으로 깎겠다는, 외교관다운 전략에서 그리 했던 것이다. 필요하다고 해서 덥석 부탁을 들어준 더글러스 맥아더 쪽의 완패였다.

평생 군인으로 살아온 맥아더는 권위적이었지만 순수한 사람이었다. 맥아더의 성품은 물론 일본 공산화에 대한 두려움까지도 간파한 요시다는 일본 재건에 대한 자신감을 가질 수 있었다. 강직한 군인 맥아더는 평생 외교 무대에서 산전수전을 다 겪은 직업 외교관 요시다의 화술에 조금씩 포박당하기 시작했다. 요시다는 맥아더에 대해 최대한 자신을 낮추며, 일본은 미국의 가장 충실한 우방이 될 자질이 있음을 암시했다. 그리고 마침내 그는 일본 공산화를 우려하는 맥아더를 자극하여 샌프란시스코 조약 체결까지 이끌어냈다.

모두를 위한 길이라면, 지탄을 받아도 좋다

1946년 5월 22일부터 1947년 5월 24일까지 약 1년간 제45대 총리로 재임한 요시다는 전후 일본 경제의 부흥에 주력했다. 맥아더로부터 식량 원조를 받아낸 것도 바로 제1기로 구분되는 제45대 총리 시절의 일이었다. 이후 정권교체로 인해 요시다는 총리에서 잠시 물러났고, 그 뒤를 이은 제46대 총리 가타야마 테츠와 제47대 총리 아시다 히토시는 각각 1년도 못 채우는 단기 총리로 머물다 물러났다.

요시다는 1948년 10월 15일 제48대 일본 총리로 복귀했다. 이후 그는 네 차례에 걸친 개각을 하며 재임하다 1954년 12월 10일에 제51대 일본 총리직에서 물러났다. 2616일 동안 총리로 지낸 요시다는 일본 역대 총리 가운데 재임 기간이 네 번째로 길었다. 그리고 이 기간 동안 요시다는 샌프란시스코 조약을 체결하고 일본 재건에 진력했다.

"지금은 우선 경제력을 바탕으로 민생안정을 꾀하는 것이 선결과제입니다. 일본은 패전으로 국력을 소모해서 여윈 말처럼 비루해졌습니다. 휘청휘청거리는 여윈 말에게 과도한 하중을 부과하면, 말 자체가 주저앉아 버립니다."

요시다는 소련이나 중공이 아닌 자유민주주의 국가 미국과 단독 강화를 추진하려 했다. 문제는 그에 대한 반대 여론이 강하다는 것이었다. 일본 국민들은 미국과 어깨를 나란히 하는 공산국가 소련이 등장했으니, 미국과 단독 강화를 하면 일본이 전쟁 위기에 휘말릴 것이라는 불안에 휩싸였다. 진보 진영에서는 일본이 중립국임을 표방하여 미국을 비롯한 연합국과는 물론, 소련과 중공 등 사회주의 국가들과도 전면적인 강화를 맺어야 한다는 주장도 제기되었다. 요시다는 국민 앞에 직접 나서서 이렇게 국민들을 설득했다.

"분명히 말씀드립니다. 친미와 경제 우선만이 우리의 살길입니다."

요시다는 반미감정과 더불어 공산국가들과의 전쟁 공포로 두려움을 느끼는 국민들을 설득하는 데 주력했다. 이어 의회에서도 직접 연설을 하며, 일본이 미국과 동맹을 맺어야 한다는 점을 역설했다. 미국과의 단독 강화에 대한 반대 여론을 뚫고, 그는 마침내 1951년 9월 8일 미국과 샌프란시스코 조약을 체결했다.

조약 체결 뒤 일본으로 막 귀국한 요시다를 찾아온 사람은 이와테 현의 의원인 마쓰이 라이조였다. 게이오 대학을 졸업하고 뒤늦게 일본 해군사관학교에 진학했다가 패전 당시 일본군 소위로 전역한 그는 우국지정의 패기가 넘치는 젊은 의원이었는데, 정계 대선배이자 총리인 요시다에게 '샌프란시스코 조약밖에 대안이 없었느냐'고 따져 묻기 위해 온 것이었다.

"일본이 독립국이 되었는데도 미국이 지금까지 계속 주둔해 있는 것은 이상하지 않습니까?"

젊은 의원의 의분에 찬 질문을 잠자코 듣고 있던 요시다는 한참 만에 입을 열어 대답했다.

"세계를 알몸으로 걸을 수 있는 정세도 아니고, 일본에게는 스스로를 방위할 수 있는 힘도 없네. 주둔군이라고 하지만 집 지키는 개라고 생각하면 좋을 것이네. 게다가 비용은 주둔군들이 내고 있어. 자네는 생각이 어리군."

의분에 찼던 마쓰이는 친영미파 외교관 출신으로 간주되던 요시다가 미국을 가리켜 집 지키는 개라고 부른 것에 충격을 받았다. 마쓰이는 요시다를 만난 그날 그 자리에서 국가 지도자의 위력을 실감했다. 국가의 지도자에게 필요한 것은 자존심이 아니라 자긍심이라는 사실을 배운 것이다. 자존심이 상대에게 무조건 지지 않으려고 꼿꼿하게 고개를 쳐들기만 하는 오만함이라면, 자긍심은 자신을 지키기 위해 상대에게 기꺼이 고개를 숙일 줄 아는 현명함이었다.

비록 입을 열어 말한 것은 아니었지만, 요시다는 마쓰이에게 국가 지도자에게 중요한 것은 친영미파나 친공산주의파 중 어느 쪽을 선택하느냐가 아닌, 국익을 위해서는 무엇이든 하겠다는 의지와 실행력이라는 것도 알려 주었다. 그날 요시다로부터 큰 깨달음을 얻은 마쓰이는 훗날 총리부 총리장관, 노동장관, 방위청장관, 농림장관 등을 역임했고, 이데올로기에 사로잡히지 않았던 요시다의 실리주의를 기억하며 일본의 국가 발전에 기여했다.

정치인의 말은 곧 정치감각의 좌표이다

"바보."

요시다에게서 빼놓을 수 없는 역사적 사건 하나가 '바보 해산'이다. 1953년 3월 15일, 요시다는 회의 중에 우파인 사회당 의원 니시무라 에이치에게 '바보'라고 욕설을 했다. 욕이 거의 없는 일본어에서 '바보'는 큰 욕에 해당하는 단어이다. 물론 대놓고 그렇게 말한 것은 아니었지만, 자리에 앉으면서 조용히 중얼거린 것이 때마침 켜져 있던 마이크를 타고 흘러나오며 문제가 되었다. 사건의 발단이 된 것은 대정부 질문 중 니시무라가 요시다에게 던진 질문이었다.

"총리께서 과거 시정 연설에서 '국제정세는 낙관해도 한다'고 말씀하셨던 근거는 도대체 어디에 있습니까?"

니시무라의 질문에 요시다는 다음과 같이 답변했다.

"저는 그렇게 말한 적이 없습니다. 다만 전쟁의 위험이 멀어지고 있다는 것을 영국 총리나 아이젠하워 대통령 같은 지도자들이 말했기 때문에 저도 그렇게 믿고 있는 것입니다."

그러자 니시무라는 요시다의 말을 잡고 늘어졌다.

"저는 일본 총리에게 국제정세 전망을 듣고자 하는 것이지 영국 총리의 밀을 듣고 싶은 것이 아닙니다. 영국이나 외국 총리의 낙관론이 아니라, 일본 총리에게 일본 국민이 묻고 있는 것입니다. 그러니 일본 총리로서 국제정세 전망과 대책을 말씀하시는 것이 당연하지 않습니까? 저는 그렇게 생각합니다."

니시무라의 반격을 받은 요시다는 기분이 상한 나머지 얼굴이 붉어졌고 언성도 높아졌다.

"지금 저는 일본 총리로서 확신하는 바를 말씀드린 것입니다."

"총리께서는 흥분하시지 마십시오. 그렇게까지 흥분하실 필요는 없지 않습니까?"

빈정거리는 투로 말하는 니시무라에게 요시다는 분을 참지 못하고 한마디 했다.

"무례한 말씀 마십시오."

"뭐가 무례하다는 것입니까?"

일본 의회 속기록과 동영상에는 어린이들 말싸움 같은 총리와 의원의 대화가 고스란히 기록되어 있다. 말싸움을 하던 요시다는 자리에 앉으며 "바보"라고 자그마한 소리로 이야기했는데, 켜 놓은 마이크를 통해 그 말을 들은 니시무라가 발끈했다. 니시무라와 요시다의 말싸움은 요시다가 자신의 발언을 취소하는 것으로 끝났지만, 결국 일본 중의원은 해산되고 말았다.

다시 치러진 제26회 중의원 선거에서 요시다가 속한 자민당은 대패했고, 정권유지도 어려운 소수당으로 전락하며 영향력이 급속히 쇠퇴했다. 그리고 그것은 요시다의 퇴진으로 이어졌다. 중요하지도 않은 말꼬리를 붙들고 늘어진 반대파 의원들에 동조한 여당 동료들의 배반 때문이기도 했지만, 실제로는 전후戰後 일본에서 요시다의 역할이 끝났음을 의미하는 것이기도 했다. 하찮아 보이는 말의 실수는 그 정치인의 총기와 감각이 떨어졌음을 알려 주는 좌표와도 같다. 정치인이 언변에서 실수를 보인다는 것은 그의 행동에 실수가 생길 뿐 아니라 나아가 정책 및 정치활동 전체에 문제가 발생할 가능성이 있음을 의미한다. 요시다의 쇠락은 '바보 해산'으로부터 시작되었다.

처음부터 정치권 인사가 아니었던 요시다에게는 사실 총리가 될 생각이 없었다. 연합국 군사령부의 정치규제에 발목이 잡혔던 하토야마 이치로가 자기 대신 총리직을 맡아 달라는 부탁을 했기에 억지로 받아들인 것이었다. 그렇게 따지고 보면, 요시다는 하토야마 이치로 덕에 어부지리로 총리의 자리에 올랐던 것이다. 그러나 타고난 외교관이었던 요시다에게는 하토야마의 계파를 무력화시키거나 자신의 계파를 확장하는 식의 국내 정치력이 없었다. 자신의 부탁으로 총리 자리에 오른 요시다를 퇴진시킬 빌미만 찾고 있던 하토야마는 계파 의원들을 끌고 나가 요시다를 압박했고, 결국 요시다는 1년 뒤에 총리에서 물러났다.

부드러운 성품이 설득의 귀재를 만든다

"정치가는 공부할 여유가 없다. 따라서 정책은 전문가인 관료에게 맡겨야 한다."

요시다는 정치는 정치인이, 행정은 관료가 전담해야 한다는 원칙을 가지고 있었다. 때문에 그는 능력 있는 실무자를 각료로 발탁해서 국정 운영을 전담하게 했다. 7년 2개월간 총리로 재임하면서 그는 총 114명의 장관을 임명했고, 요시다의 국가관을 전수받은 그들은 향후 일본 국정 운영을 책임지는 지도자들로 성장했다.

소위 '요시다 학교'라고 불린 요시다의 각료들 중 특히 그가 총애했던 이들은 이케다 하야토와 사토 에이사쿠였다. 요시다의 집권 2기에 해당하는 1950년 초반부터 대장장관과 통상산업장관을 겸임했던 이케야 하야토는 요시다가 총리에서 물러난 뒤 4년째 되던 1958년에 제58대 총리로 취임해서, 일본의 OECD 가입과 도쿄 올림픽 등을 성공적으로 치러냈다.

역시 요시다의 집권 제2기 내각에 참여한 사토 에이사쿠는 전기통신장관, 우정장관, 건설장관을 역임하고, 제58대 총리 이케다 하야토 내각에서도 대장장관, 통상산업장관, 북해도개발장관 등을 역임했다. 그리고 이케다의 뒤를 이어 제61대부터 제63대까지 연속 최장수 총리로 7년 8개월을 재임하며, '일본은 핵무기를 만들지도, 갖지도, 반입하지도 않는다'는 비핵 3원칙을 내세운 공로로 노벨평화상을 수상했다.

"전쟁에는 졌어도, 외교에서는 이겼다."

이것은 요시다를 평가하는 일본인들의 말이었지만, 전후 일본 총리로 재임하면서 요시다가 마음속으로 품었던 말이기도 했다. 외교관 출신답게 부드러운 성품과 인간적인 풍모로 원하는 것을 끝까지 얻어냈던 그는 설득력과 인내력만큼은 일본 역대 총리 가운데 가장 뛰어나다는 평가를 받고 있다. 미국과 서방 세계를 설득한 요시다는 자위대를 '군사 전력이 없는 군대'라는 절묘한 말로 포장해서 존재의 근거를 만들었다.

지도자의 통치 행위는 10년 뒤, 100년 뒤에 바라볼 때에도 아쉬움과 후회가 없는 판단들의 집합체여야 한다는 것이 요시다의 생각이었다. 가족을 부양하기 위해 수치와 멸시도 기꺼이 감내하는 가장처럼, 지도자도 사랑하는 국민을 위해 자존심을 버릴 수 있어야 한다고 믿었던 것이다. 그의 설득법에는 국민을 사랑하는 마음이 담겨 있고, 그의 마음에는 국민에 대한 자긍심이 너무나도 크게 자리 잡고 있었기에 자존심이 생겨날 겨를이 없었다. 그가 일본 역대 최고의 지지를 받았던 총리인 이유는 전후 일본의 재건과 위상 정립에 사심 없이 매진한 그의 공로를 일본 국민들이 기억하고 있기 때문이다.

대통령의 설득법 5

상대를 높이는 자,
그 또한 높아지리라

남보다 자신을 낮추는 것은 보통 사람들에게 있어 결코 쉽지 않은 일이다. 남보다 낮아지면 공연히 업신여김을 받을 것 같다는 불안감 때문이다. 그래서 사람들은 나이나 학력, 경력과 재력 등을 동원해서, 어떻게든 조금이라도 더 상대보다 높은 위치에 자신을 놓으려 한다.

우리가 세계가 주목하는 위인들의 말에 주목해야 하는 이유는 그들이 자신을 낮춤으로써 국가를 구해내는 업적을 이룩했기 때문이다. 모든 지도자들에게 전부 그런 겸손이 있었던 것도 아니고, 모든 지도자들이 전부 자신을 낮춰야 했던 상황이 벌어진 것은 아니지만, 한 가지 분명한 것은 경우에 맞는 겸손한 처신은 국가 지도자 자신의 위상을 높였을 뿐만 아니라, 국가를 구하는 중요한 요소가 되었다는 점이다.

위대한 국가 지도자들의 말 속에는 자기 자신을 철저하게 낮추는 겸손이 담겨 있다. 그것은 국가를 위해, 혹은 권력을 쟁취하기 위해, 완벽하고 깨끗하게 자존심을 없애 버리는 용기를 가진 사람만이 보여 줄 수 있는 처신이다. 물론 그러한 자존심 제거의 근저에는 목표에 대한 강력한 성취 의지와 자기 자신에 대한 자존감이 자리 잡고 있다.

혹시 당신은 기껏해야 하루도 못 가서 후회할 자존심 때문에 큰일을 그르친 적이 있는가? 필요한 것을 얻기 위해서 무엇을 해야 할지 모른다면, 위인들의 설득법을 통해 그 답을 찾아봐야 할 것이다.

17

유머 감각이
완벽한 논리보다 낫다

윈스턴 처칠 영국 총리

55년을 정치인으로 군림한 윈스턴 처칠(Winston Churchill)에게 느껴지는 것은
노회한 정치인이라는 거리감이 아니라, 무엇인가 재미난 이야기를 들려줄 것만 같은 친근감이다.
실제로 처칠은 정적들을 포함해서 주변 사람들에게 언제나 재미있는 이야기를 들려주었다.
그는 언제나 유권자들을 설득하려 들지 않고, 그들에게 감동을 주려 했다. 감동을 받은
유권자들은 스스로를 설득할 것이라는 사실을 처칠은 잘 알고 있었던 것이다.

> "제가 넘어져 국민이 즐겁게 웃을 수만 있다면,
> 다시 한 번 강단에 올라오다 넘어지겠습니다."

영국 수상을 두 번이나 역임한 윈스턴 처칠은 아마추어 정치인이었다.
정치경력 55년의 정객을 아마추어라고 하면 무슨 말인가 하겠지만 이것
은 사실이다. 처칠은 프로 정치인이 아니라, 틀림없이 아마추어 정치인
이었다.

아마추어와 프로를 구분하는 기준은 돈이다. 돈을 받고 하면 프로가
되고, 돈을 받지 않으면 아마추어이다. 프로는 경제적 보상을 목적으로
플레이를 하고, 아마추어는 플레이를 하면서 즐거움을 느낀다. 일반적

으로 아마추어 단계를 넘어서야 프로가 되는 것이 스포츠는 물론 세상 모든 분야의 상식이다. 쉽게 말하자면, 아마추어와 프로는 취미와 직업의 차이라고 할 수 있다.

처칠을 이야기하기에 앞서 아마추어와 프로의 구분에 대해 언급한 이유는 한 가지이다. 26세에 정계에 진출해서 81세에 은퇴할 때까지, 처칠은 정권 획득을 목적으로 정치를 했던 프로 정치인이 아니라 영국을 구하기 위해 정치 자체에 몰입했던, 말 그대로 순수한 아마추어 정치인이었기 때문이다.

그러므로 처칠의 가장 큰 업적은 영국 총리를 두 번 역임한 것이 아닌, 제2차 세계대전에서 영국은 물론 아돌프 히틀러가 이끄는 독일군에 짓밟힌 유럽 국가 전체를 구해 낸 것이라고 할 수 있다. 그는 궁극적으로 영국을 사랑하는 일에서 더 즐거움을 느끼는 사람이었다. 세상의 모든 프로들이 아마추어 단계를 거쳐 프로가 되는 것과 반대로, 처칠은 프로의 세계를 넘어서 아마추어로 되돌아온 정치인이었던 것이다.

처칠에게 유머란 생존을 위한 필수품이었다

귀족 가문 출신의 윈스턴 처칠에게는 태어날 때부터 정치인의 피가 흐르고 있었다. 처칠은 17세기 말부터 18세기 초까지 다섯 명의 군주를 보필한 말버러 공작 1세 존 처칠의 후손이었고 그의 할아버지는 아일랜드 총독, 아버지는 재무장관을 역임했다. 귀족의 집안에서 태어나 정치가 할아버지와 아버지 밑에서 보고 배운 것이 정치였으니, 처칠은 처음부터 영국 경영에 관심을 가질 수밖에 없었다.

처칠의 노련한 정치적 감각과 유머와 기지, 타협 능력은 권력투쟁에서 실패한 아버지가 남긴 유산이었다. 외골수에 고지식하고 비타협적이었던 아버지 랜돌프 처칠은 젊은 나이에 재무장관까지 올랐지만 정적들에 의해 밀려나면서 울분과 회한의 세월을 보내다 일찍 사망했고, 그 때문에 처칠은 사관학교 재학 시절부터 미국인 어머니를 보살피는 가장역할을 해야 했다. 아버지의 몰락과 죽음은 그의 정치생활에 반면교사가 되었다. 유연하지 않으면 적들로 가득 찬 의회라는 정글에서 살아남을 수 없다는 사실을 터득한 그에게 유머는 생존을 위해 구비한 정치 생활 필수품이었다.

아버지로부터 물려받은 정치적 사고와 유머 감각이라는 유산을 바탕으로, 처칠은 보수적인 영국 정치사에서 유례를 찾기 힘든 기인이 되었다. 1900년 26세의 나이에 보수당 하원의원으로 정치를 시작한 그는 1955년 81세의 나이로 두 번째 총리직 사임과 함께 정식으로 은퇴할 때까지 55년간 정치활동을 했다. 그 사이 처칠은 다수의 장관직과 두차례의 총리직을 유지하며, 두 번의 세계대전에서 영국을 지휘했다.

물론 그런 정치 이력을 가진 사람은 처칠 외의 영국 총리들 중에도여러 명 있었다. 그러나 주목할 점은 그 사이에 그는 평범한 사람이 할수 없는 초인적인 기행들을 감행했다는 사실이다. 보수당으로 하원의원에 진출했다가 자유당으로 당적을 옮기고, 제1차 세계대전 중에 해군장관직을 수행해낸 뒤에는 다시 군에 재입대해서 영관급 장교로 제1차세계대전에 참전하기도 했다. 장관을 하던 처칠을 장교로 모셔다 놓은그의 상사들이 느꼈을 부담 같은 것은 안중에 없었다.

제1차 세계대전이 끝난 뒤, 자유당에서 보수당으로 당적을 바꾼 처칠은 철새 정치인이라는 비난을 받았다. 그렇지만 그는 그런 것으로 마음약해질 인물이 아니었다. 정적들에 의해 정계에서 퇴출당했던 그는 무소속으로 10년을 버티다 재기했고, 60대 후반과 70대 후반에 5년 정도씩 영국 총리를 역임했다. 1953년 영국 총리 재임 중에 노벨문학상을 수상했는가 하면 몇 차례 개인전을 열 정도로 화가로서도 탁월한 재능을 보였지만, 처칠이 그중 제일 잘했던 것은 정치였다. 처칠이 26세부터 81세까지 55년간 쉬지 않고 꾸준히 한 것은 정치밖에 없었기 때문이었다.

말더듬이 처칠이 명연설가가 되기까지

처칠은 열등생이었다. 명문 사립 해로우 고등학교에서 꼴찌를 했고, 영국의 자랑인 해군사관학교 입학에도 실패해 삼수 끝에 육군사관학교에 진학했다. 아일랜드 총독 할아버지와 재무장관 아버지를 둔 공작 집안의 귀공자로서 당당하게 세상을 살아가기에는 너무나 부족한 조건이었다.

대부분 이런 경우에는 비관적인 사람이 되기 쉽다. 그러나 처칠은 죽기 살기로 사관학교를 지망했고, 서구 사회에서 보기 드문 삼수생으로 육군사관학교에 입학했다. 적극적으로 위기를 돌파하여 목표를 성취한 덕분에 '늦었어도 시도했고, 될 수밖에 없었기에 되었다'는 식의 낙관적 사고도 가질 수 있었다. 남보다 늦게 해군도 아닌 육군사관학교에 진학했던 그는 훗날 쿠바 반란 진압작전과 보어 전쟁에 참전해서 포로가 되었다가 풀려나 영웅이 되었다.

그러나 반전이 있다. 처칠은 영국 육군사관학교에 입학할 무렵, 극심한 열등감으로 인해 심하게 말을 더듬었다. 그런 버릇은 정치에 입문한 뒤에도 쉽게 고쳐지지 않았는데, 더 심각한 문제는 그의 혀까지 짧았다는 사실이다. 혀가 짧고 말까지 더듬었던 처칠이 영국 최고의 명연설가였다는 사실은 도무지 믿어지지 않는다.

극심한 스트레스에 억눌리고 타고난 약점까지 있었음에도, 처칠은 연설문 완전 암송 등 무수한 연습을 통해 그것들을 극복했다. 그리고 그러한 그의 노력은 총리가 된 후에도 계속 이어졌다. 그는 대학에 세 번 도전할 때부터 이미 자신은 남들보다 더 많은 노력을 해야 성공할 수밖에 없는, 태생적 결핍과 후천적 열등감 덩어리라는 사실을 깨달았던 것 같다.

영국 일간지에 대서특필된 유머

제2차 세계대전을 승리로 이끈 처칠은 1945년 7월 5일 영국 총선에서 노동당에 패했다. 영국 국민들은 전쟁 영웅 처칠의 리더십은 존경했지만, 복지국가를 약속하는 노동당의 '요람에서 무덤까지'라는 달콤한 선거구호에 더 크게 공감했다. 처칠은 '노동당의 정책은 독일 게슈타포적인 수단을 동원해야 이루어질 수 있는 것'이라며 비난했지만, 전쟁으로 피로해진 끝에 안정감을 원했던 영국 국민들은 그의 말에 귀를 기울이지 않았다.

처칠의 진정한 정치적 위력은 1945년 총리직에서 물러난 이후부터 드러나기 시작했다. 1941년부터 1945년까지 보여 준 처칠의 이미지가 구국의 지도자였다면, 야당이 된 보수당의 당수가 되어 정권을 재탈환하는 동안의 이미지는 노련한 정치인이었다. 이 시기에 처칠을 돋보이게 했던 것은 유머였다. 유머는 처칠이 평생 애용했던 필살기로, 그가 실각 후에 재집권하는 동안에도 정적들을 물리치는 데 있어 큰 무기가 되었다.

보수당 패배 후, 처칠은 야당 당수로서 노동당의 클레멘트 리처드 애틀리 총리에 대항했다. 이상적인 복지정책을 추진하기 위해서는 국가 기가산업을 전부 국유화할 것이 빤하다고 했던 처칠의 예견대로, 노동당 정부는 은행, 철도, 석탄, 가스, 전신전화 등 모든 산업을 국유화해 나갔다. 복지정책을 추진하다 사회주의 국가로 발전하기 시작한 것이다.

처칠은 노동당의 기간산업 국유화가 위험 수위에 이르렀다고 생각했다. 그래서 그것을 문제 삼기 위해 의회 화장실에서 돌발적인 발언을 함으로써 세간의 이목을 끌었다. 의회 화장실에는 의원들뿐 아니라 기자들까지 들락거리는 것을 잘 알고 있었던 그의 책략이었다. 화장실에서 처칠은 의도적으로 애틀리 총리 옆에 비어 있는 소변기를 이용하지 않고, 다른 의원의 뒤에 서서 차례를 기다렸다. 처칠의 태도를 의식한 애틀리 총리가 "제가 그렇게 싫습니까?"라고 묻자 처칠은 "총리님은 큰 것만 보면 전부 국유화하시니, 제 것을 보고도 국유화하자고 달려들까 봐 피한 것입니다"라고 답했다. 처칠의 유머는 그날 영국 일간지에 대서특필되었고, 얼마 지나지 않아 애틀리는 총선에서 실패하고 물러났다.

1951년 영국 총선을 진두지휘한 처칠은 다시 정권을 쟁취했다. 보수당 당수로 총선에서 승리한 그는 두 번째 총리로 취임해서 1955년까지 재임했다. 이 기간 동안 처칠은 대영제국의 부흥을 위해 온힘을 쏟는 국가 재건의 영웅의 모습을 보이며 영국의 위상을 제국주의 시대의 그것에 버금가는 황금기로 높여 나갔다.

자기를 희화할 수 있는 여유가 유머를 만든다

사실 처칠은 인도독립 반대주의자였고, 영국의 국익에 관련이 없는 한 파시즘에 대해서도 우호적인 태도를 지녔으며, 독일 제국주의에 반대하기 위한 어쩔 수 없는 상황이었다고는 해도 소련 공산주의와 손을 잡았던 인물이었다. '철새 정치인'이라는 말을 들을 정도로 정당을 쉽게 바꾸기도 했고, 모든 이들에게서 따돌림받으면 무소속으로 남아서 정치활동을 하기도 했다. 국방장관 재직 시절에는 쿠르드족이 영국으로부터의 독립을 추진하자 학살 명령을 내려 6만 명 이상을 죽게 했는가 하면, 독립을 원하는 아일랜드에 대해서도 무력을 동원한 강력한 제재 방안을 내려 영국 연방의 틀을 유지하려 했다.

하지만 그럼에도 영국인들이 처칠을 셰익스피어나 찰스 다윈보다 위대한 영국인으로 꼽는 이유는 그가 대영제국 건설이라는 국익을 추구했기 때문이었다. 처칠은 영국을 세계에서 가장 강한 나라로 만들겠다는 단 하나의 목표만을 가지고 일생을 살았다.

전 세계 민주주의의 출발점이자 세계 민주주의의 교범이기도 한 영국에서, 26세 때 정치에 첫발을 내디딘 처칠의 정치생활이 내내 화려했던 것은 아니다. 아무리 귀족 집안의 자제이고 영국 육군사관학교 출신의 전쟁 영웅이라고 해도, 장관직에서 물러난 뒤에 장교로 재입대하겠다고 나선 인물을 반갑게 맞은 국민들은 그리 많지 않았을 것이다. 게다가 보수당적으로 출마해서 당선된 뒤에 소속 정당의 목표와 자신의 견해가 다르다는 이유로 자유당으로 당적을 바꾸고 장관까지 올랐다가 다시 뒤늦게 보수당으로 복귀하는 만행을 저지르는 정치인의 행태를 잘한다고 칭찬한 국민들은 아무도 없었을 것이다. 말 그대로 철새 정치인, 왕따 정치인이었던 처칠에 대해 국민들은 그의 이념과 사상을 떠나, 기본적인 정신 감정부터 해 봐야겠다고 이야기하기도 했다.

하지만 처칠은 정치인이란 국가와 국민을 행복하게 하는 사람이어야 한다는 기본 원칙에 충실했다. 그는 태생적 결핍과 후천적 열등감을 유머로 극복하며 국민들에게 접근했다. 그는 유머 감각이 넘치는 사람은 실패하지 않는다는 신념을 가지고 있었는데, 그러한 유머 감각은 철저히 자기를 희화할 수 있는 용기 있는 자만이 갖출 수 있는 것이었다. 처칠은 아버지의 정치적 몰락과 자신의 신체적 결함, 그리고 지적 능력 부족 등을 오히려 인생 반전의 도구로 삼았던 것이다.

유머 속에 담은 진실, "나는 영국이다."

처칠에게는 나쁜 버릇이 하나 있었으니, 매일 의회에 늦게 출석하는 것이 그것이었다. 그가 하원의원이었던 시절, 처칠의 상대 후보는 그의 그러한 게으름을 문제로 삼아 공격했다. 그러자 처칠은 상대 후보에게

"당신도 나처럼 예쁜 아내를 데리고 산다면 늦을 수밖에 없을 것이오"
라고 반격했고, 그렇게 공개 연설에서 상대를 압도한 처칠은 선거에서
도 큰 승리를 거두었다.

총리가 된 이후에도 처칠의 지각 습관은 그대로였다. 각료들을 모아
놓은 자리에 늦은 그는 "의회에서 회의가 있는 날의 전날 밤에는 반드
시 아내와 각방을 쓰겠다"라고 공언하기도 했지만, 나쁜 버릇은 쉽게
고쳐지지 않았다.

총리가 된 이후의 어느 날, 처칠은 영국 국민들 앞에서 연설을 하기
위해 단상에 오르다가 넘어졌다. 국민들은 처칠의 우스꽝스러운 모습
에 즐거워하며 웃음을 터뜨렸다. 그러자 처칠은 마이크를 잡고 국민들
에게 이렇게 이야기했다.

"제가 넘어져 국민이 즐겁게 웃을 수만 있다면, 다시 한 번 강단에 올
라오다 넘어지겠습니다."

제2차 세계대전 중에 미국을 찾은 처칠은 목욕을 하던 중 프랭클린
루즈벨트 대통령의 방문을 받았다. 예상치 못했던 방문이었기에 처칠
은 수건으로 중요 부분만을 겨우 가린 채 루즈벨트에게 악수를 청했는
데, 공교롭게도 때마침 수건이 스르르 풀려 땅에 떨어지고 말았다. 당
혹스러운 표정을 짓는 루즈벨트를 향해 처칠은 두 팔을 활짝 벌리며 이
야기했다.

"영국은 미국 대통령에게 아무 것도 숨기는 것이 없습니다."

처칠은 영국 총리로서의 자부심을 가지고 있었고, 그것은 권위와 위
엄만으로 지킬 수 있는 것이 아니라는 사실을 잘 알고 있었다. 그의 유
머는 자신이 기꺼이 높은 자리를 상대에게 양보할 때 그를 자신의 편으

로 만들 수 있다는 자신감에서 출발한 것이었다. 처칠의 이러한 능력은 영국이 두 차례의 세계대전을 극복하고 대영제국으로 부상할 수 있는 가능성을 만들었다.

수많은 기행과 독특한 태도로 오해를 불러일으키기도 했지만, 처칠이 두 차례의 세계대전의 중심이었던 영국의 험난한 정치판에서 살아남을 수 있었던 이유는 국익 우선이라는 원칙을 준수했기 때문이었다. 그가 국익 우선의 원칙을 국민들에게 설득할 때 역시 유머라는 기술을 사용했음은 물론이다. 영국 국민들은 처칠이 어떤 경우에도 개인적 이익을 위해 정치적 행동을 하지 않는 인물임을 잘 알고 있었고, 그랬기에 그의 돌발적 행동들도 너그럽게 이해했다.

처칠이 사망했을 때 프랑스의 샤를르 드골이 했던 "이제 영국은 더 이상 대국이 아니다"라는 말은 처칠의 정치력이 얼마나 위대했는지를 보여 주는 상징적인 발언이었다고 할 수 있다. 중국을 제외한 전 세계에서는 처칠의 장례식에 조문사절을 파견했고, 아일랜드를 제외한 유럽 모든 국가가 그 장례식을 텔레비전으로 중계했다. 처칠은 곧 영국이었다.

처칠의 유머는 단순히 순발력과 기지에서 나온 것이 아니었다. 한 나라의 지도자라는 자리는 권위와 명예만으로 지킬 수 없다는 것을 누구보다 잘 알고 있었기 때문이다. 그럴 때일수록 딱딱한 영국 사회에서 처칠의 설득법은 빛을 발했다. 사람들은 그런 처칠의 마음가짐과 자세에 손을 들어 준 것이다.

18

상대가 듣고 싶어 하는 말을 하라

버락 오바마 미국 대통령

버락 오바마(Barack Obama)에게는 대통령이 된 지금도 뛰어넘을 수 없는 한계가 있다.

바로 검은 피부색이다.

그럼에도 그는 제44대 미국 대통령으로 당선되었다.

미국을 진정한 민주국가로 거듭나게 한 오바마의 기적은 2004년 7월 27일의

미국 민주당 전당대회의 찬조 연설에서 시작되었다.

> "오늘 저는 여기에 서 있고, 제가 받은 다양한 유산에
> 감사하고 있습니다."

2004년 11월에 미국 연방 상원의원으로 당선된 오바마의 전국 데뷔 무대는 같은 해 7월 27일에 있었던 미국 민주당 전당대회였다. 자동차 공업이 발달한 시카고가 있는 일리노이 주의 흑인 상원의원 오바마는 진보적 성향의 미국 민주당에게 여러 모로 좋은 소재였다. 미국 민주주의의 발전상을 대표하는 상징 및 인종 문제에 전향적인 민주당의 노력을 보여 주는 증거가 될 수 있기 때문이었다. 민주당 지도부는 2004년 대통령 선거에서 흑인을 비롯한 유색 인종들의 표를 확실히 붙들기·위해

오바마를 미국 민주당 전당대회가 열리는 보스턴에 불러 세웠다.

그리고 바로 그날, 미국 역사에 상상 못한 사단이 발생했다. 3선의 일리노이 주 상원의원 오바마가 미국 민주당 유권자들의 마음을 흔들어 버린 것이다. 물론 43세의 젊은 흑인 상원의원인 오바마는 처음부터 대중의 관심을 받기에 충분한 조건을 갖추고 있었다. 제아무리 진보적인 성향의 민주당이라고는 해도 흑인이 주 상원의원이라는 사실은 그 자체만으로 충격적이었기 때문이다.

존 케리 후보를 지지하는 전당대회에서 민주당이 오바마에게 찬조 연설을 하게 한 것은 흑인 주 상원의원을 궁금해 하는 민주당 지지자들에게 그의 첫선을 보인다는 정도의 의미에서 결정된 일이었다. 민주당 지도부는 조지 W. 부시 대통령의 위세에 밀려 있는 민주당 열세 분위기를 반전시키려면 사람들이 예상치 못했던 깜짝쇼가 필요했을 것이고, 훤칠하게 생긴 젊은 일리노이 주 흑인 상원의원은 나쁘지 않은 효과를 이끌어낼 수 있다고 판단했다.

그런데 결과부터 말하자면, 미국 민주당 지지자들은 물론 유권자 전체는 2004년 대통령 선거에 출마한 민주당 후보 존 케리가 아닌 오바마라는 인물에 순식간에 매료되어 버렸다. 영화에서 보던 흑인 미남 배우 덴젤 워싱턴 같은 준수한 용모에서 쏟아져 나오는 거침없는 언변을 접한 미국 국민들의 반응은 한가지였다.

"뭐, 이런 사람이 다 있나?"

하고 싶은 말을 하는 것이 아니라
상대가 듣고 싶어 하는 말을 해야 한다

그날 오바마가 했던 찬조 연설은 외국인이 들어도 감동스럽다 못해 눈물을 터뜨리고 싶을 정도로 기가 막힌 명문名文이다. 오바마는 마치 그 연설을 하기 위해 미국 땅에 태어난 사람 같았고, 그가 그동안 받은 모든 고난과 시련은 바로 그날 그 자리를 위해 겪었던 것으로 여겨졌다. 생각지 못했던 스타 탄생으로 미국은 하룻밤 사이에 발칵 뒤집혔다.

오바마의 연설문은 읽기만 해도 마음이 움직이는 마력을 발휘했다. 그는 현란한 수사修辭로 자신을 과시하거나, 흑인임에도 일리노이 주 상원의원이 된 것을 뽐내지 않았다. 그는 자신의 아버지가 케냐의 목동이었고 할아버지는 영국인의 하인이었으며, 캔자스 출신의 어머니는 석유공장과 농장에서 일하던 가난한 외조부모의 딸이었다고 숨김없이 사실대로 말했다. 결코 드러내놓고 자랑할 수 없는, 평범한 흑백 혼혈 중년의 이야기였다.

그러나 오바마는 자신이 그 자리에 서기까지 받았던 미국의 은혜에 감사해 했다. 세계 어느 나라에서도 자신과 같은 조건의 사람은 지금 자신이 미국에서 이룬 성취를 이룰 수 없을 것이라며, 그것은 미국이기 때문에 가능한 일이자 미국에서만 일어날 수 있는 일이라고도 말했다. 더불어 그는 그것이 200년 전 미국 독립선언서에 요약된 간단한 전제인 '신 앞에서의 만인평등'이라는 양도할 수 없는 권리 때문이라는 사실을 선포했다.

오바마의 찬조 연설은 길지 않았지만, 민주당 지지자들은 감격에 차

올랐다. 그들은 미국 역사가 이렇게 위대한 흑인 연설가를 배출할 수 있을 정도로 성숙해졌다는 사실에 오바마로부터 나오는 한 마디 한 마디를 놓치지 않으려 했다. 그러한 기대에 부응이라도 하듯, 오바마는 어른스럽게 미국이 직면한 경제 및 복지, 군사력 문제를 조목조목 짚어 나가며 현실을 이야기했다. 그는 거창하게 숫자를 들먹이지 않았고, 대신 자신이 만난 일반 미국인들의 사례를 들어 설명했다. 그리고 그 가운데는 미국 민주당의 오랜 숙원이었던 의료보험 문제도 들어 있었다.

마지막으로 오바마는 2004년 미국 대선에 나서는 민주당 후보 존 케리의 지원을 부탁하는 말로 연설을 끝마쳤다. 오바마가 설명하는 존 케리는 가장 미국적인 정치 지도자였고, 미국이 원하는 애국자였다. 그리고 케리가 이끄는 미국은 '벼락'이라는 우스꽝스러운 아프리카 이름을 가진 말라깽이 꼬마가 희망하던 나라가 될 것이라고 선포했다. 어려움과 불확실한 상황에 직면했을 때 품었던 희망, 그 담대한 희망이 바로 미국이라고 주장한 것이다.

미국의 전율은 그 순간부터 시작되었다. 오바마가 연설을 마치자, 이 젊은 흑인 주 상원의원에 대한 미국 국민들의 뜨거운 박수가 터져 나왔다. 그것은 그가 추천한 민주당 대통령 후보 존 케리를 향한 것이 아닌, 4년 뒤 2008년 미국 대통령 선거의 후보로 오바마가 나서기를 독려하는 것이었다.

오바마는 자신이 감동할 수 있는 언어로 미국 국민들을 감동시켰다. 그리고 그 감동은 말의 기술이 아니라 바로 미국이 꿈꾸며 실행했던 바른 교육의 이수에서 비롯되었다. 오바마의 안에는 올바른 미국 정신이 내재해 있었다. 비록 2004년 미국 대통령 선거에서 존 케리는 낙선했지만, 오바마는 1870년 선출된 하이럼 레벨즈 이후 미국 역사상 다섯 번째 흑인 연방 상원의원으로 당선되었다.

자신의 삶에서 우러나온 진실은 백 프로 통한다

2008년 미국 대통령 선거의 유력한 민주당 대선 후보는 힐러리 클린턴이었다. 빌 클린턴 대통령의 부인으로 백악관 생활을 했던 그녀는 자신이 주인이 되어 백악관에 입성하고 싶어 했다. 2004년 뉴욕 주 연방 상원의원으로 출마해서 당선한 것도 이러한 포석의 일환이었다. 자연히 민주당 당내 경선 초반 분위기는 주도권을 먼저 손에 넣은 그녀가 잡고 흔들었다.

하지만 복병이 있었다. 힐러리 클린턴과 같은 일리노이 주 초선 연방 상원의원 오바마였다. 미국 민주당 지지자들, 아니 미국 국민들은 오바마가 재선이나 3선의 연방 상원의원 경력을 쌓거나, 미국의 정책을 주도하는 의회의 법사위원장 혹은 미국의 대외관계를 책임지는 국무장관을 거쳐 미국 대통령 후보가 되기까지의 오랜 시간을 기다릴 수가 없었다. 오바마에 매료된 미국 국민들은 이미 초당적이었고, 특히 젊은 층의 지지가 대단했다. 20~30대의 젊은 지지층은 그를 지원하는 인터넷 사이트까지 만들어 열띤 선거운동을 펼쳤다. 오바마는 이러한 관심을 받아 순식간에 미국 민주당 내의 강력한 다크호스로 부상했다.

2008년 민주당 경선 초반까지 힐러리가 우세했던 분위기는 민주당 지지자들에 대한 오바마의 후보 연설로 인해 역전됐다. 그는 2004년 미국 민주당 전당대회의 찬조 연설을 떠올리는 매력적인 연설로 다시 한 번 사람들을 사로잡았다. 오바마의 표어는 '변화와 희망'이었고, 민주당 지지자들은 미국 유일의 흑인 연방 상원의원의 연설에 마음을 빼앗기기 시작했다.

"이제는 책장을 넘길 때가 되었습니다."

"다른 누군가나 다른 어느 때를 기다린다면 변화는 오지 않을 것입니다. 우리 자신이 바로 우리가 기다려 온 사람들입니다. 우리 자신이 바로 우리가 추구하는 변화입니다."

"흑인 미국도 백인 미국도 라티노 미국도 존재하지 않습니다. 미국만이 존재할 뿐입니다."

민주당원들의 설득을 위해 그가 했던 이러한 말들은 누구나 이해할 수 있을 정도로 쉬운 것이었음과 동시에, 단순한 말재간이 아닌 깊이 있는 통찰에서 우러나온 진실이기도 했다. 오바마의 연설 속에는 그와 미국 국민들만 있었고, 경쟁자 힐러리가 끼어들 여지가 없었다.

반면 힐러리는 다음과 같은 말들로 민주당원들의 지지를 호소했다.

"저는 국민 여러분들께 우리 둘의 경력을 비교해 보라고 말씀드리고 싶습니다."

"저는 해결책을 제시하는 사람입니다. 제 상대는 약속만 하는 사람입니다."

"우리가 도전해야 하는 것은 불가능해 보이는 것을 가능하게 만드는 수완으로서 정치를 하는 것입니다."

오바마에 앞서던 힐러리는 언젠가부터 그에게 끌려가고 있었다. 오바마에게는 자신에 대한 관심이 없다는 것을 알고부터 그녀는 그런 조

급함을 더 많이 드러냈다.

오바마는 힐러리와 대결하지 않았다. 그는 그저 미국의 미래에 대해 자기가 품은 뜻을 이야기했을 뿐이다. 그는 변화와 희망의 대상이 자기 자신이라고 생각했다. 그런 소신은 그 자신의 삶에서 우러나온 진실이었고, 고난이 없었으면 생길 수 없는 숭고한 의지였다.

자신만의 선거를 치르는 그에게 힐러리는 결국 손을 들고 말았다. 마침내 오바마는 미국 민주당 대선 후보가 되었고, 힐러리는 결과에 승복하며 그를 지지하기로 했다.

생각이 바르고 분명하면 시비할 수 없다

2008년 9월 26일, 집권 여당인 미국 공화당의 차기 대권 후보인 존 매케인과 야당 민주당의 도전자 오바마의 첫 텔레비전 토론이 있었다. 매케인은 힐러리 클린턴과 다를 바 없이 시종일관 공세를 펼쳤으나, 오바마는 20년 정치선배 앞에서 차분하고 안정된 모습을 보였다. 마치 '왜 그렇게 대통령이 되고 싶어 하느냐'고 캐묻는 것 같았던 매케인에 반해 오바마는 '미국의 민주주의는 이런 것'이라고 답변하는, 준비된 지도자와도 같은 인상이었다.

토론의 쟁점은 금융위기, 북한과 이란의 핵 문제 그리고 이라크와 아프가니스탄 전쟁이었다. 금융위기에 대해 오바마는 "대공황 이후 미국은 최악의 금융위기에 직면해 있다"며, 8년간 조지 W. 부시 대통령에 동조해 온 매케인을 향해 공동책임론을 제기했다. 매케인은 "공화당과 민주당이 협상해서 금융위기 극복을 위한 패키지 입법을 하고 있는 것이 중요하며, 의회가 협상을 통해 도출해 내는 구제금융 합의안에 찬성하겠다"라고 밝혔다. 두 후보 모두 미국의 경제위기에 대한 공화당의 책임론은 인정했으나, 오바마는 '공화당이 물러가야 금융 문제가 해결된다'는 입장이었고 매케인은 '해결할 테니 도와 달라'는 입장이었다는 점에서 차이를 보였다.

군인 출신인 매케인은 군사 문제에서 반전을 시도했지만, 오히려 오바마의 날카로운 공격만 받고 말았다. 매케인은 이라크 전 문제를 언급하며, "내가 전략 변경과 병력 증파를 주장한 결과 미국이 명예로운 승리를 할 수 있었다"라고 자신만만한 태도를 보였지만, 오바마는 "애초부터 이런 전쟁을 일으켜서는 안 되는 것이었다. 대량살상무기가 어디 있느냐?"라며 반격에 나섰다. 뿐만 아니라 오바마는 9.11 테러의 주범인 오사마 빈 라덴과 관련해서도, "8년간 부시 정권과 매케인이 이라크에만 매달렸으나, 오사마 빈 라덴은 여전히 건재하다"며 미국의 이라크전 실패를 문제로 삼았다.

두 후보가 이야기하는 모습도 대조적이었다. 현란한 제스처를 동원한 매케인에 반해 오바마는 옳고 그름을 분명히 따지며 이야기함으로써 대선 후보가 아닌 논평가의 인상을 풍겼다. 1차 토론 직후 나타난 지지율에서 오바마는 51대 38로 앞섰고, 세 차례의 텔레비전 토론이 계속되는 동안 그의 승리는 점점 더 확실해졌다.

오바마의 연설이 매력적인 이유는
테크닉이 뛰어나서가 아니다

오바마는 미국의 건국이념에 기초한 '이상적 민주주의 건설'이라는 담대한 희망을 토대로 삼고 대통령 선거에 나섰다. 2004년 민주당 전당대회에 나왔을 때 그는 이미 미국 국민은 무엇을 어떻게 생각해야 하는지에 대한 고민을 마친 상태였다. 그는 미국 대통령은 하늘에서 뚝 떨어진 초월적인 사상을 가진 사람이 아닌, 건강한 미국 정신을 가진 미국인이 되는 것이라는 사실을 알고 있었다.

미국의 건국이념은 독립선언서에 명기된 대로 '창조주 앞에서 평등한 모든 사람들이 자신들의 생명과 자유와 행복을 추구하는 이상'이다. 오바마의 담대한 희망은 바로 이러한 건국이념을 실현하는 것이었다. 여타의 미국 정치인들이 건국이념은 건국이념이고 현실 정치는 현실 정치라고 생각했던 것에 반해, 오바마는 미국 국민이라면 누구나 학교와 사회에서 배우고 익힌 그 건국이념을 국민들에게 새롭게 일깨웠다.

오바마가 대통령으로 당선된 뒤 그의 스피치를 분석한 책들이 무수히 출간되었지만, 대부분은 스피치의 기술적인 측면만을 다루었다. 그러나 그가 미국 국민들을 감동시킨 것은 절대로 연설의 테크닉이 뛰어나서가 아니었다. 오바마는 '21세기를 살고 있는 미국 국민들이 18세기에 미국을 건국한 국부國父들의 건국이념을 어떻게 실현해야 하는가'라는 근본적인 문제를 국민들에게 제기함으로써 감동을 이끌어냈다. 그리고 그러한 감동은 미국인이 아니더라도 공감할 수 있는 인본주의에 바탕을 둔 것이었다.

매케인과의 토론 시 쟁점이었던 금융위기, 북한과 이란의 핵 문제, 이라크와 아프가니스탄 전쟁 등에 대해서도 오바마는 미국 건국이념의 바탕인 인본주의적 입장에서 접근했다. 금융위기가 인간적인 삶을 살 수 있게 하는 데 어떤 문제가 되는지, 적성 국가들의 핵 문제가 미국의 군사 안보에 어떻게 직결되는지 등을 이야기하며 논지를 전개한 오바마는 결국 53%를 득표하며 46%를 얻은 존 매케인을 상대로 완승을 거뒀다.

2009년 1월 20일, 오바마는 제44대 미국 대통령으로 취임했다. 그의 취임 연설은 미국 역사 교과서를 고스란히 옮겨 놓은 것처럼 감동적이었고, 전임 대통령 43명의 어떤 취임 연설에도 뒤지지 않을 만큼 훌륭했다.

오바마는 미국 역사에서 때를 기약할 수 없는, 그저 언젠가는 탄생할지도 모른다고 여겨졌던 흑인 대통령이었다. 사실 독립선언서를 작성할 당시의 미국은 흑인들의 나라가 아니었다. 흑인들은 미국 국민으로 인정받기 위해 250년의 시간을 기다려야 했고, 그 과정에서 많은 피와 땀, 눈물을 흘렸다. 또한 그들에게 가해진 무수한 차별과 상처로 인해 만들어진 벽과 장애는 미국인들로 하여금 자국이 완전한 민주주의 국가라는 자부심을 갖지 못하게 했다. 그랬기에 흑인 오바마가 미국의 대통령이 되어 취임 연설을 한다는 것은 더욱 의미 있고 뜻 깊은 일이었다.

취임 연설에서 그는 미국이 가져야 할 민주주의의 자신감을 이야기했다. 미국 역사상 그 어느 때보다 큰 위기의 한가운데 놓여 있는 상황이지만, 오바마는 미국 국민들이 자신을 선택한 이유가 두려움 대신 희망을, 갈등과 불화 대신 목적을 위한 단결을 바랐기 때문이라는 사실을 잘 알고 있다고 말했다. 그는 미국 국민들에게 오랫동안 미국 정치를 옥

죄어 왔던 사소한 불만들과 거짓 공약들, 상호비방과 낡은 독단을 종식시키자고 독려했다. 더불어 창조주 앞의 만인평등, 자유, 행복 추구권과 같은 건국이념을 다시 한 번 언급하며, 그러한 가치들을 수호하는 것이 바로 진정한 미국을 건설하는 것임을 선포했다.

오바마는 결코 미국 대통령이 되기 위해 태어난 사람이 아니었지만 그 어떤 미국 대통령과 비교해도 뒤지지 않을 정도로 미국적 가치를 충분히 지니고 있었다. 그는 화술의 달인이 아니라 미국 정신의 진정한 수호자였고, 힐러리 클린턴과 존 매케인이 그에게 뒤진 이유는 말하는 기술이 아닌 미국의 근본정신을 생각하는 지혜가 부족했기 때문이었다. 미국 역사는 오바마라는 흑인 대통령을 탄생시키면서 전에 없던 자부심을 갖게 되었고, 그는 미국의 민주주의가 한걸음 더 나아간 증거로 미국 역사에서 영원히 기억될 것이다.

자신의 한계를 한계로 여기지 않은 오바마에게는 상대 후보도 경쟁자가 아니었다. 오바마는 미국 대통령이 될 수 있을지의 여부가 아니라, 자신이 미국 역사가 요구하는 이상적인 인간에 부합하는지에만 관심을 두었다. 그것을 판단하는 그의 기준은 '미국 역사가 줄곧 요구해 온 이상적인 미국인'의 모습이었다. 오바마의 설득법은 미국 대통령 후보가 해야 하는 통상적인 선거유세가 아니라, 세계가 부러워하는 미국 국민이 갖춰야 할 자질에 대한 냉정한 자기 평가였다.

19

자신을 먼저 설득하라

빌리 브란트 서독 총리

빌리 브란트(Willy Brandt)는 독일 통일을 자신이 수행해야 할 사명으로 받아들였다.
때문에 그 사명을 위한 초석을 다듬는 일에 평생을 진력했다.
1969년 10월 21일, 서독의 제4대 총리로 취임한 그는 '한 민족, 두 나라'라는
제목의 취임 연설을 했다. 독일 통일을 위해서라면 뭐든지 하겠다는 의지를 밝힌 것이다.

"독일은 우리 모두의 고향입니다."

"이 정부는 제2차 세계대전의 결과로 독일인들에게 생겨난 과제인 히틀
러 정권에 대해서 전 국민이 완전히 절연하는 것만이 유럽 평화 질서의
유일한 해답이 될 수 있다는 가정으로부터 출발합니다. 그러나 그렇다
고 해서 어느 누구도 독일인들에게 다른 민족들과 같은 자기 결정권을
가질 수 없다고 억제할 수는 없습니다.

　우리 앞에 수 년 동안 놓여 있는 이 실제적인 정치 과제는 두 개로 나
뉜 독일 사이에 생겨난 현재의 긴장을 해소하고, 국가 통일을 유지하는
것입니다. 독일인들은 역사와 언어뿐 아니라, 영광과 고통으로도 한데

묶여 있습니다. 독일은 우리 모두의 고향입니다. 우리는 모두 우리 서로와 유럽을 보호하기 위한 공동의 의무와 책임을 가지고 있습니다. 서독과 동독 정부가 세워진 지 20년이 지난 지금, 우리는 독일 국민이 더 멀리 떨어져 표류하는 것을 막아야 합니다. 다른 말로 하면, 우리는 서로 평화로운 공존의 길로 나아갈 수 있도록 노력해야 한다는 뜻입니다.

이것은 독일의 목표만이 아니라 유럽 및 동서 진영의 평화를 위해서도 중요한 일입니다. 동독은 물론, 동독과 국제관계를 가지고 있는 우방들에 대한 우리의 태도는 동베를린의 자세와 상관이 없습니다. 덧붙여 말하자면, 우리는 우리 동포들이 국제무역과 문화교류에서 이익을 줄이기를 원치 않습니다.

서독 연방정부는 전 총리 키징거 정부의 정책을 계승함과 동시에, 동독의 내각에 협력으로 이어지는 정부 차원의 상호 비차별 협약 체결을 제안하는 바입니다. 현재 서독 법은 국제법상으로 동독을 인정하지 않습니다. 심지어 독일에 두 나라가 존재하지만, 서로에게 있어 외국이 아닙니다. 이 둘은 그저 특별한 관계일 뿐입니다.

전임자들의 정책을 지속하면서도, 새로운 서독 정부는 동독에 대한 무력 사용이나 위협을 상호 포기하는 협정 체결을 기꺼이 제안하는 바입니다. 서독 정부는 소련과 진행 중인 베를린의 상황 개선 논의를 미국과 영국, 프랑스에게도 강력하게 권고할 것입니다. 이들 네 개 세력의 특별한 관리를 받고 있는 베를린은 방치된 채로 남아 있습니다. 이것은 베를린을 관통하는 편리한 교통을 찾는 길을 감추지 않습니다. 우리는 베를린의 생존력을 지속적으로 보호할 것입니다. 서베를린은 두 개로 나뉜 독일의 정치적·경제적·문화적 관계 개선을 위해 공헌할 기회를 갖기 원합니다."

1969년 10월 28일, 서독 하원에서 '한 민족, 두 나라'라는 제목의 총리 취임사를 한 빌리 브란트는 독일의 분단 과정을 언급하며 동서독이 맞이할 새로운 시대를 예고했다. 브란트는 국제법상으로는 동독을 국가로 인정하지 않지만, 민족적으로는 하나의 국가로 인정했다. 그리고 서독의 경제력과 군사력을 강화시켜 국가안보를 튼튼히 하고, 서독 정부의 유일 합법적인 통일 독일의 정부가 될 기반을 닦기 시작한 것이다.

훗날 '동방정책'으로 불리게 된 브란트의 대동독 정책은 서독의 초대 총리였던 콘라드 아데나워의 '힘의 우위' 정책을 기본적으로 유지하면서, 점진적으로 동독을 흡수하려는 시도였다. 브란트는 강자가 약자에게 내미는 손길은 구원이지만, 약자가 강자에게 내뻗는 손길은 구걸이라는 사실을 잘 알고 있었다. 서독 연방의원, 서베를린 시장, 부총리 겸 외무부 장관을 역임하면서, 브란트는 동독에 대한 서독의 절대우위를 확신했다. 그래서 브란트는 서독이 주체적으로 나서지 않으면 독일 통일은 절대로 있을 수 없다는 신념을 가지고, 총리 취임사로 '한 민족 두 나라'라는 제목의 연설을 했던 것이다.

자신에게 근본적인 질문을 던져라

1969년 10월 21일, 서독의 제4대 총리로 취임했을 때 브란트는 56세였다. 1948년 35세의 나이로 서독 사회민주당에 입당하고, 1949년 독일 연방의회 의원으로 정치활동을 시작한 지 21년만의 일이었다. 아버지가 누구인지도 모르는 사생아로 태어나 고등학교만 겨우 졸업한 조선소 노동자 출신의 브란트가 서독의 총리가 된 것은 오로지 하나의 사명감 때문이었다.

그의 정치여정은 화려했다. 초대와 2대 서독 연방의회 의원을 역임했고, 1957년에는 서베를린 시장에 취임해서 약 9년간 재임했다. 재임 중이었던 1964년에는 사회민주당의 당수가 되었으며, 1966년에는 기독교 민주동맹과의 연립내각을 성공시켜 외무장관으로 임명받았다. 1966년 12월 1일, 제5대 서독 부총리 겸 제4대 서독 외무장관으로 임명된 브란트는 2년 10개월의 임기를 마치고 1969년 10월 20일 퇴임했다. 그리고 쿠르트 게오르크 키징거 총리의 뒤를 이어 1969년 10월 21일 서독의 제4대 총리로 취임해서 약 4년 7개월간 재임하다 1974년 5월 7일에 물러났다.

브란트의 퇴임은 선거에 의한 정권교체가 아닌, 그의 비서였던 귄터 기욤 때문이었다. 그가 동독의 간첩이었음이 뒤늦게 드러나 브란트가 자진 사퇴한 것이다. 동독 국가보안국 소속의 기욤은 1956년 망명 형태로 서독에 진입해 사회민주당에서 정치활동을 하다, 1972년 10월 총리였던 브란트의 당무비서로 발탁되었다. 브란트는 물론 기욤이 간첩임을 몰랐던 상태에서 그를 당무비서로 임명했지만, 총리 비서가 동독의 간첩이라는 사실에 충격을 받은 서독 국민들의 반발을 무마시킬 수는 없었다. 결국 브란트는 인사권자로서 책임을 지고 총리직에서 퇴진했다. 혈기왕성한 63세의 총리였던 그로서는 아쉽고 안타까운 일이었지만 어쩔 수 없는 상황이었다.

그렇지만 브란트는 서독 총리로서 해야 할 사명은 모두 완수한 상태였다. 냉전 체제의 긴장을 완화시킨 공로를 인정받아 1971년 노벨평화상을 수상했을 때부터, 동서독 국민들은 물론 세계인들은 그의 사명이 독일 통일이라는 사실을 알고 있었다. 1948년 35세의 나이에 정치에 입문한 뒤 1974년 63세의 나이로 총리직에서 물러날 때까지 28년간 정치활동을 한 그의 정치적 사명은 오로지 하나, 독일 통일이었다.

민족적 열망을 개인의 문제로 받아들이는 사명감

브란트는 현대 독일의 전쟁, 분단, 경쟁, 통일의 모든 현장에 주체로서 있었다. 제1차 세계대전이 발발한 이듬해 태어난 브란트는 나치가 기승을 부렸던 제2차 세계대전 시기에 노르웨이로 망명, 독일사회주의노동자당을 만들고 기관지 기자로 활동하며 나치의 만행을 세계에 고발했다.

제2차 세계대전이 끝난 뒤 독일로 귀국한 브란트는 서독 연방의원으로 의정활동을 시작했다. 서독 헌법을 제정한 제헌 의원이었던 그는 두가지 사실을 명심하고 있었다. 그것은 서독 헌법의 명칭이 '통일 독일을 위한 과도적 성격의 기본법'이라는 것이었고, 다른 하나는 서독 연방의회가 통일 독일을 위해 동독 의원들의 좌석까지 마련해 두었다는 것이었다. 다시 말해 독일의 분리는 민족 간의 갈등에 의한 것이 아니라, 제2차 세계대전에 대한 징벌적 성격으로 강대국에 의해 이루어진 강제 분리라는 사실을 잊지 않았던 것이다.

인류의 역사는 항상 사명감을 가진 영웅들을 중심으로 움직인다. 그리고 역사는 사명감에 불타는 한두 명의 힘으로 변화한다. 통일에 대한 독일인들의 열망은 브란트라는 한 사람에게 꺼지지 않는 불꽃을 피우기 시작했다. 그리고 독일의 역사는 독일 통일이라는 목표를 달성하기 위해, 통일에 대한 열망을 브란트에게 계속해서 주문했다.

1957년 서베를린 시장으로 선출된 브란트는 1961년 충격적인 사건을 목도한다. 동독 정부가 인민군을 동원해서, 동베를린과 서방 3개국의 분할점령 지역인 서베를린 경계에 40여 km 길이의 콘크리트 담장을 쌓은 것이다. 냉전의 상징이 되어 버린 베를린 장벽이 만들어지는 것을 묵묵히 지켜본 브란트는 독일 통일이라는 과제가 자신의 몫이라는 사실을 깨달았다. 서독의 좌파 사회민주당 소속인 자신에게도, 민족보다 이데올로기를 앞세우는 동독 정부의 처사는 용납될 수 없는 것이었다. 그는 언젠가 자신의 힘으로 동서를 가른 베를린 장벽을 무너뜨리겠다고 다짐했다.

1966년 독일기독교민주동맹과 연립내각을 성립시킨 사회민주당 당수였던 브란트가 부총리 겸 외무장관으로 입각한 것은 우연이 아니었다. 그는 그때부터 독일 통일을 위한 구체적인 활동을 개시했다. 당시 서독은 초대 총리였던 콘라드 아데나워의 할슈타인 원칙을 계승하고 있었다. 할슈타인 원칙의 내용은 서독은 소련을 제외하고, 동독을 승인한 국가들과는 외교관계를 가지지 않겠다는 것이었다.

1966년 외무부 장관이 된 브란트도 동독을 경제적·외교적으로 제압하고 고립시키는 할슈타인 원칙이 통일을 위한 최선이라고 간주했다. 때문에 그는 수출 확대, 동유럽 접근 정책으로 동독을 궁지에 몰아넣기 위해 노력했고, 그 결과 루마니아와 유고슬라비아 등과의 국교를 회복했다. 브란트는 고립된 동독이 머지않아 두 손을 들고 무너질 날이 올 것이라고 예측했다.

　그러나 할슈타인 원칙은 낭만적 발상에 불과했다. 1968년, 계속되는 불황으로 경제문제에 시달리던 체코슬로바키아 국민들이 정치 개혁을 요구하는 시위를 벌이자, 소련은 군대를 동원해 그들을 무력으로 제압해 버렸다. 서방 세계는 소련의 무력 행사를 비난했지만, 전쟁으로 소련을 제어하지 않는 한 어쩔 수 없는 일이었다. 소련은 공산주의 경제의 실패를 인정하려 하지 않았을 뿐 아니라, 공산주의의 정체성을 포기하고 개혁하려는 주변국들의 변화도 용납하지 않았다.

우연이란 없다
준비된 필연만이 존재한다

1969년 10월 21일 제4대 서독 총리에 취임한 브란트는 1주일 뒤 행한 취임 연설에서 밝힌 독일 통일 계획을 실행하기 시작했다. 제일 먼저 행한 것은 할슈타인 원칙의 포기였다. 동독을 고립시키는 것만이 능사는 아니라고 판단한 것이다. 체코슬로바키아의 사례에서 봤듯이, 동독을 경제위기에 몰아넣어도 소련의 무력 개입을 우려한 동독 국민들은 결코 정치 개혁을 위해 투쟁할 수 없을 것이었다.

　브란트는 경제적 우위에 있는 서독이 동독을 흡수하는 방향으로 통일 정책을 개선해 나갔다. 동방정책이라고 불리는 브란트의 통일 정책은 이렇게 출발했다. 그는 동유럽 공산국가들에 접근해서 적극적 외교 관계를 이끌어냈다. 이러한 관계를 구축한 목적은 동독과의 화해였다.

동독을 국가로 인정하지 않던 단계에서 벗어나 동독도 같은 독일 민족이라는 사실을 인정하며, 서독은 동독에 대해 적대감이 없다는 것을 나타내고 싶어 했던 것이다.

브란트의 동방정책은 동방조약 체결로 빛을 발했다. 1970년 8월 서독과 소련 양국은 무력사용 금지조약을 체결함으로써 제2차 세계대전 이후 25년간 계속된 두 나라 사이의 냉전을 종식시켰다. 이어 1970년 12월에는 폴란드와 국교정상화 조약을 체결했다. 이 조약의 핵심은 서독이 폴란드로부터 빼앗아 장기간 점령했던 영토 일부를 포기하겠다는 획기적인 내용이었다. 동방조약을 체결한 브란트는 이듬해 1971년 노벨평화상을 수상했다.

인간이 말로써 표현할 수 없을 때
할 수 있는 행동을 한 것뿐입니다

사실 폴란드와의 국교정상화 조약 체결은 쉽지 않을 것이라 예상되었다. 제2차 세계대전에서 독일이 폴란드에게 저지른 만행을 생각하면, 종전 25년이 지났지만 폴란드의 앙금이 쉽게 가시지 않을 것 같았기 때문이었다. 독일은 폴란드를 무력으로 점령하고, 아우슈비츠 수용소에서 250~400만 명으로 추정되는 유대계 폴란드인을 살해했다. 폴란드의 요셈 키란티에비츠 총리 역시 당시 아우슈비츠에서 기적적으로 살아남은 포로 가운데 한 명이었으니, 국교정상화 조약을 체결하자고 찾아간 서독 총리 브란트가 반가울 리 없었다.

1970년 12월 7일, 바르샤바에 있는 무명용사의 묘역을 찾았던 브란트는 유대인 위령탑 앞에서 갑자기 무릎을 꿇었다. 900여 명의 기자들은 그가 과로로 인해 몸의 균형을 잃고 쓰러진 것으로 여겼지만, 무릎을 꿇은 그는 눈물을 흘리고 있었다. 아무도 예상하지 못했던 행동이었고, 어느 누구도 입을 열어 말을 꺼낼 수 없는 상황이었다.

'왜 무릎을 꿇었느냐'는 기자들의 질문에, 브란트는 "인간이 말로써 표현할 수 없을 때 할 수 있는 행동을 했을 뿐입니다"라고 답했다. 그는 독일인이었지만, 사실 제2차 세계대전의 피해자였다. 전쟁의 광기에 들떠 있던 나치를 피해 노르웨이로 망명하여 독일이 자행한 전쟁과 대결했기 때문이었다. 그럼에도 브란트는 히틀러와 나치가 저지른 범죄를 자신의 과오로 받아들이고, 폴란드 국민들과 세계인들 앞에서 무릎을 꿇고 사죄한 것이다. 세계 언론들은 브란트의 이 사죄를 두고 "무릎을 꿇은 것은 한 사람이었지만 일어선 것은 독일 전체였다"라고 평했다.

"범상치 않은 짐이 바르샤바로 가는 여정에 나와 동행했습니다. 폴란드에서 고난을 당한 이들과 같은 사람은 세상 어디에도 없습니다. 폴란드 유대인들을 멸절시킨 기계가 출현해서 어느 누구도 할 수 없었던 광기를 극대화했습니다. 바르샤바로 가는 길에, 나는 바르샤바 빈민가를 죽음으로 몰아넣은 싸움의 기억을 가지고 갔습니다."

국교정상화를 맺기 위해 폴란드를 찾았을 때부터 브란트에게는 독일에 악감정을 가진 폴란드를 위해 무엇인가 진심 어린 사과를 해야 한다는 부담이 있었다. 때문에 무릎을 꿇었던 그의 태도는 순간적으로 폴란드와 세계인들을 속여 넘기려는 연기가 아니라, 지난 25년간 유럽을 아프게 한 독일이 준비한 깊은 사죄의 마음을 나타내는 것이었다.

키란티에비츠 총리는 브란트의 사과를 마음으로 받아들였다. 그리고 다음 날 서독으로 돌아가는 브란트를 깊은 포옹으로 배웅했다. 브란트는 다시 한 번 그에게 깊은 위로의 마음을 전했다. 브란트의 진심 어린 사과로 폴란드는 움직였고, 세계도 박수를 보냈다. 이렇게 해서 독일 통일을 위한 그의 동방정책은 본격적인 궤도에 오르기 시작했다.

무언의 행동이 전 세계를 움직이다

브란트가 폴란드에서 무릎을 꿇자, 유럽 전체는 그의 움직임에 화답하기 시작했다. 제2차 세계대전 당시 독일의 무력에 짓밟혔던 유럽 국가들 전체가 브란트의 전향적인 자세를 받아들인 것이다. 1972년 6월, 미국과 소련, 그리고 영국과 프랑스 등 제2차 세계대전에서 승리한 4개국은 베를린 협정을 체결했다. 독일 통일을 향한 교두보가 마련된 것이다.

1972년 동독은 서독의 기본 조약에 조인했고, 1973년 12월에는 서독과 체코슬로바키아 간의 국교정상화가 이뤄졌다. 뒤이어 헝가리, 불가리아 등을 비롯한 동유럽 국가 전체로 그 폭은 넓어졌다. 동독은 서독과 교류를 확대하며 서독에 대한 불신감을 극복하기 시작했고, 서독은 동유럽 국가들과 교역하며 독일 통일을 위한 신인도를 쌓아 나갔다.

1974년 5월 7일까지 동방정책을 진두지휘했던 브란트는 1971년, 동서진영의 긴장 완화에 기여한 공로로 노벨평화상을 수상했다. 그는 수상 기념 연설에서 독일 통일이 세계 평화에 미칠 영향에 대해 설명했다. 세계는 더 이상 무력 대응을 벌이지 않고 평화를 얻기 위한 노력을 경주

해야 한다는 내용이었다.

"긴장의 완화, 민족들 간의 협력, 군축, 지금까지의 패자들과의 파트너십, 상호 파괴의 위험에 대한 상호 방어를 위해 우리는 일해야 합니다."

독일 통일은 독일 민족과 역사가 브란트라는 한 정치인에게 심은 민족적 사명이었다. 브란트는 그것이 자신에게 평생 동안 맡겨진 사명이며, 앞으로도 그것을 위해 살아갈 것임을 고백했다. 그리고 그는 총리 퇴진 이후 1989년 베를린 장벽이 붕괴될 때까지 자신의 신념을 지켜 나갔다. 서독과 동독은 물론 세계가 동방정책에 동의한 이유는 그것의 주창자 브란트가 진심으로 독일 통일이 세계 평화에 기여할 것이라는 믿음을 보여 주었기 때문이었다.

브란트는 정치를 직업으로 받아들이지 않고 독일 통일을 위한 사명으로 인식했다. 그래서 브란트의 설득법에는 상투적인 직업관이 아닌, 운명적인 사명감이 나타난다. 직업인의 연설은 국민을 이해시킬 수는 있어도, 국민으로 하여금 스스로 움직여 행동하게 할 수는 없다. 독일 통일을 지도자의 사명으로 인식한 브란트의 행동은 독일 국민들의 통일 의욕을 일깨웠고, 움직이게 만들었으며, 마침내 현실로 이룩해냈다.

20

품격 있는 설득은 태도에서 나온다

조지 W. 부시 미국 대통령

사실 조지 W. 부시(George W. Bush)는 대통령 후보로서 부족한 점이 많았다.
상대 후보 앨 고어는 8년간의 부통령 경력을 통해서 이미 국민들에게 행정 능력을 인정받은
상황이었다. 하지만 미국 대통령으로 당선된 사람은 조지 W. 부시였다. 그는 자신이
그 어떤 시련도 견딜 수 있도록 잘 훈련된 사람이라는 사실을 입증해 보였다.

"미국의 참모습은 더없이 자애롭습니다."

"기품 있는 내빈이신 클린턴 대통령, 그리고 제 친구 국민 여러분. 평
화로운 정권 교체는 역사에서 드뭅니다. 그러나 우리나라에서는 일반
적입니다. 간단한 선서로 우리는 오랜 전통을 맹세하고, 새로운 출발을
시작합니다. 연설을 시작하면서, 저는 우리나라에 대한 클린턴 대통령
의 봉사에 감사합니다."

2001년 1월 20일, 조지 W. 부시는 제43대 미국 대통령으로 취임했
다. 아버지 조지 부시에 뒤를 이은 부자父子 대통령이었다. 미국 역대 대

통령 가운데 대를 이어 대통령 선거에 도전해서 성공한 사람이 그가 처음은 아니었다. 제6대 존 퀸시 애덤스도 아버지인 제2대 존 애덤스의 뒤를 이어 미국 대통령에 당선되었다. 덕분에 부시는 제41대 조지 부시의 뒤를 이어 대통령이 되는 것에 대해 '미국이 왕조국가냐'고 비난받을 수 있는 정치적 부담감은 처음부터 가질 필요가 없었다.

건국 초기부터 부자 대통령을 배출한 국가인 까닭에, 미국인들은 아버지에 이어서 아들이 대통령이 된다는 사실에 대해서는 특별한 거부감이 없다. 미국인들이 관심을 가지는 것은 아버지가 대통령이었느냐 아니냐가 아니라, 그 아들이 대통령이 될 자질을 갖춘 정치인인지 아닌지의 여부다. 실용적인 미국인들의 성격이 잘 드러나는 대목인데, 어떻게 보면 합리적인 태도이기도 하다. 아버지에 이어 대통령에 취임한 조지 W. 부시는 아버지보다 더 훌륭한 취임 연설을 이어 나갔다.

"살아가는 동안 때때로, 우리는 위대한 일을 해야 할 것을 요구받습니다. 그러나 우리 시대의 성자들은 이야기해 왔습니다. 우리는 위대한 사랑을 가지고 작은 일을 하기를 요구받습니다. 민주주의에서 가장 중요한 일은 모든 사람에 의해 이루어집니다. 저는 이러한 원칙을 따르며 살고, 이끌어 나갈 것입니다. 공손함으로 제 신념을 향해 전진하고, 용기를 가지고 공공의 이익을 추구하며, 좀 더 정의와 연민을 가지고 말할 것입니다. 책임을 요구할 것이며, 그렇게 살 것입니다. 언제나 우리 시대를 지켜 나가기 위해 우리 역사의 가치를 가져올 것입니다."

선거라는 합법적인 방법을 통해 아버지에 이어 아들까지 대통령이 된다는 것은 사실 보통 영예로운 일이 아니다. 동시에 그것은 아버지의 재임 기간에 대한 국민들의 거부감이 없을 때에만 가능한 일이다. 물론 인기까지 있었다면 두말 할 나위 없이 더 좋은 일일 터이지만 말이다.

그런 의미에서 본다면 조지 W. 부시는 아버지의 덕을 보지는 못한 경우에 해당한다. 아버지 조지 부시는 당선 당시부터 퇴임 직전까지 인기 있는 대통령이 아니었다. 빌 클린턴이라는 강적을 만나 재선이 가로막혔다는 평가를 받긴 하지만, 실제로 재선되지 못한 이유는 클린턴이 아닌, 미국 경제위기에 대한 적절한 해법을 구사하지 못한 부시 자신 때문이었다.

그나마 아버지 조지 부시에게 있어 다행스러운 것은 아들이 자신의 퇴임 8년 뒤에 대통령에 당선된 일이다. 재선 실패에 대해 따라붙었을 아쉬움과 상처는 그로써 어느 정도 해소되었을 것이고, 아들은 자신이 실패한 재선에까지도 성공했으니 부시 가문의 부전자전 대통령 역사는 해피엔드라고 결론 내려도 좋을 것 같다. 조지 W. 부시는 관대함이 미국의 정체성이라고 강조하며, 취임사를 마무리했다.

"절대 지치지 않고, 절대 굽히지 않고, 절대 그치지 않고, 우리는 오늘날 그 목적을 새롭게 해서 우리나라를 더 정의롭게 관대하게 만들며, 우리의 생명과 모든 생명의 존엄성을 확인합니다. 이러한 일은 지속됩니다. 이러한 이야기도 계속됩니다. 그리고 천사는 여전히 돌개바람 속을 달리며, 이 폭풍을 향합니다. 하나님께서 여러분과 우리나라를 축복하십니다."

텔레비전 토론의 목적은 유권자의 마음을 사로잡는 것이다

아버지 조지 부시가 당시 민주당의 기대주 마이클 듀카키스와 경쟁했던 것과 유사하게, 조지 W. 부시는 민주당의 앨 고어라는 뛰어난 상대와 접전을 벌였다. 제42대 미국 대통령 빌 클린턴 밑에서 부통령을 지낸 고어는 경제 안정을 이룬 민주당 정부의 투톱 가운데 한 명이었다. 백악관 인턴 모니카 르윈스키와의 부적절한 관계로 빌 클린턴 대통령이 위기에 몰렸을 때에도 국정 운영에 차질이 없었던 것은 앨 고어의 안정감 때문이었다. 존 F. 케네디 이후 가장 화려한 민주당 대통령이었던 빌 클린턴의 뒤에 가려져 있었지만, 고어는 정통 관료로서 손색이 없는 자질을 갖추고 있었다.

반면 하원의원 선거에서 한 차례 낙선한 뒤에 사업에 몰두하던 부시는 텍사스 주지사에 재선되었던 것이 정치경험의 전부였다. 하원의원 4선, 상원의원 재선, 부통령 8년을 역임한 앨 고어와 비교할 때, 그의 중량감은 상대적으로 빈약했다. 석유 재벌 출신의 기업인이었던 그는 텍사스 레인저스의 구단주로 더 많이 알려져 있었고, 대통령 아버지를 두었다는 사실 외에는 내놓을 만한 정치적 경력도 없었다.

그럼에도 부시는 고어가 갖지 못한 경험 하나를 가지고 있었는데, 그것은 아버지의 대통령 선거에서 참모와 연설 초안자로 선거전에 참가했던 것이었다. 고어는 두 차례에 걸쳐 빌 클린턴의 러닝 메이트가 되었으나, 대통령 선거를 직접 치른 사람과 함께 대통령 선거를 기획하고 총괄했던 참모의 입장은 아니었다. 부시가 대통령 선거를 한 차례 연출한 감독이었다면, 고어는 클린턴 주연의 대통령 선거에 계속

조연으로 나선 셈이다. 감독과 배우의 차이는 나중에 선거 결과로 나타났다.

처음부터 고어의 우세 속에 진행된 선거운동에서 부시는 이렇다 할 반전 카드를 내놓지 못하고 있었다. 그런데 지지율에서 떨어지던 그가 느닷없이 앨 고어를 앞서 나가기 시작한 것은 마지막 텔레비전 토론부터였다. 미국 정치학자들과 언론학자들은 1960년 9월 26일 존 F. 케네디와 리처드 닉슨 이후 미디어의 영향을 가장 많이 받은 선거가 바로 조지 W. 부시와 앨 고어의 텔레비전 토론이었다고 이야기한다.

앞서 이야기했듯 부시는 후보로서의 자질만을 놓고 봐도 고어의 상대가 되지 않았다. 게다가 퇴임 직전의 민주당 빌 클린턴 대통령은 66%의 지지도를 보였다. 이러한 지지도는 특별한 문제가 없다면 클린턴과 함께 국정 운영에 참여했던 고어에게로 이어질 상황이었다. 그런데 텔레비전 토론의 결과가 이것을 바꿔 놓은 것이다.

고어는 일반인들이라면 외우기도 힘든 많은 숫자와 통계들을 제시하며 부시를 압박했다. 그때마다 부시는 "저는 당신이 그런 통계들을 어디서 가져왔는지 모르겠군요. 당신은 워싱턴에 너무 강박관념을 가지고 있는 것 같아요"라고 대답하는 것이 전부였다.

고어는 뚜렷한 국가 경영 비전, 통찰력, 리더십을 보였다. 부통령으로 8년을 재직한 고어는 할 말도 많았고, 논리정연했다. 반면 부시는 답변도 허술했고, 어딘가 준비되지 못한 느낌을 주고 있었다. 토론의 결과로만 따지자면 고어가 이기는 것이 당연했다. 당시 텔레비전 토론을 평가한 전문기관들 역시 고어의 완승으로 결론을 내렸다.

그러나 텔레비전 토론의 목적은 상대의 질문에 잘 대답하는 것이 아니라, 더 많은 유권자를 자신의 지지자로 만드는 것이다. 고어는 텔레비전 토론에서 승리했지만, 유권자를 잃는 어리석음을 저지르고 말았다. 그는 부시가 답변할 때 터무니없다는 표정을 지어 보이거나 과장되게 어깨를 으쓱했는가 하면, 심지어 마이크를 통해 모두에게 들리도록 한숨을 내쉬기도 했다. 고어의 의도가 어떤 것이었는지는 모르겠지만, 유권자들은 그가 부시를 무시하는 태도를 보였다고 생각했다.

토론이나 논쟁에서 언어 못지않게 중요한 것이 바로 비언어적 요소이다. 연극배우들에게 있어 대사를 소화하는 능력보다 더욱 중요한 것이 바로 표정 연기 능력인 것과 마찬가지로, 텔레비전 토론에 나선 대담자의 지적 능력과 발언보다 더욱 중요한 것은 상대방에 대한 그의 경청 능력과 태도이다. 자신과 뜻이 다른 상대방을 어떻게 설득하고 반대하느냐가 바로 국정 수행 능력에서 중요한 부분을 차지하기 때문이다.

부시는 자신을 무시하는 고어를 향해 감정을 표현하거나 무례하게 행동하지 않았다. 설득력이 부족하고 표현력이 다소 떨어져 보일 수는 있었지만, 자기가 알고 있는 사실을 최선을 다해 전달하려 노력하는 모습을 보였다. 이것이 바로 주연배우 빌 클린턴 옆에서 조연배우로 나섰던 고어와, 아버지 조지 부시의 참모로 대통령 선거 연출자를 자임했던 조지 W. 부시와의 차이점이었다. 배우와 감독은 역할도 다르지만, 보고 생각하는 것도 다르다.

연출자 출신 부시는 텔레비전 토론을 시청하는 유권자들에게 신뢰감을 심어줄 만한 의미 있는 한 수를 선사했다. 어처구니없다는 표정을 지으며 자신을 무시하는 고어에게 결정적 한 방을 던진 것이다.

"저는 오늘 앨 고어가 인터넷뿐만 아니라 전자계산기까지 발명한 것은 아닐까 하고 생각하는 중입니다."

고어의 잘난 척에 짜증을 느끼는 유권자들도 동의할 만한 내용이었다. IT 신기술에서부터, 국가 예산의 세목을 숫자 하나 틀리지 않고 말하는 고어에게 한 방 날린 것은 텔레비전 토론에서 상대방의 독주를 제어하는 적절한 요령이기도 했지만, 유권자들은 그것을 세계의 대통령이라고 불리는 미국 대통령이 보여야 할 중후한 처신이라고 생각했다. 유권자들은 미국 대통령은 모든 문제에 대해 참을 수 있을 때까지 인내하다가, 필요하다고 생각되는 상황에 의미 있는 결단을 해야 한다는 고정관념을 가지고 있었다.

부시의 한마디는 미국 국민들의 마음을 사로잡는 요술을 부렸다. 고어는 잘난 사람이 되었고, 부시는 많이 참다 한 방 터뜨리는 인내심 좋은 사람이 된 것이다. 인내심이 있는 사람이 좋은 사람처럼 보이는 것은 당연한 일이다. 텔레비전 토론 후의 여론조사에서 유권자들은 고어가 논리적이고 해박하지만 잘난 척한다는 인상을 받았다고 답변한 반면, 부시는 참을성이 많고 잘 훈련받은 사람 같다는 평가를 내렸다.

결과적으로 말하자면 고어는 토론에서 이기고, 선거에서 졌다. 텔레비전 토론회를 시청한 유권자들은, 고어가 무리 없이 부통령직 정도를 수행하기에 적당한 인물이라는 인상을 갖고 말았다. 재승덕박才勝德薄이라는 말이 생각나는 토론이었다.

어떤 인상을 남길 것인가

대통령 후보들은 저마다 자기 아니면 안 된다고 열변을 토하지만, 사실 대통령이나 정권이 바뀌어도 유권자 개인의 신상에는 큰 변화가 일어나지 않는다. 부시가 대통령이 되거나 고어가 선거에서 이기는 것은 정당 관계자 혹은 특정 유권자들에게나 의미 있는 일이지 하와이에서 파인애플을 재배하는 톰이라는 남자와 루이지애나에서 웨이트리스를 하는 수전이라는 여자의 일생에는 그다지 큰 의미가 없는 일이라는 뜻이다.

유권자들이 볼 때는 그 사람이 그 사람, 즉 누가 대통령이 되든 별 문제가 없다. 또한 빌 클린턴이 경제 호황을 이끌었다고 해서 앨 고어가 그것을 이어갈 것이라 확신할 수 없는 것처럼, 아버지 조지 부시가 경제 실정으로 물러났다고 해도 기업가 출신인 아들 조지 W. 부시는 그 반대의 결과를 이끌어 낼 것이라 생각할 수도 있다. 때문에 선거 후보에게 있어서의 관건은 유권자에게 자신의 인상을 어떻게 남기는가 하는 것이다.

부시나 고어나 모두 엘리트였다. 고어는 하버드 대학교와 벤더빌트 법과 대학원을 졸업했고, 부시는 예일 대학교와 하버드 경영대학원을 졸업했다. 정확성과 수치를 따지는 것은 오히려 기업을 경영하고 인수 합병을 전문으로 했던 부시 쪽에 더 어울렸다.

하지만 그는 아버지의 선거운동을 총괄하고 연설문을 작성하면서, 연출자로서 대통령 선거의 본질을 깨우쳤다. 미국 대통령은 숫자에 집착하거나 경쟁자보다 탁월한 무언가를 가지고 있음을 내보이는 사람이 되어서는 안 된다는 것이 그것이었다. 부시 부자는 선거의 본질을 알고 있었다. 유권자들은 잘난 사람보다 좋은 사람을 선호한다. 잘난 상대 마이클 듀카키스가 혼자 떠들고 앞서 나갈 때 아무것도 하지 않음으로써 선거에서 승리했던 아버지처럼, 아버지의 선거를 연출했던 조지 W. 부시도 고어가 잘난 척을 할 때 그냥 내버려 두었다. 아버지 조지 부시와 아들 조지 W. 부시 모두 잘난 사람보다는 좋은 사람이 되어 선거를 치렀다. 미국의 정치 명문가 부시 가문의 비전은 잘 참고 견디는 힘이 있는 사람, 잘 훈련된 사람이라는 인상을 유권자들에게 심어 주는 것이었다.

그러나 단 한 가지 조지 W. 부시가 아버지와 다른 점이 있다면, 계속 잘난 척하는 상대방에게 의미 있는 한 방을 날리면서 유권자들에게 대통령의 자질을 드러냈다는 것이다. 미국 대통령이 되기 위해서는 상대 후보보다 참을성도 많고 포용력도 넓으며 인내심도 강하다는 것을 보여야 하지만, 기회를 잡아 상대방에게 치명타를 날릴 수 있는 기지 또한 있어야 함을 나타낸 것이다. 조지 부시와 조지 W. 부시는 부전자전으로 일신우일신日新又日新의 모습을 보여 준 예라 하겠다.

구슬이 서 말이라도 꿰어야 보배이다

재선을 앞둔 2004년, 조지 W. 부시에게는 트라우마가 있었다. 재선에 실패한 아버지의 전철을 밟지 않을까 하는 두려움이었다. 대를 이어 대통령이 된 것도 대단하지만, 대를 이어 재선에 실패한다면 그것 역시 미국 역사 교과서에 실릴 일이었다. 조지 W. 부시는 재선 실패에 대한 두려움을 안고 2004년 대통령 선거를 준비하기 시작했다. 부시의 상대는 민주당의 존 케리 상원의원이었다.

예일 대학교를 졸업하고 월남전에 장교로 참전한 케리는 허벅지 총상으로 국가 훈장을 수훈한 검사 출신 변호사였다. 4연속 매사추세츠 주 상원으로 당선된 존 케리는 외교관계위원회에 주로 소속되어 미국의 대외정책을 조율해 온 외교 전문가였다. 제2차 세계대전 참전 용사 출신의 외교관 아버지와 미국 재벌 포브스가 출신의 어머니를 둔 존 케리는 제2의 존 F. 케네디로 불리기에 손색이 없는 민주당 후보였다.

텔레비전 토론 전까지는 부시의 분위기가 우세했다. 2004년 9월 초, 미국 여론조사에 나타난 공화당의 지지율은 52%로 41%의 민주당을 앞서고 있었고, 이런 우세는 9월 내내 지속되었다. 임기가 시작하던 2001년에 발생한 9.11 테러에 대한 강력한 대응과 2002년 1월 29일 반테러 전쟁의 일환으로 제2단계 표적으로 이라크 · 이란 · 북한을 악의 축으로 규정하며 억압한 것 등이 미국 국민들에게 긍정적으로 작용한 까닭이었다. 부시는 외압에 굴하지 않는 강한 미국 정책을 통해, 공화당 출신이었던 레이건 대통령의 분위기를 연출하고 있었다.

하지만 텔레비전 토론이 시작되면서 분위기는 반전했다. 2004년 9월 30일, 플로리다 주 마이애미 대학에서 열린 1차 텔레비전 토론 이후, 존 케리는 49%의 지지율을 보이며 46%의 부시를 역전했다. 대외 문제에 대해 시종일관 공세적이었던 케리에게 부시가 끌려가는 모습이었기 때문이었다. 두 후보에 대한 호감도 조사에서도 케리는 52%, 부시는 49%로 나타났다.

대통령 선거를 20여 일 앞둔 2004년 10월 8일, 미주리 주 세인트루이스의 워싱턴 대학에서 열린 텔레비전 토론에서 완승한 것도 케리였다. 텔레비전 토론이 끝난 뒤 그는 44%, 부시는 41%의 지지율을 받았다. 케리는 이라크에 대량살상무기가 없었다는 '듀얼퍼 보고서', 일자리 정책, 환경문제, 재정적자와 감세 정책, 줄기세포 등의 각종 현안을 주제로 맹공을 퍼부었고, 부시는 방어하는 입장이었다.

부시는 내정과 외치 모든 분야에서 이렇다 할 성과를 이룩하지 못했던 까닭에 모든 문제가 지뢰와도 같았던 반면, 존 케리는 궁지에 몰려 있는 부시에게서 어떻게 항복을 받아 내느냐만 남아 있는 상황이었다. 말 그대로 케리는 부시를 무너뜨릴 수 있는 보배가 서 말이었고, 4년 만에 다시 민주당 정권을 되찾을 기회를 맞이했다.

열 재주 가진 사람이 밥 굶는다

2004년 10월 13일, 애리조나 주립대학교에서 열린 3차 토론은 미국 국내문제로 의제가 제한되었다. 존 케리는 감세, 일자리, 의료보험이 최대의 이슈였고, 동성결혼과 낙태 문제, 불법이민자 대책 등을 언급하며 부시를 구석으로 몰았다. 그리고 미국 내에서 논란이 일었던 독감백신 부족 사태와 총기류문제, 에너지 대책, 배아줄기세포 문제 등이 논쟁거리가 되었다. 케리는 시종일관 문제 제기했고, 부시는 적절한 방어와 함께 기회를 노리며 공격하는 태도를 취했다.

존 케리는 "부시 대통령 재임 기간 중 500만 명이 의료보험을 잃는 등 부시가 복지를 등한시해 미국의 의료 체계는 붕괴되기 시작했다. 일반 국민들이 의원들이 받는 것과 같은 혜택을 누리도록 광범위한 경쟁제도를 도입하겠다"라고 주장했다. 또 "부시 대통령은 5조 6000억 달러의 흑자 재정을 적자로 뒤바꿔 놓았다"고 역설했다. 반면 부시는 "케리 후보가 집권하면 의료 교육 관련 공약으로 중산층의 세금 부담이 가중될 것이다. 그는 상원에서 의정활동을 하면서 98차례나 세금 인상에 찬성하고 감세 정책에 127차례나 반대했다"라고 주장했다. 그리고 "케리는 미국 정치의 주류에서 한참 벗어난 좌파"라며 이념 편향 문제를 언급했다.

3차 토론 이후 CBS는 케리가 39%, 부시가 25%라는 여론조사 결과를 발표했고, CNN은 케리가 52% 대 39%로 부시를 이겼다고 밝혔다. 세 차례의 텔레비전 토론에서 케리가 부시를 압도한 것으로 나타난 것이다. 네바다, 아이오와, 플로리다, 위스콘신, 오하이오 등 10여 개 주에서 치열한 접전을 벌이는 가운데, 대통령 선거를 위한 텔레비전 토론은 막을 내렸다.

그렇지만 19일 뒤에 치러진 2004년 대통령 선거에서 당선된 사람은 조지 W. 부시였다. 부시를 구석으로 내몬 케리는 구슬 서 말을 손에 쥐었음에도 그것을 한 줄로 꿰지 못한 것이다. 빌 클린턴 대통령이 조지 부시를 구석으로 내몰 때 "문제는 경제야, 바보야!"라고 의제를 단일화했던 것과 비교하면, 존 케리는 문제가 너무 많아서 제대로 감당을 못한 경우였다. 전부 문제였으니 하나만 제대로 꼬집어서 따지지 못했던 것이다.

반면 조지 W. 부시는 구석으로 밀리면서도 당황한 빛을 내보이지 않았다. 위기는 지도자에게 자신의 능력을 과시할 수 있는 기회라는 생각을 잊지 않고 있었던 그는 케리가 미국의 문제점을 짚어내는 데는 탁월한 기술이 있다는 사실을 인정했지만, 해결책을 제시하는 사람은 아니라는 인상을 유권자들에게 심었다. 텔레비전 토론 직후 케리의 지지도가 상승한 것은 부시에 대한 상대적 반감이 일시적으로 증가한 것으로 해석할 수 있고, 케리는 결국 산적한 현안을 해결할 미국의 지도자가 되기에는 역량이 부족하다는 인상을 떨칠 수 없었다.

조지 W. 부시와 존 케리의 인품은 선거 결과에 대한 반응으로도 알 수 있다. 흔히 강하고 거칠기만 할 것으로 생각되는 부시는 케리에 대해서 "훌륭하고 강력하고 존경스러운 경쟁 상대였다"라고 말했지만, 케리는 "미국이 너무 분열되어 있다. 우리는 이 문제를 해결하기 위해 무엇인가 해야 한다"라고 말했다. "문제를 해결하기 위해 무엇인가 해야 한다"라는 케리의 말은 미국 국민들이 선거 유세 기간 동안 그에게 물었던 질문이었다. 서 말의 구슬을 손에 쥐고도 하나로 꿰지 못한 케리를 이긴 부시는 위기를 위기로 받아들이지 않는 지도자의 품격을 선보이며 2005년 1월 21일 재선을 알리는 취임식에 나섰다.

때를 기다릴 줄 아는 참을성과 상대를 높이는 겸손한 태도는 설득의 기본자세이다. 조지 W. 부시는 경력과 이력보다 인품이 더 중요하다는 것을 국민들에게 보여 주었다. 국민들이 조지 W. 부시의 편에 설 수 있었던 것은, 부시가 보여 준 품격이 곧 국가의 품격이 될 것이라는 기대감 때문이었다.

한마디 말로 세상을 얻는 설득의 힘

전설 속의 한 나라가 세워졌다

국가 지도자들이 사람의 마음을 어떻게 얻었는지를 보면서 일상에 시달리는 범인인 당신과 그들이 너무나 동떨어져 있다고 느꼈는가? 당신은 국가 지도자도 아니고 그렇게 될 생각도 없는 사람이니 국가 지도자의 설득법은 당신에게 아무짝에도 쓸모없다고 생각했는가? 결코 그렇지 않다. 그들은 국가 지도자이기에 위대한 말을 할 수 있었던 것이 아니라, 위대한 말을 했기에 국가 지도자가 된 것이기 때문이다.

흔히 말하듯 말은 생각을 드러내는 도구이다. 말이 나오기 위해서 필요한 것이 생각이고, 그 생각은 그 사람의 인생관과 가치관을 통해 형성된다. 국가 지도자들은 지도자로서 해야 하는 말을 위해 그에 걸맞은 생각과 행동을 하면서 자신을 단련시켜 온 사람들이다.

지도자가 선거에 의해서만 선출될 것이라는 생각은 오산이다. 지도자는 사랑과 헌신을 가진 사람이면 누구나 될 수 있다. 지도자는 굳이 지도자라는 호칭으로 따로 불리지 않아도 된다. 사랑과 헌신을 가진 사람은 훗날 국민들로부터 지도자라 불리게 된다. 진정한 지도자는 국민들이 머릿속에 외워 넣은 사람이 아니라, 그들의 가슴속에 남아 있는 사람이다.

인류가 오랫동안 잊고 있던 한 나라를 지구상에 다시 세운 평범한 한 사람의 이야기가 그 좋은 증거이다. 1948년 5월 14일, 중동 팔레스타인 지역에 한 나라가 건국되었다. 북쪽으로는 레바논, 북동쪽으로는 시리아, 동쪽으로는 요르단 강, 남서쪽으로는 시나이 반도와 접해 있고, 국토 면적이 대한민국의 20%에 불과한 그 나라의 이름은 이스라엘이다.

한 사람이 시작한 일이었다

2500년 전 역사 속에서 사라진 이스라엘을 인류의 역사에 다시 등장시킨 사람은 테오도르 헤르츨Theodor Herzl이었다. 1887년, 36세의 유대계 오스트리아인 헤르츨은 스위스 바젤에서 시오니스트 대회를 개최하며 '유대인 국가' 건설의 소망을 가진 유대인들을 결집시키기 시작했다.

실현되기 어려울 것 같던 그의 유대인 국가 건설은 제1차 세계대전과 제2차 세계대전으로 결실을 맺었다. 유대인들이 팔레스타인에서 유대인 국가를 건설하게 된 것은 독일과 전쟁을 펼쳤던 영국의 아랍인을 포함한 팔레스타인 지배 전략 때문이다. 영국은 유대인들에게 외무장관

헨리 벨푸어 명의로 유대인 출신 영국 과학자 미리암 로드쉴드에게 팔레스타인 지역에 유대인 국가 건설을 약속하는 '벨푸어 선언'을 했다.

벨푸어 선언으로 유대인들은 팔레스타인 지역에 모여들기 시작했고, 당시 세계적인 경제력을 가지고 있던 그들은 국가 건설에 대한 계획을 차츰 강화해 나가기 시작했다. 제2차 세계대전이 끝날 무렵, 40만 명이나 되는 사람들이 자신들의 삶의 터전을 버리고 중동의 사막 팔레스타인으로 모여들었다.

유대계 오스트리아인 헤르츨은 35세가 될 때까지 단 한 번도 유대인의 정체성에 대해 고민해 본 적이 없는 사람이었다. 그런 그가 유대인 국가 건설이라는 사명을 갖게 된 것은 유대인이라는 이유로 파리 시민들에게 죄인 취급을 당한 알프레드 드레퓌스 대위의 사건을 목격하면서부터였다. 나라가 없는 민족은 수모를 당한다는 사실을 깨달은 헤르츨은 유대인들도 나라를 가져야 한다는 생각을 한 것이다.

가슴속에 품은 꿈이 민족을 움직였다

2500년 전에 사라진 나라를 지상에 다시 세운다는 일은 꿈 같은 일이었다. 이스라엘 땅이었던 팔레스타인에는 이미 아랍인들이 거주하고 있었다. 팔레스타인은 이스라엘인들보다는 오히려 아랍인들에게 1000년이 넘는 동안 삶의 근거지로 자리매김되어 있었다.

팔레스타인에 유대인 국가를 건설하겠다는 것은 곧 아랍인들을 팔레스타인에서 내쫓겠다는 말과 같았다. 아랍인들의 반발이 없을 수가 없었다. 유혈 폭동과 함께 테러가 이어졌다. 1919년부터 제2차 세계대전이 일어난 1938년까지 약 20년간, 팔레스타인 지역과 유대인 국가를 약속한 영국에서는 엄청난 수의 아랍인들이 게릴라전 수준의 테러를 자행했다.

그렇지만 어쩔 수 없는 일이었다. 전설을 현실로 만들기 위해서 필요한 것은 희생이었기 때문이다. 유대인들은 2500년 만에 나라를 건설하기 위해 그만큼 큰 희생을 감수하는 쪽을 선택했다. 어차피 수모를 받으며 남의 땅에 얹혀 살 바에야, 어렵고 힘들더라도 후손들에게 물려 줄 수 있는 유대인 국가를 건설하는 편이 나았다.

그러나 유대인에 대한 본격적인 테러는 아랍인이 아닌 독일이 일으켰다. 제2차 세계대전 발발과 함께 유럽 내에서 250만에서 400만 명에 해당하는 유대인이 독일에 의해 학살되었다. 팔레스타인에 유대인 국가를 건설하기도 전에 그 국가로 돌아갈 유대인들이 사라질 판이었다.

그럼에도 국가 건설을 향한 헤르츨의 꿈은 유대인들의 가슴속에서 사라지지 않았다. 비록 역사는 2500년간 이스라엘을 잊고 있었을지 몰라도 유대인 스스로는 이스라엘이라는 나라를 잊지 않고 있었듯이, 유대인 국가 건설을 향한 헤르츨의 호소를 들은 이후에는 어떤 유대인들도 그 건설의 희망을 잊지 않았다.

기적을 만들어낸 설득의 힘

1948년 5월 14일, 영국의 위임 통치가 끝나고 영국군이 완전히 철수

KI신서 4545

대통령의 설득법

1판 1쇄 발행 2012년 12월 4일
1판 3쇄 발행 2013년 9월 4일

지은이 이성민
펴낸이 김영곤 **펴낸곳** (주)북이십일 21세기북스
부사장 임병주 **이사** 간자와 타카히로
미디어콘텐츠기획실장 윤군석 **인문기획팀장** 정지은
책임편집 양으녕 **디자인** 모아
마케팅영업본부장 이희영 **영업** 이경희 정경원 정병철
광고제휴 김현섭 강서영 **프로모션** 민안기 최혜령 이은혜 유선화
출판등록 2000년 5월 6일 제10-1965호
주소 (우 413-120) 경기도 파주시 회동길 201 (문발동)
대표전화 031-955-2100 **팩스** 031-955-2151 **이메일** book21@book21.co.kr
홈페이지 www.book21.com **블로그** b.book21.com
트위터 @21cbook **페이스북** facebook.com/21cbooks

ⓒ 이성민, 2012

ISBN 978-89-509-4502-2 03320
책값은 뒤표지에 있습니다.